湖南省哲学社会科学基金一般项目（17YBA017）成果

光明社科文库

GUANGMING DAILY PRESS:
A SOCIAL SCIENCE SERIES

·政治与哲学书系·

忧乐圆融

北宋士大夫的精神世界

邢　爽｜著

光明日报出版社

图书在版编目（CIP）数据

忧乐圆融：北宋士大夫的精神世界 / 邢爽著 . --
北京：光明日报出版社，2023.6
ISBN 978-7-5194-7298-6

Ⅰ.①忧… Ⅱ.①邢… Ⅲ.①知识分子—研究—中国
—北宋 Ⅳ.①D691.71

中国国家版本馆 CIP 数据核字（2023）第 104744 号

忧乐圆融：北宋士大夫的精神世界

YOULE YUANRONG：BEISONG SHIDAFU DE JINGSHEN SHIJIE

著　　者：邢　爽

责任编辑：郭思齐　　　　责任校对：史　宁　龚彩虹
封面设计：中联华文　　　责任印制：曹　净

出版发行：光明日报出版社
地　　址：北京市西城区永安路 106 号，100050
电　　话：010-63169890（咨询），010-63131930（邮购）
传　　真：010-63131930
网　　址：http://book.gmw.cn
E - mail：gmrbcbs@gmw.cn
法律顾问：北京市兰台律师事务所龚柳方律师

印　　刷：三河市华东印刷有限公司
装　　订：三河市华东印刷有限公司
本书如有破损、缺页、装订错误，请与本社联系调换，电话：010-63131930

开　　本：170mm×240mm
字　　数：287 千字　　　　印　　张：16
版　　次：2024 年 3 月第 1 版　　印　　次：2024 年 3 月第 1 次印刷
书　　号：ISBN 978-7-5194-7298-6

定　　价：95.00 元

目 录

CONTENTS

第一章

绪 论

一、解题及研究范围说明

士大夫是中国古代一种独特的“学者-官僚”的社会阶层。“士”是一般的知识分子，“大夫”可以理解为知识分子兼官僚。士大夫之名是从周代的“士”与“大夫”这两个贵族阶层的名称演变而来的。“大夫”与“士”是位于公、卿、诸侯之下最低级的贵族阶层，二者因为地位相近常被并用。东汉郑玄注《周礼》时谓，士大夫“亲受其职，居其官也”①，士大夫即指居官有职位者。《孟子·万章下》谓：“下士与庶人在官者同禄。”② 士与大夫并称，“大夫”二字的意义已经被弱化，只是对“士”阶层的雅称，以区别于庶民。战国至汉代，士阶层逐渐从贵族阶层剥离出来，渐与下层庶人阶层合流。余英时认为，把士的社会身份确定在“民”的范畴之内，是春秋晚期以来社会变动的结果。在此之后，逐渐演变为社会上出现的大批有学问的人，以“仕”为专业，这才有了“仕”的问题。③ 孟子对此曾呼吁：“士之仕也，犹农夫之耕也。”④ 孟子还强调，入仕要“由其道”，而不应“钻穴隙之类”⑤。士入仕要靠堂堂正正的路径，而不是钻穴插隙般的经营。但是，在动荡的战国时代这简直是一种空想。战国时期的士多为“游士”，因缺少真正的社会依托，多贫困潦倒，即使得以依附权门，受人供养，也因寄人篱下、奔走效命而缺少独立的人格。

西汉之后，士大夫的地位有所提高。最高统治者们一方面需要利用文人士大夫引据《诗》《书》等儒家经典的价值观念来维持其统治，但另一方面对书

---

① 阮元．十三经注疏·周礼注疏·卷三十九［M］．北京：中华书局，1980：905.

② 杨伯峻．孟子译注·万章下［M］．北京：中华书局，1960：235.

③ 参阅余英时．士与中国文化［M］．上海：上海人民出版社，2003：15.

④ 杨伯峻．孟子译注·藤文公下［M］．北京：中华书局，1960：142.

⑤ 杨伯峻．孟子译注·藤文公下［M］．北京：中华书局，1960：143.

生、文人士大夫又嗤之以鼻，甚至是“骂之”的态度。显然，此时的士大夫还不能摆脱“御用文人”的地位。东汉两晋南北朝时，随着士族的兴起，出现了士族高门与皇帝“共治天下”的局面。一些超脱了士阶级、地位明显高于士大夫的士族，抗衡上国。如以“穷当益坚，老当益壮”为座右铭的马援不屑于一般士大夫的精神追求，而是追求“吏士皆伏称万岁”①。一批士大夫开始期望与皇室平起平坐的态势。如王氏、谢氏这些逐渐兴起的士族不仅可以合法地继承世袭性的文化资源，政治上也有很大的特权。东汉末年至魏晋时期，他们又都以“名士”相互标榜和自称。所谓的“名士”也就是士族出身的士大夫。

隋唐时期，科举制度与门阀制度交替作用。虽然此时的士族已经丧失了最初的进取动力，成为没落腐朽之代表，但文化的惯性作用仍然存在。科举制虽然成为统治者选拔人才的有力渠道和工具，但据统计表明，唐代庶族出身的宰相仍然寥寥无几，士族仍有其优势。唐末、五代藩镇割据，封建军阀称王称帝。武人的政治统治使儒、佛两家皆衰微，也导致了文治不兴、礼崩乐坏、世风浇薄、斯文扫地的社会状貌。此时的士大夫改变了唐代士族与庶族新贵合流为势官地主的状态，只有少数士大夫来自士族。他们多数投靠藩镇，屈居幕僚，靠攀附后来得势升为天子的镇帅而跻身卿相，并且时刻还要看武官的脸色，听候将帅驱喝，才能保其禄位。

唐宋之际，中国的思想界正酝酿着一场巨大的变革。历来以思想、知识的继承和开拓为使命的儒家士大夫，成为这场变革的主力军。北宋时期的士大夫政治，不仅让孔孟“学而优则仕”的理想第一次得以成功实践，也使得士大夫的地位得到了空前的提高。宋太祖立于太庙“不得杀士大夫及上书言事人”②的誓碑，足以体现宋代统治者对士大夫阶层治国的依赖。正是这种“共治天下”的意识成为宋代士大夫人人均有“以天下为己任”之志向的重要根源。朱汉民在《玄学与理学的学术思想理路研究》一书中说道：“中国古代丰富的人生哲学、人格理想的学说，说到底都是一种士大夫精神的表达。”③ 北宋士大夫在从事社会管理和文化创造的过程中，形成了一种独特的士大夫精神。

文人士大夫参禅学佛的现象在唐代就已经形成，宋代达到鼎盛状态。随着佛禅与中国文化的融合，佛家的“圣”“贤”与儒家的圣人更加接近、更加相通。佛教在中国化的过程中，将其原有的直觉智慧都融化和皈依到对人生的肯定中去，把高扬寂灭同厚重的人情味结合在一起，形成了中国化佛禅与儒学相

---

① 范晔．后汉书·卷二十四·马援列传［M］．北京：中华书局，1965：838.

② 潘永因．宋稗类钞·卷一［M］．北京：书目文献出版社，1985：1.

③ 朱汉民．玄学与理学的学术思想理路研究［M］．北京：中国社会科学出版社，2012：6.

互交融的精神理路。士大夫佛学的盛行，既体现了旷放豁达的“佛”，又彰显了忧国忧民之“儒”。“忧乐圆融”的精神世界既是禅门中人的人生哲学，也是宋代士大夫所推崇的生活格调。在“儒门淡薄，收拾不住，皆归释氏”① 的这场较量中，北宋士大夫展现出了一种不同于前代的忧患民生、兼济天下、恪守礼教、修养心性的人生追求，士风和世风都为之一变，这也直接导致了宋明理学的兴起。

当今学者论著中的“佛”具有两种含义：一种是宗教意义上的佛教，即世界三大宗教之一的佛教。“佛”，即“觉者”。佛教简单来说就是“觉悟者之教法”的意思。另一种是学术意义上的佛学。本书所论的“佛”，一般指的是后者，尽管有时也名之曰佛教。佛教是一种宗教，更是一种关于世界、关于人生的哲学。佛学所涵盖和涉及的范围极广。就时间上来讲，本书所涉及的佛学内容为自佛教传入中国以来到北宋时期，中国社会的主流佛学思想和佛学精神。宋代佛教中禅宗一枝独秀。本书论及的佛教、佛学多指禅宗的影响，也包含华严宗、天台宗等较具中国特色的佛教宗派。

本书所关注的“理学”概念范畴多指“性理之学”，有时也指向更加宽泛的“义理之学”。关于“精神世界”的内涵，冯友兰在《中国哲学史新编》中认为：“道学能给予人们一种‘受用’，这种‘受用’的理解虽不能直接增加人们的知识，但理解得越多，人的精神世界就越高。精神世界就是世界观，指的就是对世界的理解。”② 冯先生还说：“道学家认为，人的精神世界是内心的事，但也必然表现于外，使人感受到一种气氛，即道学家们所称的‘气象’。”③ 本书的“精神世界”除含有“世界观”“气象”的意义之外，还包含人格精神、治学风气、学术思想等方面的含义，指的就是与外在客观世界相对应人的主观世界，即人的内心世界。此外，本书多次涉及“人格精神”这一概念，其含义基本指向《现代汉语词典》中：“人格是指人的性格、气质、能力，还包括个人的道德品质。”④ 人格是一个复杂的结构系统，它是一个人的思想、情感及行为的统合，其中主要有气质、性格、认知风格、自我调控等方面。

本书所选的五位个案人物，可谓宋代浸润佛学的典型代表，其身份、地位虽不尽相同，但相同的是他们的精神世界都体现出深受佛禅思想的影响。选择

① 宗杲．普觉宗杲禅师语录·卍新纂续藏经·第 69 册 No. 1362：622.（本书引用卍新纂续藏经、大正新修大藏经均来自电子佛典）

② 冯友兰．中国哲学史新编（下）［M］. 北京：人民出版社，1999：137.

③ 冯友兰．中国哲学史新编（下）［M］. 北京：人民出版社，1999：137.

④ 现代汉语词典［M］. 北京：商务印书馆，2000：1062.

范仲淹为个案人物，一方面是因为他作为理学先驱，关于其在佛禅心性本体之学援用方面的研究还较少，而该方面正是他理学先驱地位的重要佐证；另一方面，范仲淹对佛教的保护态度、忧乐圆融的人生境界，以及其与北宋士风转变的重要关联，都是本书首先对其予以深入研究的重要原因。周敦颐之所以被列入个案研究，一方面是因为他虽然是后人认可的理学开山，但对其有关佛禅的论断研究中仍有“未发之覆”，如“窗前草不除的自家意思”与佛门的“无心是道说”的关联，还有他为什么会说“一部《法华经》，只消一个艮卦可了”①，都是本书论述佛学对理学兴起之影响的重要依据；另一方面，周敦颐是北宋下层士人的典型代表，对其思想的研究具有普遍性的意义。对二程予以深入研究，一方面是因为二人对佛学的双重态度非常明显，是北宋士大夫反佛和用佛的突出代表；另一方面是因为二人作为理学奠基人，其对佛学述而不作地援用是本书论点的有力证明。把苏轼这位大家耳熟能详的人物列入个案进行研究，一方面是因为他强大的人格魅力，还有他与佛禅极高的关涉度；另一方面，苏轼是北宋士大夫敬礼佛教，但最终“悟而未悟”复归儒学精神的突出代表。正文将对以上所述进行详尽研究。

二、选题背景与研究意义

（一）选题背景

在岳麓书院攻读博士期间，笔者一直比较关注中国传统儒、佛、道三家思想交融的问题。此时也恰逢我的导师胡遂教授正在进行国家社科基金项目“佛教与中国文人心路历程”的研究工作，我也有幸参与其中，故有了佛学与唐宋之际学术思想转型之关联研究的大致选题意向。后来又受到朱汉民先生《玄学与理学的学术思想理路研究》一书的直接影响。朱汉民先生在研究宋代儒学重建视域下玄学与理学关系问题之时，把佛教能够对于居于意识形态主导地位的儒学构成挑战的因素和表现总结为三个方面：第一，价值层面的个体安顿；第二，知识层面的哲学思辨；第三，生活层面的身心修养。更直白些就是在精神上、学理上、生活上三个方面，宋儒对之前的学说进行了吸纳和改变。儒学重建的具体途径有两方面：一是充分利用、整合传统资源，特别是身心安顿、哲学思辨、修养工夫三个方面资源回应佛教挑战；二是吸收了佛教的思想因素，弥补了儒学在身心安顿、哲学思辨、修养工夫方面的不足，促进了儒学的更新

---

① 程颢，程颐．二程集·河南程氏外书·卷十［M］．王孝鱼，点校．北京：中华书局，1981：408.

和发展。[①] 朱汉民先生认为，宋儒在回应佛教挑战，实现儒学重建的两种途径中，其整合传统资源的分量高于对佛教的吸收，尤其是对玄学的继承占有十分重要的地位，并且着重对新儒学整合玄学的思想理路进行了阐释。

本书从朱先生提及但未展开论述的第二个路径进行研究，即儒学对佛学思想的吸收及其内在理路问题。本书不讨论这两个路径所占的分量，只讨论佛学为什么被理学吸纳？作为主体力量的北宋士大夫们是如何吸纳佛禅以充自家学说，回应佛家挑战的？儒佛交融的过程中，儒佛两家于对方是怎样的姿态？士大夫们参佛成风，却又积极排佛，佛学究竟对他们的精神世界产生了哪些影响？问题就此展开。

（二）研究意义

中国有着两千多年的士大夫精神传统。北宋士大夫作为士大夫的特殊群体，他们的精神性命可谓中华文化瑰宝。探讨佛学对北宋士大夫的诸多影响，佛学被士大夫们所接纳、援用的思想理路，对于揭示宋代文化繁荣的原因，展现中华人文精神的生动流向，昭示儒学的开放性、包容性和生命力都具有一定的意义。

首先，梳理北宋士大夫受佛禅影响的精神表现、内在理路等问题，有利于全面总结宋代士大夫与君主共治天下的历史面貌、政治理念、文化自觉、价值信仰等问题，对于深入探究北宋士大夫群体意识特征和北宋文化繁荣的原因具有一定意义。“北宋是中国古代士大夫最得意的时期，也是中国古代社会历史的转型期。”[②] 王国维对宋人创造的文明极为推崇，他认为在文化方面，前之汉唐，后之元明，都不及两宋时期。如此辉煌的北宋社会与文明，是由一大批文人士大夫参与、共同创造出来的。北宋士大夫展现出不同于前代的“圣贤气象”之理想人格与佛禅的内在超越精神、悟入本体的思维模式都不无关系。历史上诸多传颂千古的姓名：范仲淹、欧阳修、苏轼、周敦颐等都来自北宋士大夫群体。无论是性格刚毅、不折不挠，最终在仕途上做出了杰出贡献的范仲淹、王安石，还是虚怀若谷的理学开山之祖周敦颐、性格洒脱的苏东坡等，都有着圆融无碍的时代精神印记。

宋代士大夫将儒、释两家较好地融合在一起（包括道家的自然无为），形成了新的时代思潮风尚。儒家提倡不计个人得失、直面现实的精神，把关注天下

① 朱汉民. 玄学与理学的学术思想理路研究［M］. 北京：中国社会科学出版社，2012：4.

② 参阅内藤湖南. 概括的唐宋时代观·日本学者研究中国史论著作选译·第一卷［M］. 北京：中华书局，1992：10-15.

兴亡、知其不可为而为之的理念贯彻到底，帮助人们实现人生的理想境界。佛家积极引导人们行善事，追求“真如”佛性，以无私无欲、超脱自在的精神感染世人。佛家“制念于起时”的心性修养理论和方法，被欧阳修视为“修其本而胜之”的法宝。正是“佛家关系到提升人的本性和人生价值等精神境界因素”①，才促使儒门重建先秦儒学所罕言的“性命”之学。北宋的新儒学开始以“正心”“诚意”“慎独”来规范人的内心世界，这其中的发展理路十分值得探究。

其次，研究佛学对北宋士大夫精神世界的影响，不仅有助于我们加深对北宋士人风貌、人格精神、治学风气、修养方法等方面的认识，还能让我们对宋代佛教的社会化发展等问题形成更为直观和深入的理解。关于宋代佛教是“兴”还是“衰”，学界一直颇有争议。佛教自两汉之际传入中国以来，至唐代已经极其完备，宗派均已得到发展巩固。至北宋，中国文人士大夫已经把佛教精神彻底吸收、消化。佛教与中国固有的儒道文化成功实现了对接、融合。以往研究宋代佛教史的学者多从佛教内部理论和外在宗派表现出发。笔者认为士大夫佛学是佛学于宋代发展的重要表现形式。从士大夫佛学的历史角度，尽可能地展现北宋佛学的发展状貌，对于我们把握佛教潜在的开放性特征、佛教中国化的规律，理性对待佛教，深入认识中国文化的发展历程都有着积极的意义。

佛教在中国经历了一个漫长的中国化过程。佛教精神是中国文化不可或缺的重要组成部分。宋代士大夫们参禅学佛，形成了独具特色的士大夫禅学。从士大夫禅学的发展及特征可以看出，宋代佛教在唐代佛教发展的基础上，朝社会化、大众化的方向发展，向社会各阶层传播，引导人们实现心灵超越与社会参与的统一，陶冶了个体和群体的审美观念，丰富了儒道的理性思维；同时，佛学也在与儒道的融摄互补中，进一步完善了自己的理论。二十世纪初，梁启超认为，中国佛教到了宋代已经处于衰落时期。他在《中国佛法兴衰沿革说略》中说：“唐代以后殆无佛学。”② 他之所以称唐以后无佛学，是因为“禅宗兴盛，诸派俱绝”。由于其影响力，他的这一观点影响了整个二十世纪我国的佛学研究，以至二十世纪我国对于北宋以后的佛学研究投入和产出都较少。日本学者另辟蹊径，他们普遍认为梁启超的说法过于绝对，宋代佛教不应该被称为衰退期，宋代佛教展现的是不同于唐代的另一种形式的兴盛。③ 汤用彤则认为，宋代

① 方立天．中国佛教哲学要义［M］．北京：中国人民大学出版社，2005：220.
② 梁启超．中国佛法兴衰沿革说略·佛学研究十八篇［M］．上海：上海古籍出版社，2001：16.
③ 竺沙雅章．中国佛教社会史研究［M］．东京：同朋舍，1982：2.

佛教仍处于兴盛期。[1] 关注佛教学术研究的人都熟悉陈寅恪先生说过的一段话："中国史学莫盛于宋，而宋代史家之著述，于宗教往往疏略，此不独由于意执之偏蔽，亦其知见之狭陋有以致之。"[2] 陈氏又在冯友兰《中国哲学史新编》下册《审查报告》中说："故两千年来华夏民族所受儒家学说之影响最深最巨者，实在制度法律公私生活之方面，而关于学说思想之方面；或转有不如佛、道二教者。"[3] 陈氏认为佛教乃是推动中国文化发展的主导力量，佛教文化构成这一时期文化成就的主要成分。所以，我们在讨论隋唐以来我国的思想文化时，佛学思想的影响便成了一个无法回避的重要问题。

最后，研究宋代士大夫群体的人格境界、思想学说、修为方法等与佛禅之关联，有利于我们重新审视宋代的儒佛关系，有利于总结佛教中国化的宝贵经验，对于当下实现马克思主义中国化、大众化，推动马克思主义与中华优秀传统文化相结合具有一定的借鉴意义。儒佛关系一直是学界关注的焦点之一。牟宗三认为："魏晋之后相当长的一段时期里，中国文化发展的着重点及民族文化生命的主要流向，就是在吸收佛教、消化佛教。"[4] 自唐代开始，儒家士大夫就表现出亲近佛教，并从佛教经典和精神中汲取力量的明显趋势，但其根本的宗旨是"以佛济儒"或是"儒体佛用"。儒、释二家历来十分重视个人的人生修养和理想人格的实现。它们以不同的方式展现了对人类价值的关怀。儒家以积极的入世精神，鼓励在现实世界中成就最高的道德境界，实现人生的价值。佛家则极度关切人的生老病死，力图消除愿望与现实之间巨大反差给人们带来的痛苦，在克制欲望、追求涅槃的境界过程中体现今生的价值。他们从各自的角度出发，为人们提供了不竭的精神动力。儒佛两家殊途同归的精神理路，对于我们看待文化交融的问题具有重要借鉴意义。

总之，我国学术界对宋代士大夫佛学的研究还相对薄弱，也相对缺乏深入挖掘该时期儒佛相互作用关系的论著，更缺少以"北宋士大夫"这个特殊群体和思想承载主体为对象的研究。故本书将从此视角入手，对宋代儒家士大夫如何吸收佛学思想，以利自身思想文化的发展予以研究。

---

① 参阅汤用彤．隋唐佛教史稿·五代宋元明佛教事略［M］．北京：中华书局，1982：272-277.

② 陈寅恪．金明馆丛稿二编·陈垣明季滇黔佛教考序［M］．北京：生活·读书·新知三联书店，2001：272.

③ 陈寅恪．陈寅恪史学论文选集·中国哲学史下册审查报告［M］．上海：上海古籍出版社，1992：510.

④ 牟宗三．中国哲学十九讲［M］．上海：上海古籍出版社，2005：195.

三、研究现状与资料述评

自古以来，儒佛关系问题就是学者和政治家十分重视的问题。从佛教在中国开始传播以来，关于儒佛关系的论辩就不绝于耳，以至于在现当代的哲学思想研究中，研习隋唐以后至近现代任何一位士大夫，儒佛关系都是一个不可以绕过的问题。其中又尤其以北宋以后，佛学与理学关系问题的探讨最为热烈。

二十世纪初期，这方面的研究成果主要见于单篇公开发表的论文或是哲学通史中的部分章节内容。早在二十世纪二三十年代，陈寅恪先生就认为，宋代文化是中国文化的巅峰，并且他已经关注到佛学在理学发生阶段的启发之功。他说："北宋之智圆提倡《中庸》……并自为传以述其义（《孤山闲居篇》），其年代犹在司马君实作《中庸广义》之前，似亦于宋代新儒家为先觉。"① 杨大膺《宋明理学与佛学异同》（《青鹤杂志》1934 年第 9 期）是二十世纪较早论述宋明理学与佛学异同问题的文章。熊十力《与张东荪论学书》（《中心评论》1936 年第 4 期），主要研究的是宋明理学吸取佛家修养方法的问题。另外，熊先生还于二十世纪三十年代著有《新唯识论》（文言本，1944 年完善为语体文本），主要目的是引佛家思想，证儒家性善等主张，其以佛证儒的研究方法引发了时人关于儒佛之辩的一次论战。与此同时，以太虚大师为首的一批僧侣，积极倡导人生佛教之儒佛融会思想，其主编的佛教刊物《海潮音》也陆续刊载了儒佛之辩的一系列文章。冯友兰《新儒家的兴起及其所受佛教和道教的影响》（英文，美国哈佛《亚洲研究》1942 年）也从儒释两家理论、思维方法方面论述了佛学对理学的影响。钱穆于二十世纪四十年代连续发表了《禅宗与理学》《再论禅宗与理学》《三论禅宗与理学》三篇论文，论述禅宗与理学的异同点，指出宋明理学与禅学既有诸如出世、入世等不同点，又有诸如二者同有反教行为与精神，共同认为人心自有超越之理等相同点和契合点。可见，二十世纪早期的研究者们，已经对此问题十分关注，倾力较多。他们多从儒佛两家的思想理论作对比，或是梳理佛学的基本精神内涵为研究内容，整体上阐释儒佛两家理论、境界、工夫（在古汉语词典中，"工夫"与"功夫"常通用。在本书中"工夫"主要指功力、素养、造诣之意）异同及佛学对理学的启发作用。但从这一时期僧俗两界的论战可以看出，此时的佛学对理学的影响还未得到全面的认可和探析，佛学也未完全被纳入中华传统文化的范畴。

二十世纪四十年代以来，僧俗两界对儒佛关系问题研究的论著都较多，取

---

① 陈寅恪．陈寅恪史学论文选集·中国哲学史下册审查报告［M］．上海：上海古籍出版社，1992：512.

得了一定的成果。尤其是改革开放之后，学者们关于儒佛关系的研究，继承了二十世纪前期学者们大开风气、精研儒佛关系的精神思路。与二十世纪前期的章太炎、康有为、谭嗣同、梁启超、王国维、太虚大师、杨度、梁漱溟、吕澂、陈寅恪、马一浮等一大批僧俗学者们的探索相比，改革开放后的学者更注重从人生哲学、伦理思想、教育学、文化学等再分层面或新的视角来探讨。随着研究的深入与展开，学者们更加肯定佛学的价值，重新审视佛家哲学，从而更加坚定地把佛学纳入原来仅以儒、道为全部外延的中国传统文化的范畴之中。因此，作为儒、释、道三教合一、援佛入儒产物的宋明理学也更加受到关注，呈现出一派繁盛的研究景象。研究儒佛关系的著名学者有卢莹通、汤一介、赵朴初、方立天、徐洪兴、漆侠、赖永海、洪修平等。此外，方东美、钱穆、唐君毅、牟宗三等港台地区著名学者和佛教人士的相关论著也都具有较高的学术价值。根据学界取得的成果，依照与本书写作相关的程度，略作以下说明：

（一）以北宋士大夫群体为切入点，探讨佛学与理学发生阶段关系的研究

长期以来，学术界虽然不时有人对宋代士大夫进行专题或个案研究，但很少进行整体性探讨。余英时的“入室操戈”理论、牟宗三的“宋明理学划分三系说”都比较有影响力。余英时《士与中国文化》（上海人民出版社，1987）一书，显然已经注意到了“士”作为一个社会阶层，其精神风貌及思想根基对研究整个时代，甚至中国文化的特殊作用。但是集中在唐末、五代至宋这一关键时期，以士大夫群体为主体研究对象的专著还不多见。郭学信所著的《宋代士大夫的文化品格与心态》（天津人民出版社，1997 年）一书可谓对中国宋代士人生活、文化品格、价值取向、思想意识的比较全面的总结。郭先生主要关注的是处于转型时代的北宋士大夫的资鉴求理、现实与超越、出世与入世的精神状貌，虽关涉佛学的影响，但并未深入谈涉士大夫精神世界中的儒佛关系，也未从学理上谈及佛学与理学发生的关系问题。张培锋《宋代士大夫佛学与文学》（宗教文化出版社，2007 年）一书，阐述了宋代士大夫佛学思想背景、政治背景和社会背景，从文学发展和接受的角度，探究了佛学对宋代士大夫文学创作精神的影响。李承贵《儒士视域中的佛教——宋代儒士佛教观研究》（宗教文化出版社，2007）一书认为，宋代儒士佛教观的展开过程，在一定程度上就是宋明理学的建构过程。作者以儒家的视角，对两宋时期欧阳修、王安石、李觏、二程等十三位儒家学者佛教观的基本特征进行了细致而深入的研究，认为宋代儒士的佛教观具有“儒学本位”“实用性”“隔膜性”“否定性”“多样性”五大特征。儒士们对佛教的否定评价暴露了佛教自身的不足和问题，为其自身的修正和健康发展起到了一定的作用。

另外，近几十年来，对具体士大夫人物的儒佛思想异同、二者关系研究的论文逐渐增多，如陈志明《明中叶学者的儒释之辩》（《孔子研究》1991 年第 4 期），李存山《罗钦顺的儒释之辨》（《中州学刊》1993 年第 3 期），马兰州《韩愈崇儒反佛思想论析》（《天津外国语学院学报》2000 年第 2 期）等。但经过梳理发现，专门以北宋士大夫群体为研究对象，整体探讨佛学与理学发生阶段关系的论述还未见。

（二）从学术思潮发展演变的角度，探讨佛学与理学发生过程关系的研究

论述儒佛两家相互关系与影响在整个儒佛比较研究中所占比重最大。关于理学（包括心学）与佛学佛教关系的论述，则是儒佛两家相互关系与影响论述的重中之重。学者们对宋明理学与佛教、佛学理论的比较研究始终高度重视，成果也较多。这些论文既有总论理学与佛学整体上异同的，也有对理学某一宗派与佛教某一支流异同进行论述的。有些学者注重从整体上探讨佛学与理学的发生、演变等理论问题，也有一些学者从个别具体问题出发，以佛学与理学都关注的核心问题出发，如对心性思想、修养方法进行探讨。

关于宋明理学是否受佛教（禅宗）影响而产生的问题，学者们有不同的见解。蒋维乔、杨大临《中国哲学史纲要》（中华书局，1934 年）对此持反对意见："自来学者都说宋明理学和佛学的深刻关系在乎根本思想，我们则认为只在乎方法。由方法的相同，所以外表上彼此有些类似；其实两家的思想虽有一二相通的地方，一是世间法，一是出世间法，实在是水火不相容的。"① 很多学者对此予以反驳。季羡林《佛教对宋代理学的影响》（《申报·文史副刊》1948 年 5 月 22 日）一文引据清代学者尹铭绶《学规举隅》卷上所引朱熹的话进行反驳，认为"宋代理学不但在大的思想方面受了佛教的影响，连许多人们平常不注意的末节也居然受到佛教的影响"②。东初《宋明理学与禅宗文化》（《海潮音》1969 年第 5 期）一文也认为宋明理学之兴起不在于韩愈的排佛，其缘由是的确受到了禅宗禅学的影响。

明清时期的一些学者则过激地将宋明理学的兴起完全归因于禅宗的影响，甚至有"改头换面""阳儒阴释"的提法。任继愈《佛教与儒教》（《文史知识》，1986 年第 10 期）则是在坚持宋明理学是儒教这一观点的前提下，来阐述佛教对理学的影响。唐君毅《略谈宋明儒学与佛学之关系》（《哲学与文化》1977 年第 3 期）一文对此予以批判，他认为此种评价用于晚明儒学尚可，但这

① 蒋维乔，杨大临．中国哲学史纲要卷下［M］．北京：中华书局，1934：4.

② 季羡林．季羡林说国学·佛教对于宋代理学影响之一例［M］．北京：中国书店出版社，2007：185.

不符合宋初儒佛关系的实际情况。南怀瑾《宋明理学与禅宗》一文认为宋代新兴的理学是“儒家之禅学”，元明以后的禅宗则已等同于“禅宗之理学”，直至元明时期，儒佛两家才真正是融通的态度。

汤用彤《佛性本有始有（唐初——唐末的争论）》（未刊稿）一文论及从梁肃至李翱的学术演变。汤用彤通过对反本问题的探究，认为儒道本位化与佛教的融合对宋明理学的发生产生了直接的影响。作者认为正是因为两晋南北朝时期，佛教逐渐摆脱对道术的附庸，以及儒、道的矛盾冲突日益加深，才产生了“本末体用”的说法，最终解决了三家的矛盾。此后三家融合理论逐渐成熟。汤先生的此文梳理了理学发生过程的源脉，为我们梳理三教关系提供了很好的借鉴。任继愈的硕士学位论文《理学探源》（西南联大北京大学文科研究所，1941 年）继承其师汤用彤的思路，从宋明理学产生渊源的角度探究了玄学本末之辩到理学体用问题在中国哲学史上逐步递变的轨迹。时至今日，从三教互动的背景下探寻“理”学缘起的来龙去脉，依然是值得大力开掘的一流学术问题。① 任继愈《佛教与儒教》一文认为，儒家的心性论是受到佛教的启发，是接着佛教来论述的。任继愈把宋明理学称为儒教，认为此儒教是把隋唐佛教的核心课题——心性论题与儒家的纲常名教结合而出的产物。儒教把佛教进行了加工改造，吸收了佛教的修行方法，尤其是心性之学的工夫方法，禅定就成了主静、主敬、静坐之工夫。并且，任继愈认为从儒、佛两家的修养目的、方式入手来研究儒佛关系问题，很容易掌握其相互影响和渗透、吸收的规律。

牟宗三于二十世纪六十年代后转向从头疏解中国传统的儒、佛、道三家之学，《心体与性体》一书（台北正中书局，1968—1969 年）是他研究宋明理学重要著作。书中牟宗三提出了著名的宋明理学划分三系说的主张。虽然该书没有直接讨论佛教思想理论和儒佛关系问题，但作者高屋建瓴般地抓住了理学家重建儒家“道德的形上学”的心性核心问题。作为佛学与儒学交互作用思潮研究的重要成果，笔者亦多受其启发和影响。杜继文《儒释三议》（《孔子研究》1987 年第 1 期）一文指出，长期以来，学术界关于儒佛关系问题上存在一些误解。他认为有些学者没有把史实弄清楚，认为佛教是经历了“方术化”“玄学化”和“儒学化”过程才实现中国化的，这与实际历史状貌是有偏颇的。作者指出，我们不能认为佛教刚开始在中国传播时仅是依靠方术的，其中有不可忽视的依附儒学的一面，他从文献出发，引《牟子理惑论》中大量证据，说明此

① 赵建永．从汤用彤论玄学“反本”问题看三教会通——以理学发生史为中心．中国哲学史［J］．2012（3）：39.

时佛学的解释比儒学还要儒学化。三国时期的名僧康僧会已经明确提出了“儒典之格言，即佛教之明训”。至东晋时佛教已经完全融入中国社会，其观念已与儒家的政治、伦理、宗教等主要方面思想相融合。此外，杜继文认为历史上把儒学视为反佛、排佛的旗帜，这是不符合实际情况的。佛学在关于人的本原、社会不平等的根源、宇宙本体等方面都是比儒家有所擅长的。作者还强调，正是如佛教这样具独特性的外来文化补充，丰富了中国传统文化的缺失，所以才得以广泛传播。

熊琬的博士学位论文《宋代理学与佛学之探讨》（台湾政治大学中国文学研究所，1982 年获得学位，1985 年由文津出版社出版），主要探讨的是朱子理学与佛学关系问题。文中梳理了早期佛学与儒学的关系问题，在探讨朱子理学之源时，作者从韩愈、李翱、柳宗元的佛学思想谈起，然后按照传统程朱一系学统的脉络，探讨了周敦颐、张载、二程与佛学的关系问题，最后集中探讨朱子理学思想与佛学在心性理气、存养工夫等方面的关系。郭朋完全站在佛学的立场，其《佛教禅宗与程朱理学》① 一文通过剖析程朱理学受禅宗思想影响的几个主要观点，认为程朱理学大师虽以“辟佛”自居，实都从禅学摭取思想资料以滋补自己，都是“外儒内佛”。徐洪兴《思想的转型——理学发生过程研究》（上海人民出版社，1996 年）一书，打破了理学兴起过程中“北宋五子”传统线索观念，从政治、思想、文化、教育等更加广阔的视野另辟线索，分析了汉以后至隋唐五代儒学的发展状貌、规律和特点。徐先生尤其重视学界较为忽视的汉学与宋学的过渡时代——唐代，对唐代儒学的发展意义予以重新定位和评价。作者从更高的层面对北宋各学术流派进行考察，不仅关注到了它们的对立之处，也看到了它们的相通之处。所以，作者认为理学的发生是一定时代的文化思潮。徐洪兴是较早关注到理学先驱对宋代理学追求理想人格风气开创作用的研究者，为后来学者研究理学思潮的兴起开辟了道路。

王心竹所著的《理学与佛学》（长春出版社，2011 年）一书，主要研究了宋明理学的形成和佛学的助缘作用。作者从整体上把握和探讨理学与佛学的关系问题，其中穿插着周敦颐、二程、朱熹、陆九渊、王阳明的个案研究。该书对佛学原典涉及的不多，更多的是通过个案人物研究佛学思想与理学思想的异同点以及影响。作者认为，理学家们一方面借鉴佛教和道教在哲学本体论方面的成果，另一方面在传统儒学中寻找能够用来构筑哲学形上学的因素。作者认为新儒学之“开新”不仅是开传统儒学所未发掘之资源，而且是吸收佛老之学

---

① 郭朋．佛教禅宗与程朱理学［A］中国佛学论文集［C］．西安：陕西人民出版社，1984：109-148.

中与儒学相契之精神，是佛老之学促进了儒学的返本与开新。在人性论、修养论甚至境界论等方面，理学也借鉴了佛学很多内容。冯达文《理性与觉性：佛学与儒学论丛》（四川出版集团，2009 年）一书，"初涉佛海"章的 9 篇佛学论文集中地论述了慧能的禅学，还有僧肇的中观论，阐述了《大般泥洹经》在佛教发展史上由般若学向如来藏学转化的佛性学说，以及禅宗初祖达摩、六祖慧能及其再传弟子马祖道一等人的心性学说。作者赞扬了佛教以"无我"的观念走出自我迷执的意义。慧能用"觉"来论"体"说"性"，而不用"理"来论，这是他最大的功绩。慧能使佛学由外在信仰向内在精神追求的方向发生转变；程颢、谢良佐、王守仁等"以觉训仁"、以"觉"论心说性，都是受觉性精神倾向的影响。作者还认为明代陈献章的思想也是受慧能影响，二人的本体论、工夫论、境界论都极其相近，这也成为了岭南独特文化品格的一种基调。通过"觉性"与"理性"精神的辩证思考，作者在"叩问历史"章提出了极具冲击力的建议，认为汉唐时期社会十分繁荣，后人依据"理性"或"价值理性"的标准来评判，对汉唐哲学予以较低的评价是有待商榷的。作者认为汉唐时期用宇宙论论证价值论的思想形态，所营造的文化精神非常具有启发意义，认为以"世间情"为基础的孔孟人文境界与佛家的"轮回说"的宗教境界，都超越了功利境界，应该平等对待。可见，通过研究的深入，学者们逐渐肯定佛教心性理论以及觉性精神的价值与意义。

方立天《儒佛以心性论为中心的互动互补》（《中国哲学史》2000 年第 2 期）一文也着力关注儒佛两家在心性论方面的相互影响和作用。方先生认为儒、佛心性论的相互作用是中国人文思想的基石，在伦理道德和士人精神风貌方面都曾起到重大作用。作者着重从四个方面论述了儒、佛在心性论上互动互补的关系：一是推动了儒佛思想重心向性命之学和佛性论发生转向；二是促进儒家确立对心性本体的探讨以及佛教对自心地位的重视；三是互相补充、调整心性说的内涵和内容；四是在心性修养方面，儒佛相互吸纳融摄。

讨论宋明理学与佛教关系的论文还有：严北溟《佛教思想对宋明理学的影响》（《中国佛教哲学简史》，上海人民出版社，1985 年）、张君劢《佛教对于新儒家之刺激》（美国《中国佛教》1984 年第 6 期）、崔大华《论理学之消化佛学》（《中国文化研究》1997 年第 4 期）等。这些论文对佛学与宋明理学的发生关系问题的探讨，也十分具有参考价值。此外，中国哲学史和中国思想史的通史、通论，或宋代哲学史和宋明理学的断代研究著作基本都涉及了儒佛关系的梳理与研究。如冯友兰《中国哲学史》、李申《中国儒教史》、葛兆光《中国思想史》、张岱年《中国哲学史》、张岂之《中国思想学说史》等，对此问题都有所涉及。

（三）从本体论、心性论、境界论等具体理论的角度，探究士大夫“援佛入儒”的基本理论问题

赖永海在《佛性与人性——论儒佛之异同暨相互影响》（《哲学研究》1989年第11期）一文中，把佛性与人性论作为儒佛关系探讨的着力点，认为儒佛各具特色，又相互影响和作用。唐宋以后，受儒家注重人性、心性的影响。善、恶也成为佛教论心性的标准，尤其是禅宗六祖慧能“心即佛”的观点，明显是由抽象本体向现实人的转变，可以说是把佛性归结到了现实的人性上。反过来，佛教以佛性问题为本体的学说又对儒家的心性论产生影响，儒家也逐渐呈现了心性本体的思维模式。之后儒家倡导天人合一的心性本体论就是受到了禅宗“即心即佛”，即把“心”具体化的心性本体论的影响。作者认为理学家虽大多反佛，却大量吸收了佛教佛性理论，而心学家受到的影响更大。另一方面，作者还分析了契嵩等高僧大量的著述文章，肯定了他们在倡导儒佛殊途同归，调和儒佛伦理观等方面所做的努力。在此文的基础上，浙江人民出版社1992年出版了赖永海探讨儒佛关系的专著《佛学与儒学》。作者在此书中，从“佛本与人本”“佛性与人性”“顿悟见性与修心养性”“出世与入世”“理学与佛学”“心学与禅学”等方面，对儒佛的异同与相互影响进行了详尽的论述。作者从思维模式、思想重心、学术特点、理论旨趣等方面比较了佛学与儒学两大思想体系的异同，也为读者们详细地勾画出了儒佛相互影响的历史演变进程。

方立天《儒学与佛学》（《文史知识》1988年第6期）一文从人类在宇宙中的地位、人生的价值、人生的理想、人的生死、人伦与道德等方面对儒、佛之差异进行了比较。方先生该文认为，儒学和佛学都是主体性的哲学，都是以人为探讨的对象，都注重阐述个体的自我塑造与完善，但由于历史和传统的不同，他们对人生的意义、价值做出了不同的判断，进而创建了各自不同的修养之路，以达到各自人生最高的理想境界。儒学关注人的地位，人本色彩浓厚。佛教则看到了人的地位转化，强调六凡中只有人可以修行。儒者积极入世，其人生理想是修身、齐家、治国、平天下。儒学认为人生是乐，主张“自乐其乐”“乐天知命”，以人为出发点来赞美人生。佛教以变化流动和无常的视角观察人生，认为人生是痛苦，只有超脱现实世界，才能成佛，是出世的。儒学具有强烈的现实性和政治性，佛教则具有鲜明的虚幻性和超俗性。方先生认为，儒、佛各执一端，乐与苦的人生价值判断反映了人生实现价值的不同方面，不是根本性的矛盾。作者还指出，正是由于儒佛两家在思想理论方面的这些异同与交涉点，所以在人生价值和主体塑造等问题上造成了两者相互碰撞、摩擦、冲突、斗争，

同时也促进了两者相互调和、融会、吸取、合一。

蒙培元《儒、佛、道的境界说及其异同》（收录于《儒释道三教关系研究论文选粹》，华夏出版社，2016 年）一文把儒、释、道三家的境界论放在一起进行比较，认为儒、释、道三家都主张境界说，反对实体论，并且都认为心灵具备感性经验层次和超越的形上层次，但是由于儒、释、道三家各自有一套完备的理想境界和修为方法，因而才在历史发展过程中相互碰撞、渗透和影响，最终形成了某种程度上的融合。儒家以正面回答和肯定的方式，以“仁”为最高境界，实现自我超越；佛道则是从反面，以“空”和“无”为最高境界，以否定的方式来超越自我。他们三家一致的目标都是实现自我心灵的超越。三家的境界理论反映到修养工夫上又不尽相同，儒家“主敬”，道家“主静”，佛家“主定”。三家偏重的方面不同，但最后形成儒、佛趋同的“本体即工夫、工夫即本体”的修养论，这成了境界与工夫、目的与方法最终统一的标志。儒佛之最高目标“成圣”“成佛”的目的已转变为实践过程，衡量其境界高低的标准就是修行的程度，肯定了修行工夫的现实性和可行性。

汤一介《论儒道释与内在超越问题》（江西人民出版社，1991 年）一书共收入论文 20 篇。其中，《论儒家哲学中的内在性和超越性》与《论禅宗思想中的内在性和超越性》两篇文章对儒家哲学和禅宗思想的内在性和超越性分别进行了研究。作者认为，儒家哲学与禅宗哲学都具备“内在超越”的特征。作者引据《论语》中子贡的话，认为“仁”“神明”等人的本性就是儒家的内在超越性，这种“超越性”指的是宇宙存在的根据或宇宙本体，即“存在之所以存在者”，如“天道”“天理”“太极”等。儒家哲学的“超越性”和“内在性”是统一的，或者说是在不断论证着这两者的统一，这样就形成了“内在的超越性”或者“超越的内在性”问题。① 作者认为禅宗成佛达到涅槃境界只能靠自己一心的觉悟，“一念觉，即佛，一念迷，即众生”。人成佛达到超越的境界完全在其内在本心的作用。禅宗把以“外在超越”转变成“内在超越”，由出世转向入世，把人们引向在现实生活中实现超越现实的目的，表现出“世间法即佛法，佛法即世间法”的世俗精神。作者认为禅宗之所以深刻影响宋明理学，特别是陆王心学，正在于其思想的“内在超越性”。

综上所述，对于北宋士大夫佛学、儒佛相互影响的关系、儒佛理论异同的研究，已经取得了一定的成果。一是有些学者已经注意到宋代士大夫这个特殊群体在理学思潮兴起过程中的作用和功绩，并以其为对象进行探究。如郭学信

① 汤一介．论儒道释与内在超越问题［M］．南昌：江西人民出版社，1994：1-4.

《宋代士大夫的文化品格与心态》、张培峰《宋代士大夫佛学的道德品格初探》等文，虽然没有深入研究士大夫佛学与人格精神、理学理论等方面的关联，但实际已经观察并注意到了这个群体的特殊性。二是关于理学发生与佛学的关系问题，通过大量的研究工作，学界已经普遍接受儒与佛相互影响、相互渗透说。近年来，公开发表的文章对细微方面和个案人物儒佛关系问题的探析已经取得了一些较好成果。同时，佛教于文化史方面的研究使其地位被认可和肯定，这都是可喜的成果。三是对于北宋时期儒佛思想理论的根本异同点和契合点的研究已经比较明晰，如方立天先生的《儒学与佛教》《佛教的人生哲学——兼论佛儒人生哲学之异同》等文，已经进行了详尽的比较和阐释。

已有研究表明，国内目前实际上尚无专门的学术著作以北宋士大夫这个特殊群体作为整体性的研究对象，来全面探讨士大夫佛学与士风变化、理学发生的关系问题。因此，从学术史上来看，这一研究有很大的学术探索空间。笔者试图从北宋士大夫最直接展现在世人面前的士人风貌入手，对士大夫精神世界受佛教影响的因素进行探析，梳理北宋时期儒佛两家基本精神、发展状貌、融合理路，以求有所突破，争取在士大夫佛学研究这一领域有所创新。本书所依据的基本资料是魏晋至唐宋时期的佛教史籍，佛教学者的专著、论文、语录、注疏等著述，还有北宋士大夫有关佛学的史料、诗文著作等，此外，还包括二十世纪至今士大夫思想的研究成果，以及佛学与理学发生关系等一系列专著和论文。

四、研究内容与创新、不足

（一）研究内容

本书研究的是北宋时期佛教思想对士大夫的精神境界、学术思想的影响问题，从而扩展到佛学与儒学交融、吸收、作用的问题。该研究也可以被视为以北宋士大夫的精神世界为线索，探讨佛学与理学的关系问题。本书分为总论（1~4 章）和分论（5~8 章）两部分对北宋士大夫的精神世界展开研究，主要从儒佛交融的角度阐释北宋士大夫的人格精神、治学风气、学术思想、修为方法等特征，揭示北宋士大夫与佛学的密切关系和学术发展理路。研究主要从以下四个方面进行：

1. 从唐末五代士风浇漓到宋代圣贤气象的转变过程中，窥探佛学所扮演的角色，探讨佛学对士风、学风变化起到的积极作用。

2. 梳理北宋时期佛禅思想与传统儒家思想的交互过程与实践表现，探讨北宋佛学思想对新的学术思潮——理学兴起的影响。

3. 总结北宋士大夫儒、佛交互的精神理路以及北宋佛学自身的发展状貌。

4. 以范仲淹、周敦颐、程颢、程颐、苏轼五人为个案，具体考察佛学对他们的人格精神、学术思想、修为方法等方面的影响。

（二）创新与不足

1. 创新之处

本书的创新点主要有以下几方面：

（1）本书梳理了北宋时期中国文化思潮的演进脉络以及理学的发生过程。既全面展现了儒家士大夫吸纳佛家思想充实儒学、回击佛家挑战的文化自觉，也印证了儒家哲学与禅宗哲学都具备“内在超越”的特征。笔者认为，儒家哲学的“超越性”和“内在性”的统一是中华文化精神的根本特征和重要根基。理学对佛学的吸纳不仅有思辨方式上的接受，同时也有内在思想上的吸收。佛学对理学发生的助益作用不仅是一种“外缘说”，还是一种内在哲学思想的继承。

（2）本书从北宋士大夫群体意识的视域出发，阐释宋明理学发生过程中政治、道德、学术等多方面综合因素对北宋士大夫群体的作用，表明了北宋士大夫在文化碰撞过程中自觉担当的历史角色。隋唐至宋时期的士大夫们被佛禅悟入本体的思辨方式所吸引，“入室操戈”式地与佛家争夺精神领地，主动汲取佛家的思想养料填补儒学的缺漏。佛禅以心性为本体的思考方式，对北宋士大夫的理性精神、主体自觉精神和人格境界的提升都起到了一定的促进作用，从而引发士人的精神气象、治学思路的新变化。北宋士大夫对人的生死苦乐、生命价值的思考都达到了前所未有的高度，自觉承担起了文化变革的历史使命。

（3）本书从文化融合、文化自信的宏观视角，审视唐宋之际学术界的这场思想变革。厘清变革的思想进路，总结文化融合的历史经验，探讨宋代士大夫“援佛入儒”的文化自信、思想理路，对于当下应对西方文化思潮、价值理念的冲突，批判继承中国历史传统，实现中国传统文化的现代化，建构中国特色社会主义理论体系具有启示意义。

（4）本书在个案人物的选择方面亦有新意。本书没有拘泥于以往学界比较关注的理学发生阶段的北宋五子，而是创新性地选择了在理学史上不太受关注的范仲淹、苏轼等人物展开全面研究。打破了朱熹传统线条式的师承道统路线，有利于我们从更加广阔的视角审视北宋时期佛学思潮影响士大夫的全面性、广泛性问题。本书对范仲淹的理学先驱地位及实际贡献进行了较为深入的研究，认为他之所以与理学先驱的地位相符，其中非常重要的原因是他开援引佛禅心性学说之风气，促使儒家由探讨“孔颜乐处”问题向探讨“心性”问题过渡，其“先忧后乐”“宠辱不惊”等人格境界明显带有佛禅意境。在本体论方面，周敦颐的“实理之诚”与“理事交彻”，二程的“理之本体”与佛学之“理”本体论；在心性论方面，二程对佛学心、性、情论的批判与吸收，苏轼的“性情合一”与“平常心是道”；在修养工夫方面，周敦颐“无欲主静”的修为方法，二程“识敬存之”与“涵养须用敬”的修养工夫；在人格境界方面，范仲淹的“先忧后乐”与“忧乐圆融”，“有无之境”的完美统一，苏轼的圆融佛境与“立朝大节”等，都有佛学思潮影响的印记。很明显，北宋士大夫的本体论、心性论、工夫论、境界论等都受到了佛禅思想的影响。本书打破了以往单一化、线条化研究的模式，对佛学与儒学的关系进行了比较深入的挖掘，印证了本书一个论点，即理学的产生是受到佛学思潮的全面影响，在当时具有普遍性意义，而不仅是几个人的带动和引领。

2. 不足之处

由于本书是在对整个北宋时期佛学思想和儒家精神相互作用的基础上来探讨佛学对北宋士大夫群体的影响，所以涉及的范围很广。这既要求笔者熟悉中国佛学思想的印度佛学之源，以及汉代以来逐渐中国化的佛教思想的流动和变化，对佛学各宗各派的义理方面有比较深刻的理解和认识；也要求对儒学史和儒学发展的基本问题有所积累。这就需要对儒佛的斗争与融合的诸多焦点问题，以及儒学式微的原因等都有较全面的把握。同时，本书涉及的资料、文献十分浩繁，所以难免有一些不完备或有待改进的地方。本书对佛学与理学发生过程的梳理还应该更加立体化、全面化；对个案人物的研究，如张载的关学、荆公的新学等还应该继续拓展；对天台宗与理学关系的研究还需要继续着力；对理学与道家、玄学思想的关系的把握还有待加强。

第二章

从浇漓靡风到圣贤气象

宋代在中国历史文化的发展历程中是一个远承汉唐、近启明清的重要变革和转型时期，其社会经济、政治、思想、文化诸形态皆呈现出与前代社会不同的面貌，并引发了巨大的士风与世风的转变。[①] 此前，重武轻文的晚唐至五代乱世，武夫当道，战乱频繁，形成了士人南迁之风。据《宋史》载："唐末五代乱，衣冠旧族多离去乡里。"[②] 大批士人选择流向南唐、西蜀、闽、楚、南汉等地。在文化失序、道德沦丧、价值迷失的恶劣环境中，原本就不根深蒂固的忠义之气荡然无存，呈现的多是奔竞务进的投机心理和急功近利之心态。很多士人干脆隐逸避世，或是沉溺酒色。

北宋初年，士人承五代旧习，士风仍一派浇漓之貌。此时，风靡数百年的佛禅之说也咄咄逼人，现实儒学大失权威。儒学思想家要捍卫孔孟传统，必须极力反击佛学。宋初的政治风尚和社会现实也变化极大。"兴文教、抑武事"[③]，宋太祖更是提出了"与士大夫共治天下"的政策。在经历了宋太祖、太宗、真宗三朝经济、政治、文化等社会结构的变革之后，士大夫的人格理念发生了从浇漓靡风到圣贤气象的重大变化。北宋士大夫们开始真正批判、吸收、改造释道思想，重塑中国士人的精神家园。

第一节　唐末、五代士人的浇漓靡风

一、忠义之风荡然无存

唐末五代的武人政治统治，导致儒、佛两家皆衰微，以及文治不兴、礼崩

① 张岂之，朱汉民．中国思想学说史·宋元卷上［M］．桂林：广西师范大学出版社，2013：11-12.
② 脱脱，等．宋史·卷二六二·刘烨列传［M］．北京：中华书局，1985：9676.
③ 李焘．续资治通鉴长编·卷十八·太平兴国二年春正月丙寅条［M］．北京：中华书局，1985：394.

乐坏、士风浇薄、斯文扫地的社会状貌。儒学极度式微使得儒林群体萎靡不振。士大夫们普遍缺乏道德廉耻和忠孝节义的价值观念。据《新五代史》载：

> 五代之际，君君臣臣，父父子子之道乖，而宗庙、朝廷，人鬼皆失其序，斯可谓乱世者欤！①
>
> 五代，干戈贼乱之世也，礼乐崩坏，三纲五常之道绝，而先王之制度文章扫地而尽于是矣！②

唐末藩镇割据，战祸频繁，以致“属世道交丧，海县横流，赤眉摇荡于中原，黄屋流离于遐徼，黔黎涂炭，宗社丘墟”③。上至君主，下至臣子和百姓，卑劣事迹诸多。唐代帝王或重军功，或信后妃，或亲宦官，导致藩镇割据，后妃专政、宦官擅权等政治的混乱局面频频出现。这三种政治势力的膨胀，伴随了唐代士风衰败颓敝的整个过程。女皇武则天利用严刑和酷吏对付士大夫，导致“索元礼、来俊臣之徒揣后密旨，纷纷并兴”“忠鲠贵强之臣，朝不保昏”④。动辄酗酒杀人的唐昭宗深陷宦官之祸。他面对军权在手、干预朝政的宦官杨复恭，束手无策，竟然想出了靠收买杨复恭的义子来除掉杨复恭的蠢办法。最后，唐昭宗在节度使朱全忠的帮助下才将宦官集团彻底消灭，但唐王朝很快也随着朱全忠的掌权而灭亡。兵权在握的朱全忠杀死昭宗，立昭宗的第九子李祚为帝，史称昭宣帝（哀帝）。后朱全忠又把昭宗的其余九子全部杀掉，并重用李振。李振出生寒微，曾屡试不第，故十分痛恨世族和科举出身的朝官。朱全忠利用他来肃杀朝中士大夫。李振对朱全忠说：“朝廷所以不理，良由衣冠浮薄之徒紊乱纲纪；且王欲图大事，……不如尽去之。”⑤ 后朱全忠斩杀裴枢等大臣三十余人，把尸体投入黄河，并骂其辈尽是浊流。裴枢等结党营私的衣冠缙绅死不足惜，但足以显露朱全忠、李振之辈的卑劣狠辣。公元 907 年，朱全忠灭唐自立为王，以“梁”为国号，正式拉开了五代的序幕。此时其他的藩镇势力并未消减，兼并战争也愈演愈烈。

五代时期政权更迭奉行的是“有奶便是娘”的准则，开国君主多是从割据一方的军阀发展而来，故君臣均有朝三暮四、唯利是图之性，士人多奔竞务进。

---

① 欧阳修．新五代史·卷十六·唐废帝人家传［M］．北京：中华书局，1974：173.
② 欧阳修．新五代史·卷十七·晋家人传［M］．北京：中华书局，1974：188.
③ 刘昫，赵莹．旧唐书·本纪十九下·僖宗纪［M］．北京：中华书局，1975：730.
④ 欧阳修，宋祁．新唐书·卷二〇九·酷吏传［M］．北京：中华书局，1975：5904.
⑤ 司马光．资治通鉴·第十八册·卷二六五·唐纪八十一［M］．北京：中华书局，1956：8642.

朱全忠，原名朱温。早年即为地痞流氓，同乡的人都很讨厌他，他投到黄巢军，后背叛黄巢，归顺了唐朝，改名朱全忠，后又利用手中的兵权吞并了唐朝的州郡，自立为王。也正是唐末朝野的混乱污浊才给了朱全忠这样的卑劣之人登上权力巅峰的机遇。朱全忠的残暴淫虐登峰造极。在他统治下的社会，可谓礼崩乐坏，人间地狱。后来的继承者们也是有过之而无不及。为了获得更多的金钱和更高的地位，军士们热衷于推翻在位的昏君而另立新君，诸多士大夫也是随波逐流，无节无气。北宋田况对此也感慨说："文武大臣朝比肩，暮北面，忠义之风荡然矣。"①

宋太祖赵匡胤刚建朝时，很多士大夫都是侍奉过多位君主、见风使舵的老臣。冯道便是五代士人的典型代表。他一生"历任四朝，三入中书，在相位二十余年"②，被称为不倒翁。石敬瑭派冯道出使辽国行礼，表示对父皇帝的尊敬。冯道毫不犹豫地前往侍奉。后石敬瑭投靠辽国耶律德光，给其当儿皇帝时，冯道亦追随契丹人政权数载。耶律德光曾经问冯道："天下百姓如何救得？"冯道回答说："此时即使佛陀再世也救不得，唯有皇帝能救得。"③ 欧阳修的《新五代史》把冯道列在杂传之中，贬斥冯道在道德、名节方面的不义，作《冯道传》序曰：

> "礼义廉耻，国之四维；四维不张，国乃灭亡。"善乎，管生之能言也！礼义，治人之大法；廉耻，立人之大节。盖不廉，则无所不取；不耻，则无所不为。人而如此，则祸乱败亡，亦无所不至，况为大臣而无所不取，无所不为，则天下其有不乱，国家其有不亡者乎！予读冯道《长乐老叙》，见其自述以为荣，其可谓无廉耻者矣，则天下国家可从而知也。④

固然欧阳修作为儒学卫道士和改革急先锋，对冯道无廉耻、无节义的评定显得过激，但冯道确有该被诟病的污点。欧阳修奉命编撰《新五代史》，一改宋初的《旧五代·冯道传》对冯道的溢美之词，一再诟病冯道的政治道德，称冯道为"无廉耻者"。司马光的《资治通鉴》也大力鞭挞冯道安其禄位的无耻行

---

① 田况. 儒林公议·卷上·文渊阁四库全书1036册·子部·小说家类［M］. 上海：上海古籍出版社，1987：278.

② 薛居正. 旧五代史·卷一二六·周书十七·列传六·冯道传［M］. 北京：中华书局，1976：1665.

③ 欧阳修. 新五代史·卷五十四·杂传第四十二·冯道传［M］. 北京：中华书局，1974：614.

④ 欧阳修. 新五代史·卷五十四·杂传第四十二·冯道传［M］. 北京：中华书局，1974：611.

径，称他为“奸臣之尤”。欧阳修开贬斥冯道的先河，后来诸多史学家都抨击冯道的行为和人品。但是，在冯道生活的时代，人们对他的行为并不以为然，甚至冯道在北宋初年去世时，并无谩骂之声，相反“时人皆共称叹，以谓与孔子同寿”①，足见士风之败坏。

同样位居宰相之位的范质，五代时曾历任后唐、后晋、后汉、后周四朝，至宋太祖时，又入宋为相。对此他本人非但不感觉羞耻，反而感觉是自己的荣耀。后来朱熹评价此类人说：“如五代冯道者，此真乡原也。本朝范质，人谓其好宰相，只是欠为世宗一死尔。如范质之徒，却最敬冯道辈。”② 另有宋太祖朝名宦陶穀，历仕后晋、后汉、后周。当宋太祖陈桥驿兵变之后，即将受禅位之时，没有禅文，陶穀在一旁侍候，立马从怀中拿出了早已写好的禅文进上，并媚言道：“已成矣。”太祖对其行为感觉十分厌恶和鄙薄，认为他是“奔竞务进”“多忌好名”之人，毫无“忠节”可言。③

两汉时期，最高统治者和今文学家多次尝试，想要把法家的“忠臣”概念纳入儒家“气节”范畴之内，均未成功。魏晋之后，由于社会并未长治久安，思想界也处于长期的混乱时期，“忠节”观念无法真正深入人心。随着唐朝大一统局面的出现，经济、文化的繁荣，思想界也随之展现出了开放性的特征。儒、释、道三家都比较活跃，且逐渐呈现融合趋势。唐代士人对“忠节”并不十分重视。唐末、五代时期，藩镇割据，皇权衰微，“忠君观念”更是失去了生存土壤。君主和士大夫阶层也无暇关注和解决这一问题。加之五代时期，王朝更迭频繁，且其君王多为草莽市井出身，皇权的尊崇性大大贬值。原本就不甚牢固的“不事二君”的“忠节”观念更是沦落了。“邦有道则见，邦无道则隐，或灭迹山林，或优游下僚”的为士原则，在此时已经荡然无存。自上而下，推而广之，寡廉鲜耻已经成为晚唐五代社会各阶层的普遍行为方式。欧阳修对此类士人分析说：

> 自开平讫于显德，终始五十三年，而天下五代，士之不幸而生其时，欲全其节不二者，固鲜矣。于此之时，责士以死与必去，则天下为无士矣。然其习俗，遂以苟生不去为当然。至于儒者，以仁义忠信为学，享人之禄，任人之国者，不顾其存亡，皆恬然以苟生为得，非

---

① 欧阳修．新五代史·卷五十四·杂传第四十二·冯道传［M］．北京：中华书局，1974：615.
② 黎靖德，编．朱子语类·卷四十七·论语二十九·阳货篇［M］．王星贤，点校．北京：中华书局，1985：1188.
③ 脱脱，等．宋史·卷二六九·列传二十八［M］．北京：中华书局，1985：9239.

徒不知愧，而反以其得为荣者，可胜数哉!①

欧阳修还说：

五代之乱极矣，传所谓“天地闭，贤人隐”之时欤！当此之时，臣弑其君，子弑其父，而搢绅之士安其禄而立其朝，充然无复廉耻之色者皆是也。吾以谓自古忠臣义士多出于乱世，而怪当时可道者何少也，岂果无其人哉?②

唐末、五代士人群体所表现出浇漓无义的精神面貌、唯利是图的价值取向，还有奔竞务进的行为方式，足见当时士风尽败坏至极矣。

二、纵情享乐、遁迹世外之风盛行

唐末、五代士风的败坏，不仅表现在奔竞务进、无节无义方面，还以隐逸遁世、荒淫享乐为体现内容。晚唐的君主多耽于淫乐，荒诞无耻。唐敬宗在位期间，昏庸无能，荒淫成性，最后因与宦官和臣子饮酒，酒酣被弑。唐武宗更是喜好饮酒作乐，“酒酣，作技谐谑，如民间宴席”③。前蜀后主王衍在其《醉妆词》中夸耀自己荒淫无度的生活：“者边走，那边走，只是寻花柳。那边走，者边走，莫厌金杯酒。”④ 有一叫严凝月的宦官，为了迎合王衍的淫欲，到处搜罗美女进献，后来王衍果真赏赐了蓬州刺史的官位给他。王衍甚至伙同主持官僚选拔考试的礼部尚书韩昭一起卖官鬻爵，当时通过贿赂获得官职的人比比皆是。君臣的这些行径导致了“吏道杂而多端”，朝野士人多污浊、好享乐。

南唐中主李璟《应天长》“一钩初月临妆镜，蝉鬓凤钗慵不整。重帘静，层楼迥，惆怅落花风不定。柳堤芳草径，梦断辘轳金井。昨夜更阑酒醒，春愁过却病。”⑤ 就连备受后人怜悯的大词人李煜，也在南唐后主和阶下囚的双重身份下，醉生梦死般地歌咏自己的纵欲生活，他的《玉楼春》写道：“晚妆初了明肌雪，春殿嫔娥鱼贯列。笙箫吹断水云间，重按霓裳歌遍彻。临春谁更飘香屑，

---

① 欧阳修．新五代史·卷三十三·死事传［M］．北京：中华书局，1974：355.
② 欧阳修．新五代史·卷三十四·一行传［M］．北京：中华书局，1974：369.
③ 王谠．唐语林校正·卷三［M］．北京：中华书局，1987：240.
④ 张璋，黄畬．全唐五代词［M］．上海：上海古籍出版社，1986：521.
⑤ 王仲闻．南唐二主词校订［M］．北京：中华书局，2009：1.

醉拍阑干情味切。归时休照烛花红，待放马蹄清夜月。”① 国君尚且如此，士人干脆隐遁避世，或归隐于深山，或混迹于市野，对仕途名节无所追求。即便是国家面临生死安危之时，也不愿挺身而出。石敬瑭曾以“兵事”问冯道，他却以自己是一介书生，陛下神武睿略，须从独断，搪塞了过去。而他自己一点儿也不以无义避事为耻。冯道晚年自称“长乐老”，甚至还向别人传授做官不倒的经验就是要识时务，少管闲事，他追求的就是“老安于当代”②。

五代时期，很多读书人无法立身于乱世，遂选择隐遁山林，明哲保身。他们不问世事，只求免于屠戮之难，或辗转漂泊于南方各国，但仍然不能免于颠簸之苦。据《旧五代史》记载，后唐清泰中，光禄少卿尹玉羽见官场险恶，于是退归秦中，终日以饮酒作诗为乐，并以“自然先生”为号。宰相张延朗手书召他回京任职，他仍高卧不就。③ 后唐大臣史圭看到权幸安重诲惨遭杀戮，便退归常山，“闭门杜绝人事，虽亲戚故人造者不见其面，每游别墅，则乘妇人毡车以自蔽匿，人莫知其心”。④ 后晋时，卢损“与同辈五六人，于大隗山中疏泉凿坯为隐所，誓不复出山”⑤。这种遁迹世外，与北宋仁宗之后逐渐兴起的尚忠义、大砺名节的士风形成了鲜明的对比。

随着唐朝的衰落，士大夫群体的政治理想幻灭，看不到仕途的前景和希望，士大夫们都被末世的绝望和哀伤笼罩着。在五代频繁更换朝代的黑暗统治下，士人们不仅无政治追求，而且生活糜乱。盛唐时期，士人们的思想还趋向于建功立业，对功名有所追求。五代的战乱，使士人们更加注重名利，更多的是崇尚一种实用主义精神。士人们多追求于乱世中自保，所以他们奔竞务进、追名逐利也就不足为怪了。他们的思想中早已放弃对儒家致君尧舜与为民请命的精神追求，更多的是一种随波逐流的享乐思想，一切以私利为中心，完全是一副“今朝有酒今朝醉，明日愁来明日愁”的模样。士人们甚至多纵情酒色，就连饱经战乱，得以幸存的一刹那安闲，也要继续饮酒取乐，完全是一副得过且过的心态。文人韦庄饱受流离之苦，他的词曰：

> 深夜归来长酩酊，扶入流苏犹未醒。醺醺酒气麝兰和。惊睡觉，笑呵呵。长道人生能几何。⑥

---

① 王仲闻．南唐二主词校订［M］．北京：中华书局，2009：41.
② 欧阳修．新五代史·卷五十四·杂传第四十二·冯道传［M］．北京：中华书局，1974：615.
③ 薛居正．旧五代史·卷九十三·列传八［M］．北京：中华书局，1976：1236.
④ 薛居正．旧五代史·卷九十二·列传七［M］．北京：中华书局，1976：1218.
⑤ 薛居正．旧五代史·卷一百二十八·列传八［M］．北京：中华书局，1976：1689.
⑥ 张璋，黄畬．全唐五代词［M］．上海：上海古籍出版社，1986：549.

可见，其完全没有士人之风骨，尽是浮生如梦、及时行欢之论调。文人杜牧更是“少登第，恃才，喜酒色。初辟淮南牛僧孺幕，夜即游妓舍，厢虞候不敢禁”①。《杜牧别传》载：“牧在扬州，每夕为狭斜游，所至成欢，无不会意，如是者数年。”杜牧还把自己的荒唐行径写进自己的诗里：“落魄江湖载酒行，楚腰纤细掌中轻。十年一觉扬州梦，赢得青楼薄幸名。”② 这种现象在晚唐五代士人群体中并不是个案，而是非常具有普遍性，足见当时士人生活之糜乱。

厚颜无耻的帝王，唯利是图的军士，无节无义的士人。至此，世人已经少有节气可言。然而，唐末、五代时期是中国社会重要的转型期，五代之乱孕育着巨大的思想风尚的激流，为后来宋代崛起的士人风貌的最终定位起到了转承之作用。

第二节 北宋士人的圣贤气象

一、心忧天下、尚志节

经世济民、心忧天下历来是儒家的核心价值观。东汉党锢之祸前后的士大夫和太学生之所以被史学家褒奖为“忠义名士”，就是因为他们敢于同外戚、宦官等黑暗政治势力做斗争。到了魏晋时期，由于皇权的专制和打压，他们无奈地徘徊于“魏阙”与“江湖”之间，心灵缺少归属感，而产生了“徒有济世之志”与“实为不问世事”的双重人格。宋代的统治者在吸收了历代灭亡的教训之后，针对唐末、五代乱局，采取了相对和平的政策，开创了“与士大夫共治天下”的政治局面。士大夫群体受到了宋代统治者的重视，其政治、经济地位都明显提高。这十分有利于士大夫群体政治主体意识的提升和拓展。至北宋仁宗时期，逐渐形成了士大夫人人尚名节、个个好忠义的社会新风尚。

北宋初年开始，士大夫们以尧、舜、文、武、周公等圣人精神为榜样，提倡以天下为己任、博施济众的理想人格。宋初积极用世的王禹偁（954—1001），为人刚直，誓言“兼磨断佞剑，拟树直言旗”。他擢右拾遗并直史馆时，以《端拱箴》来批评皇宫的奢侈生活。后因抗疏论道安诬告之罪，触怒太宗，屡遭贬谪。宋真宗朝时，王禹偁撰修《太祖实录》，因直书史事，引起宰相的不满，遭

① 王谠. 唐语林校正·卷七［M］. 北京：中华书局，1987：621.

② 杜牧. 樊川诗集 2·樊川外集·遣怀［M］. 上海：上海古籍出版社，2005：24.

谗谤，于咸平二年（999）再次被贬出京城。但他矢志不渝，《吾志》诗云："吾生非不辰，吾志复不卑，致君望尧舜，学业根孔姬"①，足见其致君尧舜的政治理想。

宋仁宗时期的名臣范仲淹（989—1052）总是"言政权之源流，议风俗之厚薄，陈圣贤之事业，论文武之得失"②。他"先天下之忧而忧，后天下之乐而乐"的担当精神开启了北宋士风转变的帷幕。朱熹对此感叹道："范公平日胸襟豁达，毅然以天下国家为己任。"③ 朱子又说："本朝忠义之风，却是自范文正公作成起来也。"④ 从范仲淹开始的一代士人，志于用世的思想更加突出和明显。重新倡导儒家纲常礼义成了士大夫们的一项重要任务。一种新的人生价值、人格理想在士大夫群体间悄然形成。他们不仅推崇儒家圣贤，而且区别于晚唐、五代时期的士大夫，表现出了欲成圣贤、志在天下的人格理想，并以此为自己毕生追求的目标，这在北宋士大夫群体中蔚然成风。

范仲淹具有十分强烈的社会责任感，遇到事关国家的大事，总是奋不顾身，慷慨进言，被后人称为"大宋第一人"。《宋史·范仲淹传》记载："每感激论天下事，奋不顾身，一时士大夫矫厉尚风节。"⑤ 北宋王得臣编写的《麈史》载：

> 范文正好论事，仁宗朝有内侍怙势作威，倾动中外。文正时尹京，乃抗疏，列其罪欲上，凡数夕环步于庭，以筹其事。家有藏书预言兵者，悉焚之。戒其子纯祐等曰："我今上疏言斥君侧宵人，必得罪以死。我既死，汝辈勿复仕宦，但于坟侧教授为业。"既奏，神文嘉纳，为罢黜内侍。圣贤相遇，千载一时矣。⑥

范仲淹有四进三黜的谏言经历。第一次是天圣七年（1029），他刚入朝任职不久，对于仁宗皇帝为刘太后行下跪大礼祝寿之事，别人都不敢言，范仲淹极力谏言说："亏君体，损主威，不可为后世法""开后世弱人主以强母后之渐"，此举严重惹怒了当时掌握朝政大权、垂帘听政的刘太后。范仲淹仍不罢休，不

① 脱脱，等．宋史·王禹偁传·卷二九三［M］．北京：中华书局，1985：9794.
② 范仲淹．范仲淹全集·奏上时务书［M］．范能浚，编集．薛正兴，校点．南京：凤凰出版社，2004：172.
③ 黎靖德，编．朱子语类．卷一二九·本朝三·自国初至熙宁人物［M］．北京：中华书局，1986：3086.
④ 黎靖德，编．朱子语类·卷四十七·论语二十九·阳货篇［M］．北京：中华书局，1986：1188.
⑤ 脱脱，等．宋史·范仲淹传·卷三百一十四·列传第七十［M］．北京：中华书局，1977：10267.
⑥ 王得臣．麈史·卷上·忠傥［M］．上海：上海古籍出版社，1986：17.

顾个人安危，进而奏请太后还政于仁宗皇帝：

> 陛下拥扶圣躬，听断大政，日月持久。今上皇帝春秋已盛，睿哲明发，握乾纲而归坤纽，非黄裳之吉象也。岂若保庆寿于长乐，卷收大权，还上真主，以享天下之养。①

范仲淹的大胆举动激怒了太后，震撼了朝野，为死气沉沉的朝堂带来了新风尚。尽管他因此被贬外仕，但他高尚的节操和敢于抗争的勇气却鼓舞了当朝的一大批士人，从此抨击不合理法、有违道统的声音鹊起。“中外缙绅知以名节相高，廉耻相尚，尽去五季之陋”②，士人纷纷对国家大事面折廷争。《湘山野录》记载：

> 范文正公以言事凡三黜。初为校理，忤章献太后旨，贬倅河中。僚友饯于都门曰：“此行极光。”后为司谏，因郭后废，率谏官、御史伏阁争之不胜，贬睦州。僚友又饯于亭曰：“此行愈光。”后为天章阁，知开封府，撰“百官图”进呈。丞相怒，奏曰：“宰相者，所以器百官。今仲淹尽自抡擢，安用彼相？臣等乞罢。”仁宗怒，落职贬饶州。时亲宾故人又饯于郊曰：“此行尤光。”范笑谓送者曰：“仲淹前后三光矣，此后诸君更送，只乞一上牢可也。”客大笑而散。③

范仲淹的同僚和友人都以范仲淹被贬谪为荣光之事，可以看出，“忠义”“尚志节”的精神在北宋士人中已经获得普遍的认同。范仲淹的言行对当时和后世都产生了砥砺名节、救时行道的深远影响。北宋士人推崇和标榜的正是范仲淹这样“先忧后乐”的圣贤气象。从范仲淹开始，追求圣功，以天下为己任已成为士大夫们共同的精神追求。

欧阳修（1007—1072），字永叔，自号醉翁，晚年又号六一居士，永丰（今江西省吉安市永丰县）人，历仕仁宗、英宗、神宗三朝，是杰出的政治家、经学家、史学家、文学家。欧阳修是继范仲淹之后，奋自蹈励、见义勇为的代表。《宋史·欧阳修传》记载：“见义勇为，虽机阱在前，触发之不顾。放逐流离，

① 文莹．湘山野录［M］．北京：中华书局，1984：76.
② 脱脱，等．宋史·卷四四六·忠义传［M］．北京：中华书局，1985：13149.
③ 文莹．湘山野录［M］．北京：中华书局，1984：77-78.

至于再三，志气自若也。”① 与范仲淹一样，欧阳修官至参知政事（副宰相）。当范仲淹被贬时，欧阳修不顾个人利害安危，上书斥责当朝的权臣，因此也受到贬谪。他的名作《醉翁亭记》就是他被贬谪到安徽滁县时所作。虽然是被贬黜，但文中展现了他乐民之乐、为政以宽的胸怀。欧阳修《与尹师鲁第一书》亦曰：

> 又常与安道言，每见前世有名人，当论事时，感激不避诛死，真若知义者，及到贬所，则戚戚怨嗟，有不堪之穷愁，形于文字，其心欢戚无异庸人，虽韩文公不免此累。用此戒安道，慎勿作戚戚之文。②

通过从上至下的努力，经历了太祖、太宗、真宗三朝较漫长的时间，北宋士风发生极大的转变，至仁宗时期基本完成。《宋史·忠义传》载：

> 士大夫忠义之气，至于五季，变化殆尽……真、仁之世，田锡、王禹偁、范仲淹、欧阳修、唐介诸贤，以直言谠论倡于朝，于是众位绅知以名节相高、廉耻相尚，尽去五季之陋矣。③

宋徽宗当政后，昏庸障目，重用奸臣蔡京等人，严厉打击元祐党人。从崇宁元年至三年（1102—1104）仅三年的时间里，连续三次厉行党禁，被牵连的“奸党”达309人之多，这些所谓的“奸党”，被全国各州县刻名于石碑上，终身不得再仕。这其中不乏海内外闻名的文人士大夫，如文彦博、司马光、吕公著、范纯仁、苏轼、秦观、范祖禹、程颐等。苏轼等32人还被贬往“多旷土，茅菅茂盛，蓄藏瘴毒”的岭南远恶之地。可这些元祐党人，意气仍就朝朝，不减当年，完全没有被摧垮之貌。苏轼仍尚“以救时行道为贤”的政治理念。他被贬岭南后，“日啖荔枝三百颗，不辞长作岭南人”的诗句让他的政敌们失去了当初置他于死地的快感，更加欲痛恨打压之。而苏轼自己在给挚友的信中，仍然表露他从不后悔自己当初言行的态度。同样是因元祐党禁被贬谪岭南的著名谏官刘安世，不仅令政敌为之顾忧，就连当初授学与他、举荐他做官的司马光、吕公著等，都毫不留情面。他把文彦博、吕公著、范纯仁等推荐的子弟、亲属的姓名、官职，一一指出，斥责他们“援引亲属，并据高势，根连蒂固，更相

---

① 脱脱，等．宋史·卷三一九·欧阳修传［M］．北京：中华书局，1985：10375.

② 欧阳修．洪本健校笺．欧阳修诗文集笺注［M］．上海：上海古籍出版社，2009：1793.

③ 脱脱，等．宋史·卷四四六·忠义传［M］．北京：中华书局，1985：13149.

朋比，绝孤寒之进路，增膏粱之骄气"①。他如此尽言不讳，面折廷争，后来竟被人称为"殿上虎"。刘安世被贬往岭南后，历任七州，艰苦的环境令他子死母丧，但他仍然坚持自己的操守，意气自若。同日被贬岭南的邹浩、陈瓘、任伯雨、龚夬等人，都是因为直言政事，被认作诋毁朝廷而获罪。陈瓘被贬廉州（广西合浦）时，仍然心系国家之忧患，而上疏为政之道，却再次遭到贬谪，被送到台州羁管。同样，苏辙等人流传的作品，皆反映了他们被贬谪后不计个人得失、穷通荣辱的坚定信念。

"宋初三先生"之一石介，被后人评价为"笃学有志向，乐善疾恶，喜声名，遇事奋然敢为"②。被誉为理学开山祖的周敦颐在任南安军司理参军期间，面对被错捕错判的犯人，据理力争，不畏权势，直言"杀人以媚人"③ 之举在他这里是不可为的。张载"民吾同胞，物吾与也"的天地关照等，都表现出了北宋士大夫追求名节、兼济天下的风骨和气度。比较范仲淹的"庆历新政"和王安石的"熙宁变法"两次革新，都是出于忧国忧民而倡导改革。虽然其中一次备受称赞，另一次却怨声载道，但两个人在政治上的大节都未受人指责，只是具体方法和政见不同罢了。

宋元之际，士大夫的忠节意气、人格风范更是斑斑可书。士大夫或以"我欲仁，斯仁至矣""明天理，正人心，崇节义"④ 来论治国之道，躬身力行，引导士风和世风；或以大丈夫之气概，"以名节忠义为本"⑤。宋亡时，之所以爱国热血志士层出，如文天祥、黄从龙、吴楚材、陈文龙等，临难不苟，杀身成仁，这与北宋以来形成的奋发向上的士风显然是分不开的。

总之，从北宋范仲淹始，心忧天下的治世理想在士大夫群体中已然形成。北宋士大夫展现了"圣贤气象"所蕴含的"穷则独善其身，达则兼济天下"的人格追求。此外，北宋士大夫除了倡导"廉耻相尚"的名节观念，还强调要重振孔子、子由、颜子等人的强烈关注现实社会的人文精神来寻找"圣贤气象"⑥。

---

① 刘安世．尽言集·卷一·论差除多执政亲戚·文渊阁四库全书·427 册［M］．上海：上海古籍出版社，1987：191.

② 脱脱，等．宋史·卷四三二·列传一百九十一·儒林二［M］．北京：中华书局，1985：12833.

③ 黄宗羲．宋元学案·卷一一·濂溪学案上［M］．全祖望，补修．北京：中华书局，1982：481.

④ 黄宗羲．宋元学案·卷三九·豫章学案［M］．全祖望，补修．北京：中华书局，1982：1294.

⑤ 黄宗羲．宋元学案·卷三九·豫章学案［M］．全祖望，补修．北京：中华书局，1982：1272.

⑥ 程颢．程颐多次讨论"圣贤气象"，见《二程集》284 页等；冯友兰《中国哲学史新编》第 5 册，第 121–123 页亦有详细论述。

二、寻孔颜乐处、适意自得蔚为风气

宋代士大夫推崇的“圣贤气象”，既具有心忧天下、救时行道的一面，同时还有洒脱自得、寻孔颜乐处、闲适安乐的另一面。从北宋开始，士大夫群体盛行寻“孔颜乐处”。这些士大夫学者们试图从名教的道德、礼制中寻找快乐。“孔颜乐处”表达的正是“圣贤气象”中追求个体精神安适自得、超然洒脱的一面。当时的儒林尤其以重视后者为衡量士大夫是否具有“圣贤气象”的标准。“圣贤气象”的实质就是“内圣”与“外王”并重，也是“天人合一”的境界。北宋士大夫推崇的“与物同体”“天人合一”正是源此精神而来。

诸多北宋士大夫都表现出“圣贤气象”之风流超越、内心超脱于万物之上的气质，这在之前历代士大夫身上是极其少见的。范仲淹在出仕之前寓居醴泉寺僧舍读书，“日作粥一器，分为四块，早暮取二块，断齑数茎，入少盐以啖之，如此者三年……人所不堪，而公自刻益苦”①。范仲淹后来官至副宰相，又历经多次朝野官职之变，他得出了“不以物喜，不以己悲”“先天下之忧而忧，后天下之乐而乐”之至理；周敦颐被称为“人品甚高，胸怀洒落，如光风霁月”②；自号“安乐先生”的邵雍《安乐吟》诗云：“无贱无贫，无富无贵。无将无迎，无拘无忌。”③ 程颢被后人看作“富贵不淫贫贱乐”④ 的豪雄。范仲淹、周敦颐、邵雍、二程等人的乐道、受道、同道合一的快乐精神是北宋士大夫寻“孔颜乐处”、“圣贤之乐”的代表，他们超脱的人格具有十分深刻的思想内涵和时代意义。《论语》中曾记载孔子与弟子们之乐：

> 子曰：“饭疏食，饮水，曲肱而枕之，乐亦在其中矣。不义而富且贵，于我如浮云。”⑤

> 子曰：“贤哉，回也！一箪食，一瓢饮，在陋巷，人不堪其忧，回也不改其乐。贤哉，回也！”⑥

---

① 范仲淹．范仲淹全集［M］．南京：凤凰出版社，2004：716.
② 周文英．周敦颐全书［M］．南昌：江西教育出版社，1993：303.
③ 陈明，点校．伊川击壤集·卷十四［M］．上海：学林出版社，2003：187.
④ 程颢，程颐．二程集·河南程氏文集·卷三［M］．王孝鱼，点校．北京：中华书局，1981：482.
⑤ 杨伯峻．论语译注·述而篇第七［M］．北京：中华书局，2006：70.
⑥ 杨伯峻．论语译注·雍也篇第六［M］．北京：中华书局，2006：59.

吃糙米饭、喝白水、用胳膊当枕头，仍觉得很快乐，那些不符合道义的富贵对于我来说就像浮云一般；一竹碗饭、一瓢水，身在陋巷，人们对这种境况都感到忧愁烦恼，颜回仍然觉得很快乐。这就是后来被北宋士大夫们津津乐道、心向往之的“孔颜之乐”。胡瑗曾以《颜子所好何学论》为题试诸生。周敦颐也常以“孔颜之乐”引导学子思考成圣之道，《通书·颜子》中说：

> 夫富贵，人所爱者也。颜子不爱不求，而乐乎贫者，独何心哉？天地间有至贵至爱可求，而异乎彼者，见其大而忘其小焉尔。见其大则心泰，心泰则无不足，无不足则富贵贫贱处之一也。处之一则能化而齐。①

程颢、程颐从十四五岁跟随理学开山周敦颐学习道学。他们回忆问学经过，周子并没有传授他们深奥的哲理或教他们解读经典，而是让他们“寻颜子仲尼乐处，所乐何事”②。程颢曰：“昔受学于周茂叔，每令寻颜子、仲尼乐处，所乐何事。”③ 分析孔、颜究竟乐在何处？程颐认为，吃糙米、饮凉水、居陋巷，这样的生活本身不能给人什么乐趣。但如此清苦的生活，孔子和颜回竟然觉得很快乐，是源于对“道”的追求。后来有一位叫鲜于侁的人问程颐说：“颜子何以能不改其乐？”程颐说：“颜子所乐者何事？”侁对曰：“乐道而已。”程颐又说：“使颜子而乐道，不为颜子矣。”④《二程集》载：

> 凡看文字，非只要理会语言，要识得圣贤气象。如孔子曰：“盍各言尔志。”而由曰：“愿车马，衣轻裘，与朋友共，敝之而无憾。”颜子曰：“愿无伐善，无施劳。”孔子曰：“老者安之，朋友信之，少者怀之。”观此数句，便见圣贤气象大段不同。若读此不见得圣贤气象，他处也难见。学者须要理会得圣贤气象。⑤

《论语·先进》记述了孔子和弟子们阐述个人志向和人生追求时，也体现孔子对这种“乐”的推崇。

---

① 周敦颐．元公周先生濂溪集·卷四·通书［M］．长沙：岳麓书社，2006：64.
② 程颢，程颐．二程集·河南程氏遗书·卷二上［M］．王孝鱼，点校．北京：中华书局，1981：16.
③ 程颢，程颐．二程集·河南程氏遗书·卷二上［M］．王孝鱼，点校．北京：中华书局，1981：16.
④ 程颢，程颐．二程集·河南程氏外书·卷七［M］．王孝鱼，点校．北京：中华书局，1981：395.
⑤ 程颢，程颐．二程集·河南程氏遗书·卷二十二上［M］．王孝鱼，点校．北京：中华书局，1981：284.

曾点曰："莫春者，春服既成，冠者五六人，童子六七人，浴乎沂，风乎舞雩，咏而归。"夫子喟然叹曰："吾与点也！"①

冯友兰在《中国哲学简史》中专门对此作了评论："圣人如果停留于'乐道'，则他和道、主观和客观还是分离的；圣人以己为乐，是因为他已经和道合为一体，乐的主体和乐的客体已经结合，圣人所乐的正是存在的这种状态。"②圣人之所以快乐，之所以乐道，当是他内心真实的自然反照。周敦颐说"虚静动直"，程颢说"廓然而大公，物来而顺应"，都是这个道理。魏晋玄学体现的率性的人格和自事其心，可谓真风流。这固然是北宋士人"孔颜乐处"的一个源头，但并不是全部。程颐的回答"使颜子而乐道，不为颜子矣"似乎更多了些佛禅的意蕴，更富有禅师们第一义不可言的潜默的哲学意味。这一论点在后面个案人物的分析中会着重分析。

在北宋儒者的作品和言谈中，无不流露出对这种思想境界和心理状况的喜乐之情。范仲淹的词作《定风波》展现了他精神世界中追求适意自得的一面：

罗绮满城春欲暮，百花洲上寻芳去。浦映□花花映浦。无尽处。恍然身入桃源路。莫怪山翁聊逸豫，功名得丧归时数。莺解新声蝶解舞。天赋与，争教我悲无欢绪。③

范仲淹在第二次被贬谪至桐庐县时，主持重修了严光祠堂，写下了与《岳阳楼记》齐名的佳作《严先生祠堂记》。④范仲淹高度赞扬严光之人格，称其"先生之风，山高水长"⑤。范仲淹还认为，严光之德行足以"使贪夫廉，懦夫立，是大有功于名教也"⑥。文章将严光与光武帝并列，看似是称赞光武帝礼贤下士，实际上是为凸显严光为人高洁、不图名利。文章映射的是当时社会上钻营官场、追求名利、贪污腐化的恶习。严光在政治清明之际，尚且还保留着自己以道抗世的节义作风，以个人的自由为前提，跳出了有道与无道的传统理论。

① 杨伯峻．论语译注·先进第十一［M］．北京：中华书局，2006：135.
② 冯友兰．中国哲学简史［M］．北京：北京大学出版社，1985：189.
③ 范仲淹．范仲淹全集·范文正公集逸文·定风波［M］．南京：凤凰出版社，2004：681.
④ 严先生：严光，字子陵，东汉余姚（今浙江余姚县）人。曾与汉光武帝刘秀同学。刘秀即帝位后，他改名隐居。后召进京城，授他为谏议大夫，不肯接受，又回富春山靠耕钓为生。
⑤ 范仲淹．范仲淹全集·范文正公集第八·桐庐郡严先生祠堂记［M］．南京：凤凰出版社，2004：164.
⑥ 范仲淹．范仲淹全集·范文正公遗迹·严子陵祠堂［M］．南京：凤凰出版社，2004：867.

范仲淹看重严光的正是其独立自主与高风亮节的人格精神。据史料记载，官方也参与了此次祠堂重修的整个过程，证明官方对严光高风亮节的人格风范与政治理想也是持肯定的态度。可见，北宋时期，在士大夫传统的“君使臣以礼，臣事君以忠”的思想中，已经多了一层了对士大夫个体精神自由的肯定。范仲淹对严光精神的提倡，大大影响了北宋时期政治与知识阶层，歌咏严光的诗文也如雨后春笋般涌现。一直到南宋时期，赞颂严光的诗篇都长盛不竭。虽然南宋时期政治格局陷入了动荡，但对自由精神的崇尚与独立的人格追求成为时代的主流。

北宋初期以后，无论是学术方面，还是诗文言谈，士人们都表现出了崇尚个体精神自由的心理状况和精神境界。在宋明理学史上，著名的理学家及其代表作几乎都将关切个人安顿和构建宇宙本体论合理地统一起来，即沟通人道与天道。如周敦颐著有《太极图说》《通书》，张载著有《西铭》，苏轼著有《东坡易传》，还有程明道的代表作《识仁篇》《定性书》，程伊川的代表作《伊川易传》，邵雍的《观物内外篇》等。虽然个人思想的范畴和所用名词不尽相同，如“天道”“天理”“太极”“诚”，但这些著作都是把社会名教与个人身心统一起来，使士大夫们追求和向往的“圣贤气象”有了形而上的理论依据。周敦颐的《书堂》诗云：

> 书堂构其上，隐几看云岑。倚梧或欹枕，风月盈中襟。或吟或冥默，或酒或鸣琴。数十黄卷轴，圣贤谈无音。①

《通书》亦云：“圣希天，贤希圣，士希贤。”② 周敦颐要表达的正是他对怡然自得、闲适风雅气象的喜好以及士大夫阶层希望逐层达到的境界追求。他所追求的圣贤气象无非是一种自我之本然存在和天人合一的境界，这也是宋代新儒学所探究的基本内容。又如程颢《秋日偶成》诗：

> 闲来无事不从容，睡觉东窗日已红。万物静观皆自得，四时佳兴与人同。③

可见，北宋的士大夫与以往的士大夫相比，其“孔颜乐处”的风貌中更多

① 周敦颐．元公周先生濂溪集·卷六·书堂［M］．长沙：岳麓书社，2006：109.
② 周敦颐．元公周先生濂溪集·卷四·通书［M］．长沙：岳麓书社，2006：59.
③ 程颢，程颐．二程集·河南程氏文集·卷三［M］．王孝鱼，点校．北京：中华书局，1981：482.

了几分个体自我的独立意识。这也是北宋士大夫追求和表现出个体安适自得的前提。北宋以后的史学家普遍认为宋代士大夫的精神追求在“身心性命”之间。清代的茅星来为《近思录集注》作的《后序》说道：

> 自《宋史》分《道学》、《儒林》为二，而后之言程、朱之学者，但求之身心性命之间，不复以通经学古为事。……盖尝窃论之：马、郑、贾、孔之说经，譬则百货之所聚也；程、朱诸先生之说经，譬则操权度以平百货之长短轻重者也。①

这里的“身心性命”之学主要包含两方面的问题：一个是以思考个体存在及生命意义为核心问题的“身心之学”；另一个则是以宇宙与人生的终极依据为思考重点的“性命（理）之学”。并且这两者是不可分割的完整体系，即“身心性命之学”。北宋士大夫所学、所治均是在探寻为个体自我提供生命意义和安身立命的依据。

著名理学家张载的代表作《西铭》，被视为论述家族伦常、政治道德、沟通人道与天道的经典之作。我们仔细品读时，就会发现《西铭》无处不体现作者对个体自我（吾）主体的探究和自我存在意识的肯定：

> 乾称父，坤称母；予兹藐焉，乃混然中处。故天地之塞，吾其体；天地之帅，吾其性。民吾同胞；物吾与也。大君者，吾父母宗子；其大臣，宗子之家相也。尊高年，所以长其长；慈孤弱，所以幼其幼；圣其合德；贤其秀也。凡天下疲癃残疾、茕独鳏寡，皆吾兄弟之颠连而无告者也。于时保之，子之翼也；乐且不忧，纯乎孝者也。违曰悖德，害仁曰贼，济恶者不才，其践形，惟肖者也。知化则善述其事，穷神则善继其志。不愧屋漏为无忝，存心养性为匪懈。恶旨酒，崇伯子之顾养；育英才，颖封人之锡类。不弛劳而底豫，舜其功也；无所逃而待烹，申生其恭也。体其受而归全者，参乎！勇于从而顺令者，伯奇也。富贵福泽，将厚吾之生也；贫贱忧戚，庸玉汝于成也。②

据《宋史·张载传》记载：“（张载）少喜谈兵，至欲结客取洮西之地。年

---

① 张京华，辑校．近思录集释［M］．长沙：岳麓书社，2010：1020.
② 张载．张载集·正蒙·乾称篇［M］．章锡琛，点校．北京：中华书局，1978：62.

二十一，以书谒范仲淹，一见知其远器，乃警之曰：‘儒者自有名教可乐，何事于兵！’”[①] 范仲淹引导张载关注“孔颜乐处”“名教可乐”等问题，劝他读《中庸》，后来张载果然有所成就。周敦颐、二程、朱熹等道学家也都以此问题为道学相传的重要内容。当代学者也指出，北宋士大夫正是基于“名教可乐”的问题意识，才探究身心性命问题的。这种问题意识“正是道学的萌芽”[②]。

道德历来是儒家追求的根本目标。在北宋一代，儒家的至高道德标准展现出的人格便是“圣贤气象”。无论是民胞物与、先忧后乐，还是寻孔颜乐处、适意自得，都是个体的一种精神境界。北宋的士大夫与前代相比，更加关注真实的自我与外在通人通天的合一，即天人合一，甚至不仅仅是“合”，而是天人一体不二。二程曾多次论述“圣贤气象”，说“学者须要理会圣贤气象”。二程道：

> 仲尼，元气也；颜子，春生也；孟子，并秋杀尽见。仲尼，无所无包；颜子示“不违如愚”之学于后世，有自然之和气，不言而化者也；孟子则露其才，盖亦时然而已。仲尼，天地也；颜子，和风庆云也；孟子，泰山岩岩之气象也。观其言，皆可以见之矣。[③]

在二程看来，孔子有湛然精微的元气，是无所不包、天覆地载、自然而然、浑然天成的气象；颜子是如春生朝气、自然柔和、不言而化万物的气象，似空中的和风祥云，只有一点点人为的迹象；孟子则充满了秋天的肃杀之气，锋芒毕露。二程认为，孔子之天然纯成才是真正的圣贤气象。朱熹对此点评道：

> 曾点之学，盖有以见夫人欲尽处，天理流行，随处充满，无少欠阙。故其动静之际，从容如此。而其言志，则又不过即所居之位，乐其日用之常，初无舍己为人之意。而其胸次悠然，直与天地万物，上下同流，各得其所妙，隐然自见于言外。[④]

朱熹认为，孔子之所以赞同曾子之志，是因为曾点的志向在日用之间，符合流行之天理，不牵强附会，在一动一静之间，恬静闲适，从容自得，是谓不

---

① 脱脱，等．宋史·卷四二七·道学传·张载传［M］．北京：中华书局，1985：12723.
② 参阅卢国龙．宋儒微言［M］．北京：华夏出版社，2001：248.
③ 江永注．近思录集注·卷十四［M］．上海：上海书店，1987：60.
④ 陈戍国．四书集注全译［M］．长沙：岳麓书社，1986：85.

思而得、不勉而中，这种同于天地万物、上下同流的人的精神才是至高的境界，是超道德的境界。北宋士大夫的“圣贤气象”正是对儒家此种精神境界的复归，亦是一种“天人合一”的境界。这与冯友兰提出的“天地境界”近似，在这一境界中，生命可以实现个体的本然存在。

宋儒罗大经曾说：

> 吾辈学道，虚实打叠教心下快活。古曰无闷，曰不愠，曰乐则生矣，曰乐莫大焉。夫子有曲肱饮水之乐，颜子有陋巷箪瓢之乐，曾点有浴沂咏归之乐，曾参有履穿肘见、歌若金石之乐，周程有爱莲观草、弄月吟风、望花随柳之乐。学道而至于乐，方是真有所得。大概于世间一切声色嗜好洗得净，一切荣辱得失看得破，然后快活意思方自此生。①

罗大经的此番论述将北宋士大夫崇尚“孔颜乐处”的精神表露无遗。北宋士大夫们借助儒家经典中圣人对“乐”的追求来表达自我，表达一代士人对心灵自在境界的普遍追求和向往。

第三节　从浇漓靡风到圣贤气象之时代思潮背景

一、社会的转型与士大夫政治地位的提升

在中国历史上，唐宋之际是中国社会的大转型时代。无论是政治、经济，还是思想文化都呈现出了分水岭式的转变。雷海宗在阐述中国文化的演变时说：“魏晋以降，中国社会在精神方面呈现出与其国力相类似的衰颓状态，隋唐的伟大时代前后还不到二百年，宋代三百年是一个整理清算的时代。”② 北宋王朝大一统的政治统治，使唐之前没有真正得以确立和落实的君主专制、皇权独尊、中央至上的地位得以最终确立，基本去除了来自统治集团内部，即宗室、外戚、权臣……以及地方武装割据势力的威胁。赵宋王朝基本上确立了地方各级政权以及中央各部门向君主个人的完全集中。明清时期，这种专制独裁达到了空前

---

① 罗大经．鹤林玉露・卷二・文渊阁四库全书．第 865 册［M］．上海：上海古籍出版社，1987：270.

② 雷海宗．中国文化与中国的兵［M］．北京：商务印书馆，2001：155.

的态势。

在经济方面，宋代较唐代的土地私有化程度有明显提高，土地频繁地被转移和买卖，出现了贵族庄园农奴经济向平民租佃经济的转化。唐末、五代时期由于藩镇割据和连年战乱，土地兼并日益严重。均田制和土地国有制被削弱，使租佃制度取代了荫户制。据统计，宋代私有制土地占总田数的95.7%左右。佃农的数量大量增加，他们交纳固定数额的租金租种地主的土地，后来这种经济形态逐渐定型。大量的农民由于不再完全依附国家和地主的土地而进入手工业产业，使宋代的工商业空前发达。国家也修正了抑制商业的政策，促进了手工业和商业的极度兴盛。随着手工业者和商人地位的提高，宋代还出现了士农工商“皆百姓之本业”的论断。①

宋代政治格局和经济形势的变化直接导致了士族与庶族阶层的界限被打破。士阶层逐渐呈现出了平民化的特征。宋代土地私有制所有权的流动性也造成了“贫富无定势，田宅无定主”的局面。士庶之间不再彼此隔绝，也不再等级森严。这在“科举取士不问出身，婚姻嫁娶不问阀阅”等方面都有明显的体现。另外，随着经济关系和政治格局的变动，门阀大族不可能再如南北朝时的门阀士族一样，可以不问政治，世代荫袭，高枕无忧。他们的命运已经与王室的兴衰息息相关。五代以来，统治者内部升降浮沉的频繁变换，促使士人阶层与皇权关系加强。士族们必须依附皇权才能保证自己的财富与地位的绵延。租佃制度产生的新型“官户”和“乡户”地主阶层，通过科举考试步入仕途，登上了政治的历史舞台。

宋代开国帝王深刻地反思之前诸多朝代兴亡的经验教训，对外戚、宦官、后妃、武人等势力干政、专政有了较高的警惕之心。所以宋代的统治者做出了“与士大夫共治天下”的选择，视士大夫为最可信赖的对象。宋代统治者此举使“皇权-士大夫”的统治体制得以确立。宋代的科举制度不仅取消了考生门第的限制，还促使文人士大夫主体意识的觉醒，点燃了他们的政治热情。科举考试为帝王甄选出来自各个阶层的优秀人才，也让出身微贱的子弟摆脱了束缚，看到了仕途的希望。宋徽宗朝的李邦彦出身低贱，父亲是“银匠”，他却通过科举考试及第，最后官至宰相。这种情况在唐代，甚至宋太宗以前都是绝对不可能的。宋真宗大中祥符元年（1008）四月，为了公平取士，朝廷还颁布特别诏令：“世家子弟者，别坐就试”，势家子弟需要另设考场，以防徇私舞弊。之后还特别规定，凡是与考试官员有关联的，或地方长官子弟参加考试的都需要执行回

① 参阅漆侠．宋代经济史·上册［M］．上海：上海人民出版社，1988：340.

避政策。皇帝躬身临试、弥封试卷姓名、誊录试卷、锁院等具体政策都为“孤寒”出仕扫清道路，以便更加公平地录取人才。

据统计，宋代列相之人共 133 人，123 人是科举出身，占到 92%的比例。“朝为田舍郎，暮登天子堂”的现实情况对当时的寒门学子产生了极大的鼓舞作用。这对当时社会的学风转变也起到了极大的推动作用，社会开始逐渐崇尚好学的风气。赵孟頫说：“宋以科举取士……故父之诏子、兄之教弟，自幼至长，非程文不习，凡以求合于有司而已。”① 《宋文鉴》也记载：“师儒之说，始于邦，达于乡，至于室，莫不有学。”② 帝王们对士大夫们寄予厚望，给予士大夫的俸禄也十分优厚。科举成功就意味着荣耀与富贵。清人赵翼说，宋制禄之厚“恩逮于百官惟恐其不足”③。在精神与物质的双重保障之下，这些贫寒学子一旦释褐，步入仕途，便宏图满志，欲致君尧舜。通过帝王和士大夫阶层的共同努力，北宋士人的风貌焕然一新。历仕宋太宗、宋真宗朝的名臣王禹偁说：“国家乘五代之末，接千岁之统，创业守文，垂三十载，圣人之化成矣，君子之儒兴矣。”④

总之，宋代土地所有制、生产关系的变革，“君主与士大夫共治天下”的政策以及“万般皆下品，唯有读书高”的社会风气，都是士风转变的社会时代背景。这些客观现实深刻地影响了北宋士人的人生观和价值观。北宋士人推崇以心忧天下、尚志气，追求孔颜乐处、适意自得精神为内涵的圣贤气象。这种新的理想人格是儒家内圣外王理想人格的具体体现。同时，北宋士大夫的精神境界、个体修养、学术思想等方面的变迁也与佛学思潮的影响息息相关。

二、儒学的中衰与佛学思潮的“乘虚而入”

从学术思想的变化来看，唐、五代时期是儒学由汉唐经学向两宋道学变迁的时期。此时中国的思想文化也呈现出了世俗化、平民化、理性化的趋向。自先秦时期孔子创立儒家思想，汉代的董仲舒“罢黜百家，独尊儒术”，儒家登上了中国古代统治“独尊”的宝座。然而，在其流变过程中，儒家思想已经不单纯是孔子之儒学，而是被汉儒改造过了的经学。此经学还含有其他各家思想学

---

① 赵孟頫．松雪斋集・卷六・第一山人文集序［M］．杭州：西泠印社出版社，2010：156

② 吕祖谦．宋文鉴・卷七十九．张伯玉・吴郡州学六经阁记［M］．齐治平，点校．北京：中华书局，1992：1143.

③ 赵翼．廿二史札记校证．卷二五・宋制禄之厚［M］王树民，校正．北京：中华书局，2013：560.

④ 王禹偁．张元济撰札记．王黄州小畜集・卷十九・送孙何序［M］．成都：四川大学古籍研究所，2004：659.

说，如阴阳家的五行学说、道家的“无为”思想等。作为官方的正统学说，经学逐渐成为一股强大的社会思潮，对中华民族的文化——心理结构的形成起到了决定性的作用。① 但随着汉王朝的终结，经学思潮也由于其自身陷入了烦琐支离、不切实际的境地而逐渐没落。后来的思想界也有很多人开始研究先秦诸子学说，综合各家学说，以图改变儒学困顿之境况，但并未形成思潮式的推动作用。

魏晋时期，“以无为本”的玄学融合了儒、道两家学说，倡“自然”与“无为”，提出了本末、体用、言意、动静、自然与名教等一系列思辨概念和范畴。一定程度上，玄学使中国的主流思想摆脱了汉代经学的呆板与不切实际。一度蔚为风尚的玄学，虽然吸引了大批的士人，但终究不能被统治者奉为官方正统。至隋唐，经学偏重章句注疏，不重义理的笺注形式并没有得到有效的改善。虽然孔颖达等重新作《五经正义》，但繁杂注疏经句的旧方式仍然没有太大突破。这使唐代的学术思想陷入一片沉寂之中，充满窒息的苦闷之感。玄学不能成为正统，儒学中衰不能“独尊”。这时，中国的思想界出现了新的挑战，即佛学思潮的“乘虚而入”。

据史料记载，佛教最迟于两汉之交已经传入中国。直到东汉末年，信奉佛教者仅限于上层贵族中的少数人士。魏晋时期，佛教的经译家多套用正值兴起的道家学说中的一些概念、语词来比喻佛家经典中的名词，开始大量译经，这才使佛学正式传入。随着来华译经的鸠摩罗什和真谛等僧人译出《法华经》《维摩诘经》《金刚经》《唯识论》《大乘起信论》等大乘经典，佛教在中国得到了更为广泛的传播，民间信仰日益广泛和深入，士人也多接触佛学。当然，此时佛教的昌盛还离不开玄学的流行。魏晋南北朝时期，在士大夫中间盛行以儒家思想和老庄思想混合的玄学与清谈之风。大乘般若学与玄学在学理上的契合和相近，成为中国士大夫接受外来佛学文化的一个重要契机。随着佛经翻译和理论研习的深入，佛教摆脱了“格义”的方法，教义逐渐明晰。这使中国僧人更好地融会贯通，正式开启了中国化佛学的模式，提出了一系列具有独创性的理论。如竺道生提出的“人人皆有佛性”，甚至“一阐提”也能成佛的理论。佛僧们创建性的论断显示了佛教教义已经真正开始被中国人所消化、吸纳。佛教与中国固有的儒、道文化成功地实现了对接。

南北朝时期，佛教某些理论，如思辨方法、心性思想等超过了中国儒家，致使两种文化的冲突更加激烈。这些冲突在政治、经济、哲学和宗教伦理方面

---

① 李泽厚．中国古代思想史论［M］．北京：生活·读书·新知三联书店，2008：174.

都有激烈表现，甚至出现了北方的灭佛事件（北魏明武帝和北周武帝）。佛教在中国经过四五个世纪的流转，到隋唐后，达到了鼎盛时期。六祖慧能的南宗和神秀的北宗，以及他们的再传弟子马祖道一、石头希迁等，都是唐代杰出的禅僧。唐代佛教也随着国家政治的统一、经济的发达，出现了求同求通的趋势，表现为中国化佛教——天台宗、三论宗、法相唯识宗、律宗、华严宗、密宗、净土宗、禅宗等宗派，并传播到日本、朝鲜。

纷乱之世道，佛教更易于流行的情况在南北朝时就已经有所印证。东晋至南北朝三百余年间，佛教的兴盛已经初步印证了乱世兴佛法之说。南北朝时期战乱频繁，社会矛盾错综复杂，士人希望在佛教中找到精神的寄托。唐末、五代时期，佛学亦比较流行。出于各自不同的目的，乱世之人多礼僧信佛。这主要是由于乱世之民众苦于苛政暴役、兵祸杀戮，痛苦无处申告。甚至有民众为了躲避赋役，剃度为僧，以保全性命。而佛门僧侣于战乱之际，施舍恩慈，保护亡命之众，收敛尸骨，世人皆尊崇佛家的慈悲的要义。另一方面，佛教对教化杀戮者、淫逸者有一定的作用。佛教的业报轮回说对杀人如麻的乱臣贼子有一定的威慑作用。曾任武平节度使的周行逢尤其崇信释氏，他自言信佛目的是："吾杀人多矣，不假佛力，何以解其冤报乎？"[①] 可见，他是想利用信仰佛教来庇佑自己免受报应。也有骄奢淫逸的统治者，因为精神空虚向佛教乞求来世之荣华富贵，或者利用佛教来麻痹民众，以维护其统治。

唐末至五代年间的佛教宗门衰落不幸。唐武宗会昌五年（845），大肆拆毁庙宇，勒令僧尼还俗，收缴寺院财产，致经籍散佚，佛教遭受重创。后周显德二年（955），"周世宗抑佛"是历史上又一次对佛教的重大打击。至此，佛教寺院多荒废，大小各宗，莫不衰息，独禅宗还勉强流传。唐末五代对佛教的打击，使经书被毁、寺庙尽焚，师徒授受统续难以为继，佛门一片衰颓之势。唐末、五代时期的哲学思想成果较少，哲学代表人物和著作也为数不多，整个思想界都较为沉寂。儒家学说更是凋敝式微，佛教仅禅宗较为兴盛，禅门五宗盛行于乱世之南北。五代被近世学者认为是一个转承的时代。唐末、五代之禅宗于宋代理学影响甚大。

入宋后，佛教的恢复与唐末五代的毁佛有着深刻的文化关联。北宋早期，多数宗派都经历了一个复兴的过程。各派往往以恢复宗派、引进经典、探讨宗派经义等形式展开恢复，并且更加重视与儒家兼容关系问题的阐述。整体来说，新儒学在大量吸收了佛教思辨理论等有价值的思想之后，佛教也随之丧失了理

---

① 路振．九国志·卷十一·周行逢传［M］．北京：商务印书馆，1937：121.

论的独特价值，而不得不摒弃自家出世主义的价值取向，积极向儒家靠拢。佛教开始强调三教同一的思想，维持自身的发展。北宋以后，理学已经被定为一尊，佛教的自身理论再无更多的发展。在统治者的扶持、利用下，佛僧多与士大夫交往、酬赠，佛教也以佛禅思想渗入士人的精神世界、影响其生活方式等新的形式得以流传和发展。

佛教最吸引人者，是其颇为精致的形而上学理论体系。如众所知，从魏晋南北朝到隋唐时期，所谓外来文化的佛教，以其特有的一套精致的思辨哲学风靡中国思想界，并向传统儒家和道家发起了严峻的挑战。例如，佛教徒们认为，儒家哲学的宇宙论和心性论太过于浅薄，根本无法与佛教相抗衡。唐代的宗密大师在其《原人论》中，就攻击儒道两家的元气论之浅薄，他认为中国传统儒、道两家的宇宙论基础仅达到了小乘佛教中的“空劫”阶段：

> 劫劫生生，轮回不绝。无始无终，如汲井轮（道教只知今此世界未成时一度空劫，云虚无、混沌、一气等，名为元始。不知空界已前，早经千千万万遍成住坏空，终而复始。故知佛法中，小乘浅浅之教，已超外典深深之说）。①

佛教的宇宙论能够自圆其说，却不能被以儒、道两家为代表的中国传统文化所接受。魏晋以来，佛学就与儒家争夺士人们的精神领域，尽管晋代以来的各朝儒者排佛之风都甚为强烈，但其根植于相对浅显的儒学正统、纲常伦理、华夷之辨、浪费钱资等思想理论出发点上的批判，都显得过于无力，不能直指要害。所以“佛之害”久排不去，以致形成了一股强大的佛学思潮，风靡华夏。士人皆好参佛问道，喜谈心性。此时的儒家，有一种十分奇怪的现象。他们一方面排佛，另一方面又深受佛教的影响，即便是排佛，儒者们的思想武器也是从佛教那里借来的。余英时先生把这种现象叫做“入室操戈”②。这个“戈”指的就是佛教“明心见性”学说。为了夺回“道德性命”的阵地，宋儒不得不深入佛老，“修本以胜之”，故出入佛道而返回六经，扭转儒学之颓势而成理学。

赵宋王朝的建立以及政治、经济等方面的重大变革，使思想学说的发展成为迫在眉睫的现实需要。士人们试图改变佛教的影响力。先秦的儒家即擅长“修心养性”之说。中唐以后，佛教，尤其是禅宗的心性思想主宰了整个思想

---

① 宗密述．原人论·斥偏浅第二·大正新修大藏经·第 45 册，No. 1886：709.

② 余英时．士与中国文化［M］．上海：上海人民出版社，1987：477-487.

界。此时，儒家经学思潮虽已没落，但自汉代以来逐渐确立的儒家正统地位的意识形态却早已深入人心，根深蒂固。在佛教趋于成熟的心性思想的刺激下，儒家也欲收复失地，重整旗鼓。他们对传统繁杂经学的驳正最初表现为一种“疑经惑古”的思潮。对儒家经文释义的怀疑和不满自唐代武则天时期就已见端倪，但仅限于少数学者的私家著述，并未形成较大的社会影响。经过唐末五代的战乱与动荡，此变古之风气早已不见踪影。至北宋仁宗庆历年间（1041—1048），疑古惑经才真正形成一股时代风潮，当时的士大夫纷纷批判汉唐经学，如孙复、胡瑗、石介、范仲淹、欧阳修、李觏等。他们批判汉唐经学，旨在攻击汉儒注说。王安石新政中对科举取士的改革，就是注重对义理的阐释，令新风大开。士人皆转向谈论义理实用之说。

北宋士大夫攻击的正是经学不联系实际的一面。不仅在经典诠释方面，连儒家经典本身也备受质疑。他们甚至视汉唐经学为“土苴”，这样堪称巨大的变革，不得不令人深思其原由。然稍加审视，我们自然会指向佛学思潮对儒学的冲击和刺激之作用。余英时认为，宋明理学两项最突出的特点：一是建构了一个形而上的“理”的世界；二是发展了种种精神修养的理论和方法，指点人如何“成圣成贤”①。这两点都属于“内圣”的领域。自唐代韩愈时起，一直到朱熹的时代，士大夫们都致力于预先设置一个“理的世界”，作为形而上的永恒又超越的前提，使其重建的人道秩序有了保证。周敦颐的“太极”、张载的“太和”、二程的“天理”，包括后来陆象山的“心即理”，还有王阳明的“良知”等，都是此种意义上的说法。理学的这两个重要方面都与佛学的影响有着一定的关联。士人的风貌也与之相呼应，呈现出了追求圣贤气象的转变。唐宋之际流传的佛禅思想对北宋士大夫寻“孔颜乐处”的思想架构形成了广泛的影响。儒家的“名教可乐”似乎与佛教的理想人格有诸多的相似之处。受佛禅思想的影响，北宋士大夫追求的“圣贤气象”透露出了佛禅思想的印记。

小　结

北宋士大夫们追求的“圣贤气象”主要包含两方面的内涵和特征：“一方面，在宋儒眼中具有‘圣贤气象’的士大夫，必须能够关怀社会、心忧天下，具有‘民胞物与’的博大胸怀，以社会和谐、国家富强、天下安泰为已任，积

① 余英时．宋明理学与政治文化［M］．桂林：广西师范大学出版社，2006：4.

极参加治国平天下的经世济民活动；另一方面，除了儒家传统的兼济天下、崇尚名节的社会道德内涵外，圣贤气象还包含追求洒脱适意、闲适安乐的个体人格及其精神超越。”① 心忧天下、尚节气，追求孔颜乐处与闲适自得等道德标准都是儒家对人的本质要求。这些本质的道德都是至善的，本质总是要超越现象界进入本体性存在。

魏晋至唐宋时期，中国文化发展的着重点，或谓民族文化生命的主要流向，就是在吸收佛教、消化佛教。这个时间段中国思想界所展现的正是以儒家士大夫学者为主力军的一场思想变革。社会思潮的演变与经济、政治方面变革的交织作用，成为北宋士人风貌由浇漓靡风到圣贤气象转变的重要背景。宋代士大夫参禅之风盛行，直接导致了宋明理学的产生，尽管他们表面上是利用复兴儒家的道统来抗衡佛教的影响，强调士大夫们应在具体的人性善恶、私欲之中，通过心性修养、发明本心、复归天理，完全找回自己的本质。但是，他们的重要思想武器“心性之学”难免还是取经于佛禅。他们的努力探索与积极实践推动了士风、学风、世风的改变，也推动了思想学说史上重要阶段——理学的发生，这也是北宋士大夫所呈现的“圣贤气象”的精神实质和思想来源。

① 参阅朱汉民．玄学与理学的学术思想理路研究［M］．北京：中国社会科学出版社，2012：13-15.

第三章

佛学与北宋士大夫精神气象转变之关联

隋唐佛教之所以能形成强大的影响力，除了经济、政治等方面的客观因素外，更主要是因为它凝聚了时人思想、认识能够达到的制高点，满足了人们精神理想之所愿。至北宋时期，作为中国士人精神代表的北宋士大夫，继续吸纳佛禅严密的哲理和精密的修行方法，力图解决长期以来儒家在形上本体认识和具体工夫方面的缺漏问题，其精神世界也明显带有佛禅的意蕴。

佛学思想与北宋初期士风的转变有着密切的关联。佛对儒的外在推力、佛与儒的内在关联，都在其中发挥了重要作用。北宋士大夫的精神世界（包含人格精神、治学风气、学术思想、修养方法等）明显具有“忧乐圆融”的理想特征。他们趋于理性化、注重自觉性以及追求宏大境界等思想表征，都体现了佛禅思潮的影响。佛禅对心性本体的阐述，内在超越性的追求，以及对“圆融无碍”宏大境界的展现等，一定程度上弥补了儒学在个体安顿、哲学思辨、身心修养方面的不足，进而引发了士风、学风的转变。在学理方面，受佛禅本体论思维方式的刺激和影响，理学家们将传统儒家的道德和人性置于天道的根源之下，使北宋时人的道德实践有了形上的依据，也为后来的士人提供了一个超越性的“精神世界”和“意义世界”。佛学对理学发生的助益作用不仅是一种“外缘说”，还是一种内在思想的继承。

第一节　北宋的佛学精神

一、入宋后佛教的恢复与禅宗的再兴

北宋统治者“崇道教、兴佛法”，大修寺院、道观，广度僧尼道士，刻印佛经道藏。建隆元年（960），普度童行八千人，停止了对寺院的毁废。这些措施令佛教逐渐恢复和发展。从整体上来看，北宋时期中国佛教徒注重实践，故禅、

净两宗最为流行。此时的佛教内部强调禅净合一，对外主张儒、佛、道合流，在一定程度上维护了自身的发展。从中唐开始，佛教各宗之间的相互融合更加紧密，之前形成的佛家各宗理论体系和修行方法已经趋于统摄合体，净土宗在融合各宗后又与禅宗合一，形成了禅净大融合的总趋势。宋代佛教徒一般注重修持，其他各宗都兼修净土法门，所以净土的信仰在宋代颇为广泛，但纯粹的信仰者不多，多为兼修。宋代以后的净土宗在与其他各宗的相涉中也逐渐失去了本宗特色和独立面貌。禅宗和净土宗融合，在士大夫阶层和普通民众的交往中其影响力得到了进一步增强。三论宗、唯识宗、华严宗等重佛教经院义学的宗派，则因佛学典籍的严重散佚等因素，难成气候而趋于衰微。① 甚至唯识宗、三论宗、密宗等派的传承谱系入宋后几乎绝迹。天台、华严等宗仍有影响力。

澄观（738—839），唐代高僧，被尊为华严四祖。从唐贞观时期至澄观晚年的约两百年间，崇尚浩繁的慧学之风已积弊颇深。澄观试图改变以往专在文字上下功夫，不能“照见自心”的局面。澄观的高徒宗密，在澄观垂暮之年拜其为师，但也难改自己之前禅宗菏泽一系的知解宗徒、教禅结合的路径以及鸿篇巨制的习气。直到唐武宗时期“会昌毁佛”的重创，慧学大厦瞬间坍塌，不复再继。这时，禅宗应时而起，延续佛教慧命，扭转佛教难堪的局面。此时较为流行的是天台宗、华严宗、禅宗等于中国本土独立发展出来的佛教宗派，其中又以禅宗最具独特性格。

禅宗起源于南北朝，形成于唐初，公认的传承谱系为菩提达摩、慧可、僧璨、道信、弘忍和慧能。在初、中唐时禅宗被慧学所掩盖，隐而不显。唐武宗灭佛事件后，义学宗派大大受挫，禅宗顺势而起，弥补了华严的少实践性，使得后来的马祖禅、曹洞禅、临济禅等成为中土佛教的代表。禅宗主张“教外别传，不立文字、直指人心，见性成佛”②。禅宗是最为典型的中国化佛教，因重禅、主参禅而得名。禅宗不太关注如何认识世界和如何满足外在的需要，所以他在宇宙观、世界观等方面的理论贡献较小。禅宗对修禅方法非常重视，所以探讨、辩论禅修方法的创造较多，如棒喝、机锋、公案、古则、话头、默照，甚至呵祖骂佛等令人目不暇接。但归根到底，种种不同的修行路径都是禅宗基于对心性的认识，以求达到见性成佛的目标。禅宗以《楞伽经》《金刚经》《大乘起信论》为主要教义根据，代表作是慧能的《六祖坛经》。

唐中后期的佛教各派在相互融合的过程中，往往处于禅风的笼罩之下。此

---

① 郭朋．中国佛教史［M］．台北：文津出版社，1993：284.

② 慧照．玄公大宗师语录序·大正新修大藏经·第47卷．495.

时的禅学思潮显然成为中国佛学的主导。禅宗一枝独秀的同时，力图兼容佛教一切法门。禅宗僧人研究接受其他宗派思想，多为己用。此时的禅宗几乎可以被看作中国佛教的代名词。慧能的南宗后来分化出沩仰宗、临济宗、法眼宗、云门宗和曹洞宗。临济宗的汾阳善昭（947—1024）开禅门新风，以“倡代别”“创颂古”闻名。他的再传弟子慧南和方会分别建立黄龙派和杨岐派，与之前的五宗被合称为“五家七宗”。契嵩（1007—1072）《传法正宗记》曰：

> 正宗至大鉴传既广，而学者遂各务其师之说，天下于是异焉，竞自为家。故有沩仰云者，有曹洞云者，有临济云者，有云门云者，有法眼云者，若此不可悉数。而云门、临济、法眼三家之徒，于今尤盛。沩仰已熄，而曹洞仅存，绵绵然犹大旱之引孤泉。①

进入北宋，禅门五宗中的沩仰宗已经基本不传，云门宗比较兴盛，其次是临济宗、曹洞宗。教内人士借助士大夫、皇室、外戚为“外护”，积极扩大社会影响力。如云门宗的雪窦重显（980—1052）作《颂古百则》，大振云门宗风。重显的法嗣义怀（989—1060）、义怀的弟子慧林宗本（1020—1099）等，都为云门禅风在京城的盛行做出了积极的贡献。方会（992—1049）开创了临济宗的杨岐派。《古尊宿语录》里收有《杨岐方会和尚语录》一卷，展现了他既继承临济宗风，又融汇云门宗法的特色。方会的弟子白云守端（1025—1072），守端的再传弟子克勤（1063—1135），都是当时影响颇大的禅师。克勤的《碧岩录》为禅学名著，标志着禅宗的发展进入了注释公案语录的新阶段，进而把“文字禅”也发展到了顶峰。后杨岐派在黄龙派断绝后，独代临济宗名，一直传至当代。曹洞宗在宋初时期比较沉寂，仅云居道膺（？—902）一系流传，后辗转传至投子义青（1032—1083），义青又传芙蓉道楷（1043—1118），此后曹洞宗才逐渐扭转颓势，后期法系数传后在金元时期较为兴盛。这些高僧有时在州县的寺院传法，有时奉诏入京，进入皇家寺院讲经，积极与中央或地方担任军政要职的士大夫有密切往来。他们还经常就天道、性命、道德等共同面临的问题进行讨论或互通诗文。

从形式上来看，两宋禅宗思想的发展出现了文字禅、看话禅、默照禅三种形式上的变化，使禅宗走向了不立文字的一面。天童正觉（1091—1157）提倡的默照禅的法门偏重于达摩祖师的“壁观”，倾向于神秀一派的住心观静，长坐

① 契嵩．传法正宗记·卷八·大正新修大藏经·第 52 册 No. 2115：763.

不卧。他们认为文字禅致力于语言文字上的推究，太过于支离破碎，如盲人摸象，不能见全体。故默照禅让人坐禅守寂，端坐静默，一空其心。天童正觉认为，心是诸佛的本觉、众生的妙灵，但因凡夫被积习的妄念颠倒所覆盖，故与诸佛相隔。如能静坐，时时拭拂，把妄念幻习去除干净，便能显现清白妙明之体，以此作背景，故提倡默照禅。他说默照禅“没有许多言语，默默地便是”，只管闭目静坐，沉思冥想，就会产生智慧。宗杲（1107—1163）提倡和推行的看话禅是两宋禅宗的一种重要禅法。宗杲提倡的看话禅不同于神秀一派，更加接近慧能大师一系，主张“道由心悟，岂在坐也”。他试图通过参究公案中的“活话”求得开悟，看话禅的“看”，更似一种内省式的参究。它着重于参悟，而不在坐。看话禅攻击默照禅说：“照来照去，带来带去，转加迷闷，无有了期。”①

禅宗发展到一定的时期之后，宗门出现了过激的一面，由于追求个体的自由和权利，北宋时期的禅宗甚至出现了“手把猪头，口诵净戒。趁出淫房，未还酒债。十字街头，解开布袋”② 的极端行为。针对这种乱象，禅门的有识之士开始反思自家“即心即佛”的主张，认为应该重新建构理论体系来维护其思想内涵，其中最著名的当数永明延寿（904—975）。他有意识地整合禅宗、唯识、华严、净土、天台等宗思想，回归佛教经典。延寿十分重视佛学理论，倡导禅教并重。他不计宗派，广泛收集佛教经籍，著《宗镜录》一百卷，但凡是有助于印证佛性的，全部编入。他认为，偏执于一端，必不可能达道，应该以“心”为宗，以“经”为“镜”，相互印证，以成涅槃正道。延寿的主张和努力，起到了融摄各家诸说的作用，规范了僧人们的言行，提高了僧众的素质。这也成为后来吸引士大夫们参禅的一大重要因素。

中国佛教的发展与中央封建集权以及儒家士大夫们的支持有着密切的关联。北宋时期，不仅宗门耆宿、教内大德推崇禅宗、调和宗教，还有一些士大夫纷纷皈依禅宗，为禅宗增添了许多生机和活力。佛教以严密的哲理和精密的修行方式对士人们产生了重要的影响，为理学提供了丰富的思想养料。《佛祖统记》卷四十五载：“士夫聪明超轶者，皆厌闻名相之谈。”③ 佛教在修为路径和方法方面也已深深影响了世人，使儒、释、道三家融合的哲理与人身、心性结合得更加具体和实用。禅宗之所以能在宋代继续保持旺盛的生机，与士大夫阶层的支持有着一定关系。士大夫们常把佛禅思想作为平衡心理的手段和退隐避世的

---

① 宗杲．大慧普觉禅师语录·卷二五·答曾侍郎·大正新修大藏经·第 47 册 No. 1998A：916.
② 师明集．续古尊宿语要·卷二·卍新纂续藏经·第 68 册 No. 1318：395.
③ 志磐．佛祖统记·卷四十五·真净文禅师语录·大正新修大藏经·第 49 册 No. 2035：412.

一条退路。虽然士大夫们从小接受良好的传统儒家教育，但宋代士大夫，无论是阁部大臣，抑或州县小吏，无论是在职，抑或乡居，均有佛、道的倡导者，甚至成为佛教寺院的“护法”。当时的风气，尤以士人与释、道二教人士相交为雅。当然，这与禅宗的主动迎合和禅师的贵族化也是分不开的。

佛印了元（1032—1098）是北宋著名的禅师，宋代僧人慧洪的《冷斋夜话》记载佛印了元出山的情景：“重荷者百夫，拥车者十许夫，巷陌聚观，喧吠鸡犬。”① 禅僧们愿意主动结交官僚士大夫，争取他们的崇信。北宋禅宗典籍呈现的新趋势，如新的公案体、灯录体的勃兴都与为了适应士大夫口味有关。经过官方修订，《灯录》淡化了禅书的宗教性和神异特色，保留了禅理机语，派系也有条不紊，已经成为禅僧和士大夫们参禅的必读书。由于士大夫佛学的兴盛，禅宗自身也在探寻与士大夫阶层可以共同接受的修禅模式。禅师们开堂说法、自证自悟的禅家旨意、机锋妙语被其学人记录传抄，最后形成“语录”“灯录”。自《景德传灯录》撰成之后，接着又出现了《天圣广灯录》三十卷，《建中靖国续灯录》三十卷，《联灯会要》三十卷，《嘉泰普灯录》三十卷等。之后，普济将卷帙庞大的五灯，删繁去缛、撮其要旨，辑成《五灯会元》二十二卷，这都体现了适应士大夫们需要的目的。

从学术理论上来看，发展至隋唐时期的佛教在理论和思辨等方面已经超越了儒学，尤其是佛教率先解决了对本体的认识问题。宋儒注释《四书》，谈性理、重修养，都有佛教心性本体论的印记。在理论上，宋明理学的“理”的根本范畴，就是吸收了华严宗“理事无碍”理论，建立了以“理”为本体的形而上学的理论体系。宋代的士大夫学者把“理”和“性与天道”联系起来理解，明显是受到佛学的影响，如程朱强调“性即理”，认为“宇宙之间，一理而已”。二程所说的“一理与万理”关系，即“理一分殊”理论，显然是佛教“月印万川”的翻版。他们还借用佛教僧侣主义，讨论人心与道心、理与欲等问题。陆王心学的“心即理”“发明本心”“一是即皆是，一明即皆明”等理论更是佛教禅宗“万法自在心”“我心即佛”“自识本心，自见本性”般若观照的反映。

随着佛教的思辨理论特色被宋明理学吸收、消化，佛教自身的理论发展也呈现出日趋衰微之态势，但佛教的思想观念在宋代社会文化各个领域的广泛渗透，尤其是禅宗的兴盛，仍可谓宋代佛学较为兴盛的表现。

---

① 释惠洪．冷斋夜话·卷十［M］北京：中华书局，1988：75.

二、禅宗的心性思想

（一）禅宗心性论溯源

禅宗是以心性论为核心内容，通过心性的修持来获得心灵慰藉、人生升华，实现人生理想境界的一种独特修持方法，是一种追求生命独立和精神自由的文化理想。蒙培元在《中国心性论》一书中指出："中国心性论，既是本体论，又是价值论，同时还包含许多认识论和心理学问题。它以探究人的本质、本性、使命、价值、理想和人生终极意义为根本内容，以揭示主体精神、主体意识为特征的存在认知、本体认知为基本方法。一句话，它所讨论的是关于人的存在和价值的问题。"① 这其中必然也包含中国佛教之心性论问题。方立天认为，佛教之心性论是着重论述人心的本质，心性的作用、意义以及心与性的关系的学说。其本质就是论述人的本性的理论，即人性论。这种心性论是与佛教的缘起论、业报论、解脱论紧密相连的，同时涉及了主体论、价值论、实践论、境界论和本体论等多个领域范畴。② 杨维中则认为佛教心性论是探讨心体论与修行论，以及探讨心性本体与诸法关系的本体论。③ 赖永海在揭示印度佛教的本义以及其演变的历程时，认为"佛性"大致包括四种含义：众生觉悟之因，即众生成佛的可能性；佛之体性的意义；与种姓说有关的理论；佛教本体的意义。④ 论述中国佛教的心性思想，自然离不开印度佛教的心性论源头。下面就简单梳理一下印度佛教心性论思想与慧能之前的禅宗心性论思想：

心性问题是印度佛教论证众生修持由凡转圣的重大问题。一方面，印度佛教心性思想由佛陀之无我论到般若中观之实相论，经过了一个理论循环，确立了以实相（法性、真如）为最高本体的理论体系。另一方面，关于众生心的本质、本性的探讨方面，印度佛教还经历了一个逐渐深化的过程。⑤ "心性"一语，最早见于《增一阿含经》卷二二《须摩提女经》，经中有"心性极清净"一语，原本是赞颂佛陀的言辞，意思是佛永断烦恼，心极为清净。印度佛教缘起论的"十二因缘"说中，"心"是一个重要环节，"无明"和"识"都属于心的范畴。佛教认为，人之所以会有恶行，是因为众生的心常为烦恼所污染，进而会遭到恶报，人生的痛苦也就不得解脱。反之，如果能够开发心的清净性，

① 蒙培元．中国心性论［M］．台北：学生书局，1990：1.
② 方立天．佛教哲学要义［M］．北京：中国人民大学出版社，2005：220.
③ 杨维中，觉醒，赖永海．中国佛教心性论研究［M］．北京：宗教文化出版社，2007：2.
④ 赖永海．中国佛性论［M］．上海：上海人民出版社，1988：16-20.
⑤ 杨维中，觉醒，赖永海．中国佛教心性论研究［M］．北京：宗教文化出版社，2007：33.

通过修持，可以成就正果。众生的活动都是围绕着心的活动展开，一切行动都离不开众生的心。

印度佛教中的心性思想在前后期差别很大，心性经历了主体性范畴到主体性消解，再到确立心性本体论的过程。吕澂认为，从印度佛教到中国佛教，心性论的阐释经历了“性寂”到“性觉”的过程。① 原始佛教没有鲜明的心性论思想，只有“心识说”，它把人的堕落与发展都归结为心的活动结果，众生心性的染净之别只是生死轮回的根源和成就正果的依据；部派佛教从心理、伦理层面谈论心性净不净的问题。部派佛教有“心相说”和“心性说”两部分内容，各部派讨论的重点在心的本性是染还是净，由此推出心性本净和性本不净的两种不同判断。《成实论·心性品》有文说：

> 心性非是本净，客尘故不净。但佛为众生谓心常在，故说客尘所染则心不净。又佛为懈怠众生若闻心本不净，便谓性不可改，则不发净心，故说本净。②

虽然上文对本净、本不净做出了圆融的解释，但他们讨论的问题还只是停留在心理学、伦理学层面上。直至般若类经典和中观学派提出“实相”观念后，佛教心性思想才提升到形而上的层面。心性本净和非本净论，各执一端，都看到了心性的一个方面，都是从世俗谛着眼，以心相论心性，将心看作有自性的实体来判其本性的染净，未能从真实谛着眼揭示心本具不变不易的本性，其心性论皆显得较粗糙。心性本净论虽然较接近《阿含经》之旨，但认无记心、有分心为本性心，肯定一心相续，亦未必完全符合《阿含经》中心性本净的真义。正如先秦的性善、性恶、性非善恶之争，各有其据，很难说孰对孰错。

大乘佛教在部派佛教的“心性本净，客尘所染”的思想基础上，进一步提出了自性清净心，肯定众生都有成佛的胎藏，把成佛的因由定位为如来藏，即归结为众生心的本性，从而更突出人类心的本质的纯洁性和人类实现更高理想人格（佛）的现实可能性，这是对部派佛教心性本净说的重大发展。公元一世纪左右，印度传统佛教由小乘佛教发展到大乘佛教，空宗和有宗是印度大乘佛教的两大基本派别。龙树及其弟子提婆创立中观学派，即“空宗”，他们主张“我”“法”两空、“一切皆空”的境界观；无著、世亲等人创立的瑜伽行学派，

---

① 参阅吕澂．中国佛学源流略讲［M］．北京：中华书局，1979：151-153.

② 鸠摩罗什，译．成实论·卷三·心性品第三十·大正新修大藏经·第32册，No. 1646：258.

即“有宗”，主张“心外无境”。大乘佛教将部派佛教的“心性说”发展为“如来藏——佛性”说，后又与阿赖耶识相调和。大乘佛教瑜伽行派则运用本体论的思维方法对其进行加深，最后形成了真心、妄心及真妄和合三种不同理论的路向。这些都成为中国佛教心性论的重要思想来源，对中国佛教心性论产生了重要影响。与早期佛教、部派佛教相比，大乘佛教是一种新的思潮、新的运动。大乘佛教不仅全面确立了“空”的思想，甚至进一步把“空”看作主体方面的问题来探究众生心的现象和本质，尤其是心与佛的关系问题。一方面，从心与佛共通的层面继续阐扬佛性说；另一方面，更加注重探讨心相。

大乘的经典《心经》《金刚经》都认为心性本空，是不生不灭、本来清净的，此二经均从真实谛、体用论着眼，提出了“烦恼即菩提”之说，认为客尘烦恼也缘起无生故，本来清净。同此二经类似，其他大乘经典也多以无物质实体的虚空来比喻心性。《成唯识论》卷二：“或说心体非烦恼故，名性本净。非有漏心性是无漏，故名本净。”① 后来的禅宗等宗派就是根据如来藏系、中观学派的心性本净、我法两空的义理进行了再发挥，逐渐发展成“明心见性”“见性成佛”“我心即佛”等枢机，不仅大倡心性本寂、本净，还说心性是本觉的。

印度佛教心性思想是中国佛教心性思想的直接来源，其要点可归纳为：第一，印度佛教心性思想的出发点和目的是确立人生解脱的依据。人生之所以充满痛苦和烦恼，主要是因为众生主体的贪欲和无知，若要解脱就需从心理活动方面去克服、消除此二者；第二，印度佛教心性思想的演变大致经历了小乘和大乘两个阶段。小乘阶段，主要是阐述人心的性质，试图通过揭示与烦恼相异的内心本性，也就是揭示本来就净的心，为解脱实现依据。大乘阶段，则更进一步，把消除烦恼的解脱理想提高为成就佛果，从成佛的更高角度去讨论心性问题，并由此形成了提供成佛的可能性、根据如来藏和佛性思想得出蕴藏一切行为的潜在功能——“阿赖耶识种子”思想；第三，就是关于心性净染方面的讨论，从小乘佛教开始，多数部派就持心性清净说，大乘佛教的如来藏说、佛性说都是在此基础上继承发展而来的，后来的佛教也都以此为众生解脱成佛的依据。由此衍生出来的就是佛性与众生的关系问题，也就是佛性是否普遍存在的问题。印度佛教曾对此争论很大，只有少数流派认为众生不具清净的本性，即佛性。②

从大乘经论到禅宗，其心性论显然比部派佛学的心性论更为深刻、彻底，

---

① 玄奘，译．成唯识论·大正新修大藏经·第 31 册，No. 1585：8.

② 方立天．中国佛教哲学要义［M］．北京：中国人民大学出版社，2005：265.

然与原始佛教、部派佛教心性论一脉相传的线索，仍然很是明显。中国古代儒、道两家都有丰富的心性思想。《说文解字》解释："性，人之阳气性善者也。"人的身上善良本能的显性表现叫作"性"。《中庸》开篇即谓："天命之谓性。"①佛教于两汉之际传入中国后，吸纳了儒道的心性理论，完善和丰富了自身的心性思想。中国禅虽然有印度禅的渊源，但是从禅宗初祖菩提达摩开始，中国禅已经超越了印度禅单纯的坐禅和禅定，更加重视心性本身的探讨和觉悟。宋代的佛教思想也基于此，无论是神秀北宗还是慧能南宗，其禅学理论都是围绕"心"而建立起来的，都是一种心性论。禅宗的心性思想是在会通并融合大乘般若学和佛性论的基础上形成的。禅宗的心性论是在印度佛教心性论和中国佛教心性论不断变化、发展过程中逐渐丰富起来的。魏晋般若学和南北朝的佛性论是中国禅宗思想的两大理论支柱。② 早期的佛教注重禅法，注重修持形式的引进，进而注重对佛教实践之理论根据的探讨，之后禅法与义学结合，开启了禅智双运的时代，但其最终根本目的还是求解脱，以致其最后的着眼点又转入对解脱境界和主体的探讨，这便是晋宋以后十分流行的涅槃佛性说的主要内容。

魏晋时期，通过道安（312—385）、慧远（334—416）、僧肇（384—414）等人的努力，破除了禅的形式化，把"心"在解脱方面的作用逐渐凸显出来，使般若学与禅结合起来。最早把大乘般若学与小乘禅学结合起来的是道安，之后慧远又首次把大乘般若学与大乘禅法相贯通。他们的思想仍然受到了中国传统思维模式的影响。真正把般若空观与禅观相结合的是鸠摩罗什及其弟子僧叡、僧肇、竺道生等。他们系统地翻译、介绍了印度大乘般若中观学说，这不仅影响了中国禅宗的基本理论构架，还直接影响了禅宗的修行实践方面的特色理论。中土人士对"禅"提出了新的寄望，即满足人们在生活中顺其自然地解决心理层次和逃避现实世界的需要。从般若真空向涅槃妙有的过渡，已经不仅是佛教理论的需要，也变成了人们寻求心灵终极关怀，趋向自我本真存在的需求。因此，在印度仅是一种思维修习方式的"禅"，在中土即演化成了一种实实在在的生活方式。之后南北朝的涅槃佛性论成为中国佛学发展的主流。

僧叡（生卒年不详），东晋僧人，跟从鸠摩罗什多年，他与竺道生都注重般若"空"义与涅槃佛性"有"的理论。僧叡认识到般若诸经在"实体"不足方面的缺陷，当他看到《大般泥洹经》中"泥洹不灭，佛有真我，一切众生，皆有佛性"的翻译后，十分欣喜，仿佛"白日朗其胸襟，甘露润其四体"③ 一般

---

① 朱熹．四书章句集注·中庸章句［M］．北京：中华书局，1983：17.

② 洪修平．中国佛学之精神［M］．上海：复旦大学出版社，2009：226.

③ 僧佑．出三藏记集·卷五·喻疑品第六［M］．苏晋仁，萧炼子，点校．北京：中华书局，1995：236.

畅快。僧叡把般若性空与涅槃佛性结合起来理解的倾向，在道生那里得到了进一步的发展。禅宗祖师们的思想也是从此而来。

竺道生（355—434）早年学习小乘毗昙学，师从僧伽提婆，后来才拜鸠摩罗什学大乘般若学，致力于涅槃佛性论的研习，深得正法。道生的涅槃佛性论的主要特点是以般若实相说作为理论的基点，把实相无相与涅槃佛性会通起来。他认为“万法虽殊，一如是同”①。道生提出，人人皆有佛性，甚至“一阐提”也能成佛。他说：“闻一切众生，皆当作佛。”② 竺道生之后，佛家一直以佛性与人性的统一作为人格修养的基础。方东美对道生的佛性论给予了很高的评价，他说：“一到了道生，就马上把纯理的佛学转变为用来指导人的精神生命，然后走向‘佛性论’这一条路上面去。他根据这种高超的智慧，根据这种宗教的精神，马上可以把人的生命从拘牵束缚的境界，开出一种自由发展的途径，然后把人性提升到了神圣的状态。这人性的神圣状态最后叫做佛性。”③ 在竺道生这里，人性是可以完善的、可以发展的，这与中国传统的儒家、道家的人生观是一致的。道生把佛教的佛性论视作人类内在的生命精神。“人人皆可成佛”与儒家“人人皆可为尧舜”“涂人皆可以为禹”十分契合。道生很好地将儒家“内圣”的人性理论与佛教的佛性打通，搭建了儒佛会通的桥梁，使得佛教人性超越理念在得到儒道支持的同时，也深入浸透到儒道的人性理念中去，对其产生了重要影响。

竺道生把般若实相同佛性、法性、众生与佛等联通起来，把佛性视为本原的最大作用就是把解脱成佛的路径从对外在宇宙实相的体认转为对众生内心自性（自心）的证悟，从而为众生自性自度提供了理论根据。这便是后来禅宗解脱论的基本理路。正是基于此理论，中国佛学，尤其是后来的禅宗，才把“心性”作为解脱之根本，进而产生了“明心见性”“自证自悟”的思维途径和修行方法。随之演进的就是在具体的修行解脱方法和路径方面的理论。东晋道安、慧远、僧肇等人都持“七地”渐次修行，顿悟“小飞跃”，之后再修三位的进入大飞跃的修行理论。他们自视是一种顿悟的修行方法。在竺道生提出了十地之内都是渐修而无悟，十地之后方得大悟的理论之后，之前的由“小飞跃”到“大飞跃”的修行方法就被称为“小顿悟”（后被视为渐悟）。竺道生认为，要想解脱成佛，就要证悟诸法实相（涅槃、佛性）之理，实相是完整圆满的“理”，“理”是不可分割的，所以不能分阶段地逐渐得到它，只能顿悟。一旦

① 道生．妙法莲花经疏·卍新纂续藏经第 27 册，No. 577：3.
② 道生．妙法莲花经疏·卍新纂续藏经第 27 册，No. 577：5.
③ 方东美．中国大乘佛学［M］．台北：黎明文化事业股份有限公司，1984：115-116.

顿悟，便无需再修学了。道生并不主张废除渐修的修习法门，但他的顿悟成佛说却对后世禅学产生了很大的影响。竺道生的涅槃佛性论融实相与心性为一体，把修禅解脱的中心转向了对自我心性的顿悟理论，对后来南朝的宝志和傅大士等人的注重开自心慧眼、体悟心性，不再枉费时间的禅定工夫起到了重要启示作用，也为禅宗初祖菩提达摩来华，开创新一代的禅风提供了良好的土壤。

禅宗初祖达摩（？—536?）、二祖慧可（487—593）、三祖僧璨（？—606）都以《楞伽经》的如来藏思想为核心，传播脚力，故被称为楞伽师。从禅宗初祖达摩开始，中国的禅就已经不仅仅是印度禅单纯的禅定，而是转向重视自心的安定，重视心性本身的探讨和觉悟，“即心无心”是达摩心性思想的核心。从达摩开始已经奠定了禅宗心性之路的方向。达摩讲“即心即佛”，慧可从心解佛法僧三宝，僧璨“将心用心”，三代楞伽师的心性思想都是肯定如来清净心，通过去迷而觉悟成佛。① 继三位祖师后的道信（580—651）和弘忍（601—674）的心性思想仍沿袭达摩一脉，并无大的变革和创造。他们都认同如来藏说，认定人人有清净的佛性。他们主要的革新在具体的修行方式上。他们逐渐改变了之前的云游乞食的头陀行，实行自耕自种的定居生活，更加扩大了禅宗的影响力，方便了禅宗的传播。

总结起来，随着印度大乘佛学的发达与成熟，中国禅宗及其他诸宗的心性论也经历了一个逐渐深入的过程。早期的禅师多偏重于讨论如来藏心（真心）与妄心的对立，强调去妄求真、灭妄存真；唐以后的禅师则强调真心与妄心的统一，甚至不再讲妄心，只讲真心、本心。这些都成为后来慧能的“直指本心”思想的源泉。马祖道一、石头希迁后，很少再有真心、妄心的分歧了。② 慧能及后来的“五家七宗”得以运用简捷的“顿悟成佛”的法门，正是强调众生本有真心作用的结果。

（二）佛教心性本体的转向

唐中叶后，佛教内部发生了转向，佛教改说“心法”，更加儒学化、本土化。其实，通过梳理慧能之前的佛教心性论思想，可以清晰地看到这个转向的过程。隋唐时期的中国佛学已经发生了鲜明的路向上的转变，人们从对实相、法界的探求和思考为中心，转向了对本体心性的探求为中心。佛教人士和儒家自身都认为，儒学不能“穷理尽性，至于本源”。相对于此时佛教的“权实”相兼，儒学仅仅是一种“权教”，佛学于理论方面已然在儒学之上，呈现出了以

---

① 黄夏年．中国禅学研究［M］．郑州：中州古籍出版社，2012：182.

② 方立天．中国佛教哲学要义［M］．北京：中国人民大学出版社，2005：368-369.

心性为主体的思想倾向。

佛教自两汉之际传入中国以来，其心性思想就受到中国固有儒家心性之学的影响，尤其是孟子的“尽心知性”“穷理尽性”。佛教注重主体对本体的体认和证悟，视二者为一体，即是本觉，亦是心体、性体。佛教把心性论上升为本体论，认为心性是万物的本原。隋唐佛教各派心性本体论的哲学思辨性较先秦儒家心性论要高深精微，在之后的传播过程中又对儒家的心性论产生了影响。

天台宗的智顗（538—597）认为世界的一切事物都是一念之心的产物。天台宗把客观世界的变化完全归结为心的意念活动。智顗道：“此三千一念心，若无心而已。介尔有心，即具三千。”① 唯识宗也认为“心法”是所有精神活动的主体，提倡“心法”说。唯识宗把心分为八识，尤其重视第八识阿赖耶识，也就是心识。前七识都是由第八识产生，并认为世间的一切现象都是由它而产生。

随着佛教在中土的传播发展，尤其通过与儒家心性论的交融而形成的中国佛教心性论，成为禅宗思想的核心和理论的基本出发点。北宋倡导三教同一的著名高僧契嵩（1007—1072）说：“天下无二道，圣人无二心。”宋代以来，三教中的人，共同把三教的核心归结到了心性。认为三教在这个问题上是一致的，而且心性就是三教最核心的思想。佛教改说“心法”的本体性转向对后来的理学产生了极大的影响。宋代理学的心性论既涉及认识论，又涵盖道德论。士大夫学者们均重视人的主体能动性的重要作用，故与此关涉而起的理学也被称为“治心之学”。佛教的心性本体论不仅对陆王心学一派影响显著，程朱一派也吸取甚多。

蔡方鹿在其《宋明理学心性论》一书中说：“虽然张载对佛教‘以心法起灭天地’的心本论提出了批评，但佛教的心本论哲学形式却被理学心性论中的心学一派所接受，从而把儒家伦理提升为心本体，从本体论意义上发展了先秦儒家心性之学。”② “除张载气学一派外，宋明理学心性论的程朱陆王等均接受了佛教的性本论哲学，从而把儒家道德理性上升为性本体。”③

儒家强调人的价值，提倡积极入世，重视对人的本质和人性的探讨，这都是儒家强烈地关注现实社会和人文精神的表现。这种特色的人文情怀形成了以性善论为主流的人性学说。印度佛教作为一种追求出世解脱的宗教，更加注重对人生苦难的分析说明，推理出对现实世界的否定，三法印“诸行无常”“诸法无我”“一切皆苦”，同时肯定彼岸世界。在儒家思想的影响下，佛教不得已开

① 智顗．摩诃止观·卷五·大正新修大藏经·第46册 No. 1911：52.

② 蔡方鹿．宋明理学心性论［M］．成都：巴蜀书社，2009：8.

③ 蔡方鹿．宋明理学心性论［M］．成都：巴蜀书社，2009：10.

始重人事、重心性，重视主体、重视修养。中国化的佛教将抽象的佛性与具体的人心结合在一起，极大地发展了中国化的佛性论和心性论学说，并通过对主体自我的肯定而进一步走向了对人生的肯定，由此确立了中国佛教“出世不离入世”的基本特色。禅宗的出现，“自心、自性于当下解脱”，尤其是六祖慧能的大力倡导使得此特色成为可能。

（三）慧能的心性说

慧能（638—713），俗姓卢，祖籍河北，生于广东新兴。慧能出身贫寒，二十四岁时，投奔湖北黄梅的禅宗五祖弘忍，以“菩提本无树，明镜亦非台。本来无一物，何处惹尘埃”① 偈得到弘忍的认可，受得衣钵。慧能成为禅宗六祖后，长期在广东曹溪一带传法，是禅宗南宗的创始人。慧能以智慧说心性，强调“心性本觉”“即心即佛”，一方面使传统佛教对佛祖等外在权威和崇拜得以破除，完全强调个人自性自度。另一方面又把解脱思想、修行方法融于当下现实人生之中，平常的穿衣吃饭、担水砍柴皆是修道求佛之法。这也使中国的禅宗在突出了心性本体转向的同时，成为既有出世精神又有入世品格的最为典型的中国化佛教宗派。

慧能的禅法是单刀直入的顿教之法，主要宣扬自心是佛的理念和本性顿悟之方法。这与慧能即心即佛、顿悟见性的心性论有着直接的关系。慧能说：

> 我心自有佛，自佛是真佛；自若无佛心，向何处求佛？②

慧能十分强调以自心顿见真如本性，又说：

> 一念若悟，即众生是佛。故万法尽在自心，何不从自心中，顿见真如本性！③

> 当起般若观照，刹那间，妄念俱灭，即是自真正善知识，一悟即知佛也。④

慧能的“自心”与“本心”意义基本相同，“自心”与“本心”指的都是

① 慧能．坛经校释［M］．郭朋，校释．北京：中华书局，1983：16.
② 慧能．坛经校释［M］．郭朋，校释．北京：中华书局，1983：109.
③ 慧能．坛经校释［M］．郭朋，校释．北京：中华书局，1983：58.
④ 慧能．坛经校释［M］．郭朋，校释．北京：中华书局，1983：60.

众生本来的心性，是与现实中存在妄念、迷念的人心不同的原本心灵。“本心”也可以叫做“净心”，也可以叫做“自心”。这些概念指的都是佛教智慧和觉悟的本体。“自心”“本心”都是人的“本性”，也可以叫做“自性”，故慧能说“自心即佛”“自性是佛”。《坛经》云：

> 自性常清净，日月常明，只为云覆盖，上明下暗，不能了见日月星辰，忽遇惠风吹散，卷尽云雾，万象参罗，一时皆现。①

《坛经》所云，“自性含万法”“佛向心中作，莫向身外求”。② 即思想不受外在事物的牵绊、束缚，自由无碍，“外若离相，内性不乱”③。这是一种般若智慧，如果众生能够证见自我本性，即可成就佛果。慧能的“自性”还有清净性、真如性、智慧性、空寂性和含藏性等性质。④ 清净性就是《坛经》所说的：“自性本净”⑤；真如性表现在《坛经》所讲的“自性即自是真如性”⑥；智慧性体现“本性自有般若之智”⑦；“本源空寂，离却邪见”⑧ 说则体现了自性的空寂性；含藏性则指向含藏万事万物的性能，即《坛经》所云“自性含万法”⑨。正是因为“自性”蕴含如此的性质与功能，故慧能提倡“自心是佛”与“本性顿悟”。

禅宗反对偶像崇拜，把突出人的主体性、能动性发展到了极致。五祖弘忍（602—674）为慧能说法，慧能闻《金刚经》“应无所住而生其心”⑩ 一句而顿悟。故慧能在后来的弘法生涯中十分强调顿悟法门的重要性。他说：

> 本性自有般若之智，自用智慧观照，不假文字。⑪

> 言下便悟，即契本心。⑫

---

① 慧能．坛经校释［M］．郭朋，校释．北京：中华书局，1983：39-40.
② 慧能．坛经校释［M］．郭朋，校释．北京：中华书局，1983：92.
③ 慧能．坛经校释［M］．郭朋，校释．北京：中华书局，1983：37.
④ 方立天．中国佛教哲学要义［M］．北京：中国人民大学出版社，2005：408-409.
⑤ 慧能．坛经校释［M］．郭朋，校释．北京：中华书局，1983：36.
⑥ 慧能．坛经校释［M］．郭朋，校释．北京：中华书局，1983：53.
⑦ 慧能．坛经校释［M］．郭朋，校释．北京：中华书局，1983：54.
⑧ 慧能．坛经校释［M］．郭朋，校释．北京：中华书局，1983：81.
⑨ 慧能．坛经校释［M］．郭朋，校释．北京：中华书局，1983：92.
⑩ 陈秋平，译注．金刚经·坛经［M］．北京：中华书局，2010：46.
⑪ 慧能．坛经校释［M］．郭朋，校释．北京：中华书局，1983：54.
⑫ 慧能．坛经校释［M］．郭朋，校释．北京：中华书局，1983：77.

自正善知识，一悟即知佛也。①

见自本性，即得出世。②

慧能还提出“无念为宗，无相为体，无住为本”的修行法门。无念就是无杂念，不在“静上起念”；无相即离开虚假的表象，进入万物的本质；无住即不执着于外在形式。佛性皆有，众生是佛，人有南北，佛性无南北。一念觉，即佛；一念迷，即众生。《五灯会元》记载，沩山灵祐问仰山慧寂禅师：

《涅槃经》四十卷，多少是佛说？多少是魔说？仰曰：“总是魔说。”③

慧寂禅师认为“自性即佛”，执着于经典，无异于是被“魔”所蔽。只要向内观心，消除杂念，即可成佛。

慧能“即心即佛”的佛性论对中国佛教思想产生了革命性的影响。慧能把外在止观坐禅等修行方式和依靠他力求生西方，以及那些烦琐的佛教义理和名相分离等传统佛教主张统统进行重新解读，利用以“人”为核心的“心”学思想取而代之。慧能提出了“无念为宗，无相为体，无住为本”的原则。否定了传统佛教中主体的存在，确立了心性本体的观念。慧能在《坛经》中还把“佛、法、僧”三皈依之说转变为“觉、正、净”，慧能认为，真正的皈依是对本自觉悟、纯正、清净心的皈依，更加突出心性本体论。

汤一介认为：“禅宗禅师只靠内在自觉，就可以成佛，这样就可以把‘外在超越’为特征的宗教变化成以‘内在超越’为特征的非宗教的宗教，由出世转向入世。”④ 日本学者铃木大拙也认为，“禅”应该是一种精神感悟。唐中期以后，禅宗“不立文字”“教外别传”，讲求传授上不依附文字、言教，而是注重“以心传心”的“心印”，弟子当下得到师父的认可即获得“心印”，即得正法。“直指人心，见性成佛”，彻见心性本原，成就佛果。

禅宗的思想从本质上讲，就是强调一种“离念、离相、超二元对立的否定

---

① 慧能．坛经校释［M］．郭朋，校释．北京：中华书局，1983：61.
② 慧能．坛经校释［M］．郭朋，校释．北京：中华书局，1983：82.
③ 普济．五灯会元·卷九［M］．苏渊雷，点校．北京：中华书局，1984：522.
④ 汤一介．论禅宗思想中的内在性与超越性问题［J］．北京社会科学，1990（4）：116.

性思维，是一种涵盖一切的超越精神”[1]。《坛经》云：“外于一切境上念不起为坐，见本性不乱为禅。外离相曰禅。”慧能认为，外而离相，内而见性，才是禅。他主张禅在一切行、住、坐、卧之中，担水砍柴皆是禅。慧能的佛性论更加肯定了生命内在固有的价值，去除一切不平等，不再有高下之别。自六祖慧能后，禅宗大倡佛性，“人有南北，佛性无南北”[2]“顿悟成佛”的思想深入人心。

三、北宋智圆、赞宁、契嵩等高僧对儒、释的调和

北宋发端的新儒学是儒家思想同佛、道两家思想相互排斥、冲突、斗争，又相互影响、渗透、兼容的产物，这一观点已经是学界不争的事实。早在东晋的慧远大师云：“道法之与名教，如来之与尧孔，发致虽殊，潜相影响；出处诚异，终期则同。”[3] 唐代高僧百丈怀海“一日不作，一日不食”[4]，以及沩山灵佑和仰山慧寂师徒“锄得一片畲，下得一箩种”[5] 之举，不仅突破了小乘“不净业”教义的束缚，而且在儒佛劳作观念冲突方面起到了一定的调和作用。北宋佛教在深层的理论方面已经与儒学融为一体，援儒入佛已经成为北宋禅宗各家的普遍手法。为了缓解士大夫排佛之声浪，进一步提倡儒、佛之道的一致，以智圆为代表一些佛教徒也十分重视儒学，积极寻求两家的契合点。他们以佛理阐释儒经《中庸》的“诚明”“尽性”，提出“复性丁情”说。智圆《闲居篇》云：“是故代人谓三教混同焉。或几乎失矣。或谓三教硕异焉。亦未为得也。何哉？复性有浅深言事有远迩则不得。”[6] 释智圆关注此问题实在士大夫之先。这些释僧的解读使儒佛两家思想互相融通。

北宋初的智圆（976—1022）是杭州钱塘人，俗姓徐。智圆生活在宋太宗、宋真宗年间，是倡三教兼容论的重要人物。智圆年八岁，遂受具于钱塘龙兴寺（今大中祥符寺）为僧。十五微知骚雅，好为唐律诗。他虽在释门，却一直对儒家学说有浓厚的兴趣。二十一岁的时候，他想要从师学习周孔之书，后被他的师父教训制止。智圆后来成为源清大师的入室弟子，专心研习佛法。源清大师逝世后，智圆离群索居，过着“衣或殚，粮或罄”的生活。他继承了智顗大师

---

① 麻天祥．中国思想史钩沉［M］．郑州：大象出版社，2014：78.
② 慧能．坛经校释［M］．郭朋，校释．北京：中华书局，1983：8.
③ 慧远．沙门不敬王者论·弘明集·卷五［M］．上海：上海古籍出版社，1991：31.
④ 普济集．五灯会元·卍新纂续藏经·第 80 册 No. 1565：71.
⑤ 普济集．五灯会元·卍新纂续藏经·第 80 册 No. 1565：187.
⑥ 智圆．闲居编·四十二章经序·卍新纂续藏经·第 56 册 No. 0949：870.

和源清大师的衣钵，弘扬天台三观思想，“著十疏以通经，述诸钞以解疏，其于翼赞教门，阙功茂矣!”① 智圆除了讲佛经、弘扬佛法外，“好读周、孔、扬、孟书，往往学为古文，以宗其道”。② 智圆《讲堂书事》诗记述了他一生参佛学儒的经历：

> 早玩台衡宗，佛理既研精。晚读周孔书，人伦由著明。达本与饰躬，志在求同声。击蒙虽云劳，来学苦无成。杨雄玄尚白，仲尼道不行。青山梦中归，华发年来生。唯当照真空，万事从营营。③

可见，智圆对儒道等诸家的道统观熟稔于心。他认为杨雄、孔子之道都不彻底，可以“万事从营营”的乃是佛教。智圆已经把自己“志在求同声”的主张讲得很清楚。在他看来儒释两家优劣高下也是极为明显的。他认为佛教的“修心”之教远高于儒道两家的“饰身”之教。他把佛教视为可以“达本”之道，而儒家是“饰躬”之道。智圆十分重视儒家《中庸》一书，甚至自号“中庸子”，对此有人问难于他，“既学西圣之教……中庸之义其出于儒家者流，子浮屠子也，安剽窃而称之耶?”智圆对曰：

> 夫儒释者，言异而理贯也，莫不化民，俾迁善远恶也。儒者，饰身之教，故谓之外典也；释者，修心之教，故谓之内典也。惟身与心，则内外别矣……嘻！儒乎？释乎？其共为表里乎？……国不治，家不宁，身不安，释氏之道何由而行哉？故吾修身以儒，治心以释，拳拳服膺，罔敢懈慢！……呜呼！世之大病者，岂越乎执儒释以相诬，限有无以相非，故吾以中庸自号，以自正俾无咎也。④

虽然智圆站在佛教的立场，认为儒释内外有别，有“饰身”和“修心”的高低之分，但他仍然认为儒释的关系是“共为表里”的。他把执于一端、儒释相诬的做法看作“世间之大病”，认为是十分有害的，这也是他用儒家“中庸”自号的原因。范仲淹的同榜进士兼友人吴遵路在任职杭州时，曾与智圆交往甚密，并且为智圆的《闲居编》作了序，称智圆“旁涉佛老，兼通儒墨”。正是

① 志磐．佛祖统记·卷十·释智圆传评论·大正新修大藏经·第 49 册 No. 2035：205.
② 智圆．闲居编自序·卍新纂续藏经·第 56 册 No. 0949：865.
③ 智圆．闲居编·第四十·卍新纂续藏经·第 56 册 No. 0949：923.
④ 智圆．闲居编·第十九·卍新纂续藏经·第 56 册 No. 0949：894.

由于智圆博通诸家，故他所作的《闲居编》得出了儒释两家“言异而理贯”的认识和结论。陈寅恪视智圆为宋代新儒家的先觉，主要是由于智圆通过《中庸》和《中论》的比较分析，把儒佛两家绾连沟通起来，而这种关联、沟通十分自然，没有牵强附会之处。尽管儒家讲入世，讲客观实在；佛家讲出世，讲虚幻和空，但二者的相同之处还是不可否认的。①

赞宁（919—1001），吴兴德清（今属浙江）人，俗姓高。五代后唐时期，于杭州祥符寺出家。他能文善诗，得到吴越国忠懿王的赏识，得授“两浙僧统”之职，在当时有较高的声誉。太平兴国三年（978），他随忠懿归顺宋朝，见宋太宗，太宗“一日七宣”，赐号“通慧大师”，驻汴京左街天寿寺。王禹偁是北宋激烈反佛的儒士代表，他曾上奏请宋真宗淘汰僧尼，他斥责僧尼是“不蚕而衣，不耕而食”的“民蠹”。但是，对赞宁的外学修养，王禹偁却极其佩服，大加赞誉，有《赠僧录通慧学公》诗曰：

诏修僧史浙江滨，万卷书中老一身。赴阙尚留支遁马，援毫应待仲尼麟。溟蒙雪影松窗晓，狼藉苔花竹院春。还许幽斋暂相访，却惭陶令满衣尘。②

赞宁对宋代的僧史编辑有着卓越的贡献，编有《宋高僧传》三十卷、《大宋僧史略》三卷等。其《僧史略》，不仅是后来建立佛教制度的重要参考，而且阐明了“儒、释、道一贯，三教之贤圣，理归一揆”的思想，以对抗儒士之说。

针对当时激烈地辟佛的言论，契嵩继承了赞宁的护法事业。契嵩（1007—1072），云门宗僧人，俗姓李，藤津（今广西藤县）人。契嵩的儒学修养亦较深，作有《原教》《广原教》《中庸解》，广泛阐释他对三教问题的看法。他在《广原教》中说：

惟心之谓道，阐道之谓教。教也者，圣人之垂迹也；道也者，众生之大本也。甚乎群生之缪其本也久矣！圣人不作，而万物终昧。圣人所以与万物大明也。心无有外道无不中。故物无不预道。圣人不私道，不弃物。道之所存圣人皆与。是故其为教也，通幽通明，通世出世，无不

① 漆侠．宋学的发展和演变［M］．石家庄：河北人民出版社，2002：136.
② 王禹偁．张元济撰札记．王黄州小畜集·卷七·赠赞宁大师［M］．成都：四川大学古籍研究所，2004：565.

通也。①

契嵩深入儒经阐释儒佛之相同点，其言论酷似儒家说教之语。契嵩把三教融合的观点表达得十分明确，他还说："教不可泥，道不可罔。泥教淫迹，罔道弃本。泥也者，过也；罔也者，不及也。过与不及，其为患一也。"② 契嵩把三教的教化作用视为相辅相成的。甚至他还认为"不必僧不必儒，不必彼不必此"。契嵩称诸教之思想"犹同水以涉而厉揭有深浅"。他与智圆的观念相一致，认为佛深、儒浅。《原教》云："儒者，圣人之治世者也；佛者，圣人之治出世者也。"③ 他认为中道具有本体和世间基本道理的双重意义，本体之"道"是一切世俗的根本。被现实所拘泥的不是本体之"道"，想要修道则要出世间。儒家的道，只能管束人们的行为，与佛教之道的直悟心通，还是不可同一而论的，就好比儒家所说的贤人和圣人的层次关系。显然，他认为佛教要高于儒学。

契嵩还极力在心性论方面调和儒释。禅宗把心看作宇宙万物的本原，认为心具有"本觉"的特性，强调心不离本觉。禅宗认为本心是一切世俗道德体系的终极依据。真如本性就在众生内心，不在心外。本心具有不二之佛性，知觉之心是个体的经验认知之心，本体之心包摄知觉之心。契嵩认为："古之有圣人焉，曰佛、曰儒、曰百家。心则一，其迹则异。夫一焉者，其皆欲人为善者也；其异焉者，分家而各为其教者也。"④ 佛家"一念觉，即佛；一念迷，即众生"。本心不离知觉，知觉可以成就本心。儒家后来提出了天地之性与气质之性的分别，变化气质就可以成就天地之性。各家可谓异迹而同心，殊途而同归。

契嵩还主动迎合儒家的孝道等伦理思想，公开承认儒家纲常的正统地位。契嵩汲取儒家思想，他大讲"孝道"是成佛的根本，并对儒家的君臣、父子之伦常予以肯定。他说："今天下欲福，不若笃孝，不若修戒。"⑤ 他把儒家的纲常理念融合到佛教理论之中，认为儒佛二教相辅相成，异曲同工，互不可缺。契嵩上奏朝廷，反驳欧阳修等人的辟佛之说。他上书宋仁宗，请求兴佛，宣扬佛教的道德教化之功用。《万言书上仁宗皇帝》曰："若今佛法也，上则密资天子之道德，次则与天下助教化，其次则省刑狱，又其次则于天下致福却祸。"⑥ 后仁宗皇帝下诏将《辅教篇》编入大藏。

---

① 契嵩．镡津文集・卷二・辅教篇中・大正新修大藏经・第 52 册 No. 2115：654.
② 契嵩．镡津文集・卷二・辅教篇中・大正新修大藏经・第 52 册 No. 2115：654.
③ 契嵩．镡津文集・卷二・辅教篇上・大正新修大藏经・第 52 册 No. 2115：648.
④ 契嵩．镡津文集・卷二・辅教篇中・大正新修大藏经・第 52 册 No. 2115：654.
⑤ 契嵩．镡津文集・卷三・辅教篇下．大正新修大藏经・第 52 册 No. 2115：661.
⑥ 契嵩．镡津文集・卷八・万言书上仁宗皇帝・大正新修大藏经・第 52 册 No. 2115：687.

契嵩重新确立的佛教戒律与儒家名教之关系对佛教界、士大夫产生了深远影响。契嵩等人的著作得到了广泛流传，在当时产生了很大影响，颇有别开生面、儒学难与争锋之势。契嵩的观点虽有悖于传统佛教和禅宗精神，但他的努力被视为在儒家主导意识形态下为寻找佛教生存发展空间的自觉调和。契嵩的三教兼容说，把北宋三家兼容并蓄的思想推到了高潮，成为佛家影响后来各代有关三家关系问题的典型说法。

此外，据《佛祖统记》记载，雪窦宝印禅师曾与宋孝宗谈论三教关系。他同样认为三教本同道，而儒、道浅于佛。儒、道好比佛门中的小乘阶段，“小乘厌身如桎梏，弃智如杂毒，化火焚身入无为界，正如庄子形固可使如槁木，心固可使如死灰”①。还有佛教徒神清被视为“博综三教”之人，他认为佛教思想和儒经《中庸》《洪范》《易传》都是相通的。类似的记述还有很多。佛僧们竭力寻找相似点，采取比附的手法，主动迎合儒家，虽然是出于发展、保护佛教的目的，却在不自觉中导致了佛教的儒学化。僧人们会通儒释，是站在佛家的角度，与儒家士大夫们的会通还是有很大的不同。前者的根本目的是发展、保护佛教。他们研讨两家之异同，指明两家实为“同理”，意在适应社会的需要，反击士人对佛教的攻击；而强调两者之“异”，则意在抬高佛教，标榜佛教。

第二节　北宋士大夫与佛禅之关涉

一、北宋士大夫的排佛之势

宋初的统治者基于“三教一旨”“有助世教”的认识，支持佛教的发展。但由于佛教的势力不断滋长，甚至对儒学产生冲击，这令许多士大夫担忧。这时理学尚处于萌发阶段，还未形成完备而系统的体系。士大夫学者对佛教的排斥也未完全上升到哲学的高度来立论。儒学攻击佛教的主要着眼点是封建礼教和纲常伦理。佛教则认为儒学宇宙论过于浅薄，故提出了很多儒学未曾或很少涉及的有关宇宙和社会的命题。儒学想要战胜佛教，就必须对这些问题做出有力的回答。虽然之前的屡遭排斥打击已使一批僧人致力于与儒家伦理，如在孝道、伦理等方面做出调适，但还是有不少信徒轻视名教君臣、父子、夫妻之关系，以致波及君主在人们心中的地位。总体来说，佛教出世的基本路向还是不

① 志磐．佛祖统记・大正新修大藏经・第 49 册 No. 2035：429.

能被士大夫们所认同、接受，也导致佛禅超世脱俗的处世哲学受到了一些排佛士大夫们的攻击。

从中唐至北宋神宗的熙宁、元丰年间，士大夫排佛思潮屡屡兴起。除了中唐以后，韩愈、李翱排佛道，北宋庆历之际，还有孙复、石介、欧阳修、李觏、章望之等一批士大夫学者排佛道。熙丰前后，有张载、二程等人排佛道。士大夫们的几次排佛浪潮呈现了由表及里、由浅入深的过程。

唐代思想家韩愈的《原道》《论佛骨表》，就是从封建伦理道德之功用以及华夷论等方面反对佛教思想。韩愈不仅继承了前人如“华夷之辨”“浮屠害政”“桑门蠹俗”等排佛的论调，还提出了“性三品”说。他强调“性”天生有别，主张“使情动而处其中”“因情以见性”来与佛教对抗。但后来的士大夫多批评韩愈没有“向里底工夫”①，也就是没有“存养省察而体之于身”的工夫。韩愈没有更多谈论和确立儒家的心性论，而这一点恰恰被理学家们视为理学发生的关键。张载对此批评道：“韩愈又只尚闲言词”②，没有打中要害。朱熹也说：

> 盖韩公之学，见于《原道》者，虽有以识夫大用之流行，而于本然之全体则疑其所未睹；且于日月之间，亦未见有的存养省察而体之于身也……终不离乎文字言语之工。③

相比之下，韩愈的学生李翱在这方面做出了较大的贡献。李翱的《复性书》开启了士大夫们关注心性、谈论心性的先河。《复性书》分三部分论述性情与圣人的关系，探讨修养成圣的方法和路径，鼓励人们修养心性。《复性书》的主旨就是宣扬“去情复性”，重新建立儒家的心性学说。但审视李翱与佛教抗争理论体系的建立，其实还是离不开佛教的影响。此时的佛教禅宗大倡佛性说，从空寂谈性，宣扬灭情以见性。李翱以“开诚明”“致中和”为最高理想，以“弗思弗虑，情则不生”为“复性”的工夫路径，以参乎天地和“虚明”变化为致用等，很多思想都来自佛学的启迪和刺激，尤其是受到佛教思辨形式、人生境界等的影响。这对后来理学家的本体论、工夫论等都产生了影响，后人多从李翱这里开出的理路继续探索。

继韩愈、李翱之后，第二次大的排佛浪潮是在以孙复、石介、欧阳修等为代表的庆历之际。宋初排佛之儒者的作品主要有孙复的《儒辱》、石介的《怪

---

① 黎靖德，编．朱子语类·卷一三七［M］．北京：中华书局，1986：3274.

② 张载．张载集·经学理窟自道［M］．章锡琛，点校．北京：中华书局，1978：291.

③ 朱熹．与孟尚书·昌黎先生集考异·卷五［M］．上海：上海古籍出版社，1985：71.

论》、李觏的《潜书》和欧阳修的《本论》等。宋初三先生之一孙复（992—1057），字明复，人称泰山先生。孙复以佛“为夷狄之法，乱我圣人之教”为大辱，力排佛教。孙复云：

> 噫！儒者之辱，始于战国，杨朱、墨翟乱之于前，申不害、韩非杂之于后。汉魏而下，则又甚焉。佛、老之徒，横乎中国，彼此死生、祸福、虚无、报应为事，千万其端，给我生民，绝灭仁义以塞天下耳，屏弃礼乐以涂天下之目。①

孙复还说：

> 佛老之徒，横于中国，彼此死生福祸，虚无报应为事，千万其端，给我生民，绝灭仁义，屏弃礼乐，以涂塞天下耳目。天下之人，愚众贤寡，惧其死生福祸报应人之若彼也，莫不争奉而竞趋之。②

石介（1005—1045），字守道，人称徂徕先生，师事孙泰山。石介认为佛寺满天下实为怪也。石介作《怪说》三篇抨击佛道二教，《怪说》云：

> 彼其灭君臣之道，绝父子之亲，弃道德，悖礼乐，裂五常，迁四民之常居，毁中国之衣冠，去祖宗而祀夷狄。汗漫不经之教行，妖诞幻惑之说满。③
>
> 释、老之为怪也，千有余年矣，中国蠹坏亦千有余年矣，……尧、舜、禹、汤、文、武、周公、孔子不生。④

石介认为佛、老以“妖妄怪诞之教”，坏乱周、孔“圣人之道”。他认为佛道之说是“妖妄怪说”，是违背儒家圣贤之道的“夷狄”乱说。司马光也批判佛教“阴府”之说为“妄诞”。陈淳说：“（佛）因果之说，全是妄诞。所载证验极多，大抵邪说流入人心，故人生出此等狂思妄想而已。”⑤ 孙复、石介等的

---

① 孙复．孙明复小集·儒辱·宋集珍本丛刊［M］．成都：四川大学古籍研究所，2004：170.
② 孙复．孙明复小集·儒辱·宋集珍本丛刊［M］．成都：四川大学古籍研究所，2004：170.
③ 石介．徂徕石先生文集·卷五［M］．陈植锷，点校．北京：中华书局，1984：61.
④ 石介．徂徕石先生文集·卷五［M］．陈植锷，点校．北京：中华书局，1984：61.
⑤ 陈淳．北溪字义·卷下·佛老［M］．北京：中华书局，1983：69.

排佛声势虽大，但他们基本上没有涉及佛教思想本身。

北宋王朝开国半个世纪之时，社会内忧外患逐渐显露。土地兼并严重，农民起义和暴动四起。北方的辽和西北的西夏时时威胁着北宋王朝的边界。在这种内外交织的忧患中，北宋王朝的统治面临着非改革不可的局面。蓬勃发展的佛教俨然成了士大夫们筹划新策、砥砺士风的障碍。此前的范仲淹也提出要限制佛教的发展。在佛教与道教的冲击下，范仲淹、欧阳修、富弼、余靖等官僚士大夫们站出来，要求对封建纲纪予以恢复，稳定传统的道德秩序。

欧阳修作为儒学的卫道士，他的核心思想就是振兴儒学，排斥佛老。欧阳修认为佛教是中国的大患，佛教之戒律是违背人性的恶戾，必须绝除。欧阳修批评佛教“奸且邪矣”①，还说：

> 彼为佛者，弃其父子，绝其夫妇，于人之性甚戾，又有蚕食虫蠹之弊。②

欧阳修虽然受韩愈排佛思想影响较深，但他没有像韩愈“人其人，火其书，庐其居”③ 那样简单粗暴，而是力图以儒家的“礼义”来对抗佛教，他认为“礼义”是战胜佛道的根本，故倡“修其本以胜之”的辟佛主张。同时，他也认识到，要想讲求“礼义”学说，必须提高儒家的理论性，增强儒家纲常伦理的说服力，这样才能“虽有佛，无由而入”。

欧阳修认为佛教之害远胜于道教。因为佛教能洞悉人情，而祸福报应之说又能煽惑人心，易兴风作浪。他在《本论》中抨击佛教徒是坐食之徒，破坏了人伦纲纪，阻碍了社会经济的发展。对此欧阳修较之前排佛的孙复、石介有更深层次的认识。欧阳修认为，韩愈的“人其人，火其书，庐其居”不是排佛的根本方法。最该被儒家重视的是佛教有一套颇为精致的“为善之说”，即心性理论。他认为要想从根本上战胜佛教，就要“修本”，要重新建立起儒家“礼义纲常”体系。具体而言，就是要儒家“补其阙，修其废，使王政明、礼义充，则虽有佛，无所施于吾民也”④。欧阳修的这种提法有别于之前士大夫辟佛只停留在“用”的浅显层面，令世人眼前一新，可谓抓住了辟佛的要害。

---

① 欧阳修．欧阳修全集·卷十七［M］．李逸安，点校．北京：中华书局，2001：293.

② 欧阳修．欧阳修全集·卷十七［M］．李逸安，点校．北京：中华书局，2001：291.

③ 韩愈．韩昌黎文集校注·卷一·原道马其昶，校注，马茂元，整理．［M］．上海：上海古籍出版社，1986：19.

④ 欧阳修．欧阳修全集·卷十七［M］．李逸安，点校．北京：中华书局，2001：289.

北宋江西学派的重要代表李觏（1009—1059），从“仁”“孝”“礼”等方面攻击佛教的虚伪和乱常。李觏批评佛教“必绝而亲，去而君，剃发而胡衣，捐生以事我”[①] 的教义。李觏的排佛思想主要集中在《潜书》《广潜书》和《富国策》中。他的排佛思想可以概括为以下几点：批评佛道二教灭人伦之大道；认为佛教自私自利，弃家违亲、不杀生都是伪善；批判佛道以生死福报欺世惑众；批判佛道借特权建立寺院经济，阻碍国计民生。[②] 李觏排佛道思想的主要贡献，在于他对佛道盛行的原因提出了自己新的看法，并对儒、佛此时交互的核心问题——心性学说提出了自己的认识。在李觏看来，第一是儒家自身失去了其地位，教化坠于地。这就令世人没法“宗礼”，正所谓“儒微而礼不宗，故释老夺之”[③]。甚至孝子欲念其亲，都尽归于寺庙、道观去祭拜、追思，而儒家的宗庙早已不见踪影了，这就是由于儒家礼教式微的缘故。第二，佛教徒自身善于夸大其法，扩大其影响力。他还特意举了东晋慧远“挟儒术”使佛法乃大的例子，来说明佛教怎样自大其法的。

李觏承认佛教的一些思想是有其价值的，但佛教所说的“见性”和它所探讨的“性命之趣”儒家经典中早就讲过了，儒家没有必要向释教求之，他说：

> 欲闻性命之趣，不知吾儒自有至要，反从释氏而求之……噫！释之行固久，始吾闻之疑……苟不得已，尤有《老子》《庄子》书在，何遽冕弁匍匐于戎人前邪？[④]

李觏的辟佛思路与欧阳修相近，他提倡从儒家经典中寻求性命之说。但是，不可否认的是，无论是欧阳修，还是李觏的想法，都是受到佛教心性思想的启迪，才使其回归到儒家经典本身，去寻找“身心性命”之说。稍后的张载、二程等理学家也无一不是在佛教指引的思路和关注点下，根据儒家经典大谈“身心性命”的。后来的一些著名提法，也是根据这个立场和观点出发的。如二程曾说：“周茂叔谓一部《法华经》只消一个‘艮’卦可了。”[⑤] 李觏的思想可以认为是从韩愈、李翱到张载、二程之间的一种过渡。[⑥] 虽然李觏的排佛思想还集中在“用”的层面，关注较多的还是事功问题，但可以发现他已经开始通过反

---

① 李觏．李觏集·卷二十·潜书·广潜书［M］．王国轩，点校．北京：中华书局，2011：227.
② 徐洪兴．思想的转型——理学发生过程研究［M］．上海：上海人民出版社，1996：146.
③ 李觏．直讲李先生文集·卷二十二·孝原［M］．北京：中华书局，1981：246.
④ 李觏．直讲李先生文集·卷二十三·郡武军学置庄田记［M］．北京：中华书局，1981：252.
⑤ 程颢，程颐．二程集·河南程氏外书·卷十［M］．王孝鱼，点校．北京：中华书局，1981：408.
⑥ 徐洪兴．思想的转型——理学发生过程研究［M］．上海：上海人民出版社，1996：147.

省儒学之不足，提出自救之方法。同时，他对佛教心性之学方面影响力的肯定，也对后来学者起到了启发作用。

真正抛弃“事功”层面，而从道德性命的基础理论上排斥佛老，批判佛老的，是以张载、二程等为代表的理学家们。理学家们排佛之势的影响一直持续到南宋。二程作为理学的奠基人，尽力阐释儒与释之不同。二程一直对佛教于士人的影响心存顾虑。二程说：“惟佛学，今则人人谈之，弥漫滔天，其害无涯。”① 程颢说：“杨、墨之害，甚于申、韩；佛、老之害，甚于杨、墨。”② 程颢的高足朱光庭（1037—1094）《上哲宗乞戒学者遵守正道》曰：“一意遵守正道，不得依旧狃习异端。”③ 这其中“异端”指的是释、老思想。显然，佛、道思想已经严重影响了科场所宗之尧舜孔孟之正道。二程认为，佛教的“毁人伦，去四大”“逃父出家，便绝人伦”，是明显“外于道也远矣”。二程对佛教于社会生活、人伦纲常的不良影响不无担心地说道：

> 昨日之会，谈空寂者纷纷，吾有所不能。噫！此风既成，其何能救也！……夫明智之士，中人以上之资也，其才足以自立，则反之难矣。④

二程还从物、道的关系方面排击佛教，他们指出：“道之外无物，物之外无道。是天地之间，无适而非道也。”⑤ 君臣、父子、夫妇、长幼、朋友之间均有“道”。程颐还说：“今日之风，便先言性命道德，先驱了知（智）者，才愈高明，则陷溺愈深。”⑥ 他认为，普通百姓受佛教的影响不过是因为受到因果报应的恫吓，还有“崇象设教”的迷惑罢了，这不足为忧。真正该被重视和顾虑的是这些被佛教的“性命道德”的说教所控制士大夫们。而且越有才能的人，越容易被佛教迷惑，这才是最可怕的。这种情况到朱熹的时代仍无多少改变。余英时先生也曾指出：“道学家如张载、二程并没有与佛教正面交锋过；他们直接攻击的对象绝不是出了家的僧侣，而是士大夫中之在家学禅者。”⑦

---

① 程颢，程颐．二程集·河南程氏遗书·卷一［M］．王孝鱼，点校．北京：中华书局，1981：3.

② 程颢，程颐．二程集·河南程氏遗书·卷十三［M］．王孝鱼，点校．北京：中华书局，1981：138.

③ 赵汝愚．宋朝诸臣奏议·第八十三卷·儒学门·朱光庭上哲宗乞戒学者遵守正道［M］．上海：上海古籍出版社，1999：898.

④ 程颢，程颐．二程集·河南程氏粹言·卷一［M］．王孝鱼，点校．北京：中华书局，1981：1196.

⑤ 程颢，程颐．二程集·河南程氏遗书·卷四［M］．王孝鱼，点校．北京：中华书局，1981：73.

⑥ 程颢，程颐．二程集·河南程氏遗书·卷二上［M］．王孝鱼，点校．北京：中华书局，1981：23.

⑦ 余英时．史学·史家与时代［M］．桂林：广西师范大学出版社，2004：242.

张载和二程批判佛教的着眼点是其以“缘起性空”理论来否定现实世界的思想。他们极力肯定儒家现实世界客观真实性的观点。张载说：

> 天地之气，虽聚散、攻取百涂，然其为理也顺而不妄。气之为物，散入无形，适得吾体；聚为有象，不失吾常。太虚不能无气，气不能不聚而为万物，万物不能不散而为太虚。循是出入，是皆不得已而然也。然则圣人尽道其间，兼体而不累者，存神其至矣。彼语寂灭者往而不反，徇生执有者物而不化，二者虽有间矣，以言乎失道则均焉。……语天道性命者，不罔于恍惚梦幻，则定以“有生于无”，为穷高极微之论。入德之途，不知择术而求，多见其蔽于诐而陷于淫矣。①

张载之所以有如此高明的排佛理论，与其早年“出入佛老”的经历是分不开的。他正是听从了范仲淹的劝导，才放弃曾经颇爱的“释老之书”，重新回归儒学“反而求之六经”，终有所得。张载排佛的理论其实也是从佛教处学来的。

梳理北宋士大夫学者们排佛的经历，我们不难发现，众多的士大夫都有“出入佛老”的经历，他们正是认识到了佛道精神本质与儒家精神本质的异趣，才能返归儒家经典。他们利用佛道的概念和思维方式，并对之做出了改造，附以新的解释，这便是儒学、佛学、道家学说进行碰撞后选择、改造、重塑的思想整合的具体表现，也是理学发生过程的理路体现。余英时认为，新儒家于形式上借鉴了禅宗和华严宗思想，建立了儒家的“理世界”和“事世界”。但其实质上，是源于对佛教内在世界的改造。他们以儒家的“实有”取代佛教的“空幻”，只不过新儒家的“此世”是理气不相离的，“彼世”最后也不同于佛教归于空寂的“心体”，而是一种本于天的“实理”。也正因为如此，新儒家学者们才以更加积极的精神“入世行事”。② 北宋士大夫反佛浪潮之广大，抨击之严厉，足以见得。但这并不影响一些士大夫学者以佛理释儒经。此时的士大夫学者一面以反佛、道为己任，一面吸收佛、道的说教思想，如华严宗和禅宗的思想和说教，来完善自己的思想体系。

二、北宋士大夫的学佛之风

明代黄绾说：“宋儒之学，其入门皆由于禅。濂溪、明道、横渠、象山由于

---

① 张载．张载集·正蒙·太和篇第一［M］．章锡琛，点校．北京：中华书局，1978：7-8.

② 余英时．士与中国文化［M］．上海：上海人民出版社，1987：493.

上乘；伊川、晦庵皆由于下乘。”① 程颐也说：“世之学者多入于禅。”② 士大夫们参禅学佛，在唐末五代已经相当活跃，至宋代则进入全盛时期，蔚然成风。宋代很多上层士大夫都热衷禅学，欧阳修、苏轼、张商英、杨杰等均自称居士。苏轼是东林常总禅师的法嗣，黄庭坚是黄龙祖心禅师的法嗣，范仲淹参瑯琊慧觉禅师，富弼参华严修颙禅师，张商英参兜率从悦禅师。③ 宋僧归云如本在其所著的《丛林辨佞篇》中有如下记载：

> 本朝富郑公弼问道于投子颙禅师，书尺偈颂凡一十四纸。……如杨大年侍郎、李和文都尉，见广慧琏、石门聪并慈明诸大老，激扬酬唱，斑斑见诸禅书。杨无为之于白云端，张无尽之于兜率悦，皆扣关击节，彻证源底，非苟然也。近世张无垢侍郎、李汉老参政、吕居仁学士，皆见妙喜老人，登堂入室，谓之方外道友。④

富弼（1004—1083），仁宗朝官拜枢密副使、英宗朝拜枢密使，后封郑国公，李和文即李遵勖，真宗大中祥符年为驸马都尉，都是身居要职尊位的朝官，他们都是禅宗的虔诚信徒，都乐于与禅师们谈禅酬唱。杨大年（974—1020）即杨亿，真宗时入翰林为学士，兼史馆修撰，他“深达性理，精悟禅观”⑤，与临济宗高僧广慧元琏交往密切。《天圣广灯录》记载：“（杨亿）请扣无方，蒙滞顿释。半岁之后，旷然弗疑。如忘忽记，如睡忽觉。平昔碍膺之物，曝然自落，积劫未明之事，廓而现前。”⑥ 可见其禅学造诣颇高。唐明智嵩也称赞杨大年，“内翰知见高，入道稳实”⑦。杨亿的偈语确实体现出与禅宗十分相似的万物皆空的意境，他说：“直下尽十方世界，是汝一只眼，一切诸佛天人群生类，尽承汝威光建立，须是信得及方得。”⑧

北宋的士大夫不仅推崇禅宗的人生观、喜好各种禅学的形式，而且还直接参与禅宗《语录》《灯录》的编撰。《宋史》记载，杨亿“留心释典、禅观之学”，曾与李维等受诏裁定了五灯里的《景德传灯录》和《天圣广灯录》，给灯

---

① 黄绾．明道编·卷一［M］．刘厚祜，张岂之，标点．北京：中华书局，1959：11.
② 程颢，程颐．二程集·河南程氏遗书·卷十八［M］．王孝鱼，点校．北京：中华书局，1981：196.
③ 朱时恩．居士分灯录·卍新纂续藏经·第 86 册 No. 1607：590，593，595.
④ 归云如本．丛林盛事·卷上·丛林辨佞篇·卍新纂续藏经第 86 册 No. 1611：694.
⑤ 吴处厚．青箱杂记·卷十［M］．北京：中华书局，1985：110.
⑥ 李遵勖．天圣广灯录．卷一八·卍新纂续藏经第 78 册 No. 1553：511.
⑦ 普济．五灯会元·卷十二·石霜楚圆禅师［M］．苏渊雷，点校．北京：中华书局，1984：699.
⑧ 李遵勖．天圣广灯录·卷一八（中华大藏经汉文部分），73 册［M］．北京：中华书局，1994：328.

录的文章润色，使其盛行于世。李和文也曾编撰《天圣广灯录》，并与杨亿一起与临济宗的广慧元琏以及谷隐蕴聪、石霜楚圆等禅师激扬酬唱。杨无为即杨杰，少年登科，哲宗元祐年间，官至提点两浙刑狱，晚年皈依净土。他与高僧彼此往来频繁，互相谈禅论道、倡斗机锋，以期获得证悟。杨无为谓："众生根有利钝，易知易行惟西方净土，但能一心观念总摄散心，仗佛愿力决生安养。"①

张无尽（1043—1121）即张商英，蜀州新津（今四川崇庆）人，哲宗时为工部侍郎，迁中书舍人，徽宗初为吏部、刑部侍郎，翰林学士，后拜尚书右仆射。与其他宋儒一样，张商英在没有浸润佛学时，一直是儒家纲常的捍卫者，但是读了《法华经》《维摩诘经》《金刚般若经》《华严经》等佛经之后，开始做佛教的外护，喜与禅师参禅论道，甚至后来还被人称为"儒而最通佛法者"②。张商英不仅宣扬三教一致，"天下无二道，圣人无两心"的观点，他还认为"唯吾学佛然后能知儒"，显然把佛教的地位摆得很高。与他交游的禅师有昭觉常总、兜率从悦、兜率惠照、玉泉承皓、圆悟克勤、大洪报恩、丹霞德淳、大慧宗杲等。张商英还著有《护法论》，专门为佛教辩护。文中张商英批评韩愈、欧阳修、程颢等宋儒的排佛论太过肤浅，认为佛教才是直指根本的良药。

张无垢（1092—1159）即张九成，祖籍河南开封，师从杨时。四十一岁时，廷试第一，被宋高宗亲选为状元。入仕东军签判、著作郎、礼部侍郎兼侍讲。他因喜与佛者交游，被时论所不容。后因"讪谤朝政"的罪名遭到放逐，谪居南安。五代宋初名臣王仁镐（893—961），性端谨俭约，崇信佛教，所得俸禄，多奉佛饭僧，晨诵佛经五卷，或至晚才出视事，世人称其长者。这些士大夫都是身居要职的官员，但又无一不是崇信佛老的信徒。

可见，宋代上层官僚士大夫都热衷于禅学，这与宋代的大多数帝王都推崇佛教有着直接的关系。统治者们自觉地将佛教作为维护政治统治和社会秩序的工具。宋孝宗曾主张"以佛治心，以道治身，以儒治世"，把儒、佛、道三教进行了明确分工。在这样的政治背景下，与僧人的交往成为一时之风尚。宋代士大夫争相谈禅的风气之浓厚，可以通过当时儒家学者的言论体现出来。程颐面对当时士大夫们谈禅成风，认为朝中仅有司马光、范仲淹等数人能免其惑。③ 其实，这些一心维护正统地位，以"辟佛"者自居的士大夫都不能免于佛禅的影响力。司马光和范仲淹亦不能"免其惑"。

范仲淹（989—1052）一生也与佛教有很深的渊源。与他同时代的禅宗大师

---

① 袾宏．往生集·大正新修大藏经·第51册，No. 2072：139.

② 李尚金．简明中国佛教史［M］. 上海：上海社会科学出版社，2011：126.

③ 程颢，程颐．二程集·河南程氏粹言·卷一［M］. 王孝鱼，点校．北京：中华书局，1981：1196.

多是他的方外友人、琴中知音。颇擅长唐律诗的日观大师善昇便是其中一位。皇祐元年（1049）范仲淹守杭，曾于山中访之。与时贤多有唱酬的定惠大师宗秀曾去苏州拜谒范仲淹。他与释教人士交往“来则谈空实相，号天人师；去则指霞岭，啸风林，天子有赐，三公有赠”①。范仲淹对佛教尊崇，但不狂迷，一直持较为理性的态度。他说：“释道之书，以真常为性，以清净为宗，神而明之，存乎其人。”② 范仲淹晚年任陕西宣抚使时曾得到佛书《十六阿罗汉因果识见颂》，亲为之作序，宣明他与佛教之缘和对此佛经的看法。序中记载，范仲淹对佛学的信仰十分虔诚，他读此经，一句一叹佛教之精微义理，一颂一悟佛教之真谛。并且在序文末尾，范仲淹还说：“倘非世尊以六通万行圆明惠鉴之圣，则无以至此方，知尘世之中有无边圣法大藏之内有遗落宝文。”③ 可见，他确实认为此经的发现甚为珍贵，作为大藏经遗落的宝文应该好好保护。

欧阳修（1007—1072），字永叔，谥文忠。官至翰林学士、枢密副使、兵部尚书、参知政事。欧阳修作为一代大儒，早年极力捍卫儒家正统地位。他著《本论》对佛教进行攻击，主张废佛，在当时士大夫中产生了较大影响，形成了一股排佛的风气。当时倡导儒、释、道三教合一的契嵩禅师，为辟此风，特著《辅教篇》加以反驳辨正。欧阳修见此书后，不仅完全改变了自己过激的辟佛态度，并且赞叹道：“不意僧中有此龙象。”④ 他还立即整装肃衣去拜见契嵩禅师，请求开示，共语终日。据《释氏稽古略》卷四载：“欧阳公修自谏院除河北都转运使，左迁滁州，游庐山东林圆通寺，遇祖印禅师居讷，谈论大教，折中儒佛，与韩文公见大颠相类。”⑤ 晚年的欧阳修，彻底改变了对佛教的偏激看法，对自己曾攻击佛教之言行谢罪道：“余旧著《本论》。孜孜以毁佛法为务，诚不知天地之广大，不知佛法之奥妙，更不知佛之为圣者，今修胸中已释然矣！”⑥ 欧阳修后自称六一居士。临终前“借《华严经》，读至八卷，乃安坐而逝”⑦。

宋代的学校和科场，从制度上来看，是排斥佛老的，但在实际具体操作时，又很难避免招录喜好佛老之人。官员和士人归心佛教之人甚多，不胜枚举。据《宋史》记载，仅宋真宗一朝的十二位宰相，都与佛教僧人有交往。留存有文集

---

① 范仲淹．范仲淹全集・范文正公文集卷十・朝贤送定惠大师诗序［M］．南京：凤凰出版社，2004：153.

② 范仲淹．范仲淹全集・范文正公文集卷九・上执政书［M］．南京：凤凰出版社，2004：188.

③ 范仲淹．范仲淹全集・范文正公别集卷四・十六罗汉因果识见颂序［M］．南京：凤凰出版社，2004：451.

④ 朱时恩．居士分灯录・卍新纂续藏经・第 86 册 No. 1607：594.

⑤ 觉岸．释氏稽古略・大正新修大藏经・第 49 册 No. 2037：867.

⑥ 朱时恩．居士分灯录・卍新纂续藏经・第 86 册 No. 1607：594.

⑦ 朱时恩．居士分灯录・卍新纂续藏经・第 86 册 No. 1607：594.

的张贤齐和寇准二人都与佛道有较深渊源。因力排众议力主太宗亲征，澶渊退敌的寇准（961—1023）遗存有《忠愍集》，其中诸多诗文都反映了他喜参禅问道：

> 西风伤远别，前计竟成非。芳草此时暮，故山何日归。禅应同雅道，贫合长天机。翻忆云溪伴，无憀对落晖。①
>
> 楚驿独闲望，山村秋暮天。数峰横夕照，一笛起江船。遣恨须言命，冥心渐学禅。迟迟未回首，深谷暗寒烟。②
>
> 挂锡在荆楚，杜门无往还。潮声到孤寺，月色遍前山。一雁惊幽思，西风惨病颜。何当重携手，高步白云间。③

司马光（1019—1086），字君实，号迂叟。北宋政治家、文学家、史学家，历仕仁宗、英宗、神宗、哲宗四朝。司马光《传家集》曾说："近来朝野客，无坐不谈禅。"④ 他在给宋神宗的奏疏中充满顾虑地谈道，当时的公卿士大夫务为释老之言，翕然成风，甚至成为科场、官场之风尚。尽管担忧佛老于科场之不利，司马光自己亦常与禅僧过往论禅。他对佛事也比较热衷，每年必到寺庙斋僧、诵经，以追荐祖先。司马光的门人刘世安、晁说之晚年都沉溺于佛教，甚至转而认为其师曾经诋毁佛教的言论是不对的。

王安石（1021—1086），字介甫，号半山。北宋杰出的政治家、文学家。王安石一生仕途也较为坎坷，他的学术思想体系不甚完备，经历了多次变化。宋神宗朝时任宰相，主持"熙宁变法"。变法失败后，退居江宁后的他终于皈依佛教，几乎每日读经参佛，闲话僧房，成为虔诚的佛教徒。王安石不仅与僧交游，还曾以宰相身份撰写《疏》文，称颂禅僧。元丰七年（1084），王安石奏请舍宅为寺："伏以肇置仁祠，永延睿算，归诚善导，开迹胜缘。文公长老独受正传，历排戏论，求心之所祈响，发趣之所归宗。"⑤ 王安石舍宅为寺，延请克文开山住持，神宗赐额"报宁寺"。王安石撰有《楞严经疏解》，其诗作《寓言三首》《记梦》等也颇得禅家三昧之禅意。

苏轼（1037—1101），字子瞻，号东坡，北宋文学家。苏轼曾说："今士大

---

① 寇准．忠愍公诗集·感兴寄莲岳一二诗禅友·四部丛刊三编·0399 册［M］．上海：商务印书馆，1936：87

② 寇准．忠愍公诗集·巴东驿秋日晚望·四部丛刊三编·0399 册［M］．上海：商务印书馆，1936：142

③ 寇准．忠愍公诗集·秋寄江上吟僧·四部丛刊三编·0399 册［M］．上海：商务印书馆，1936：141

④ 司马光．司马文正公传家集·卷十二·戏呈尧夫［M］．上海：商务印书馆，1937：

⑤ 赜藏．古尊宿语录·卷四五［M］．萧萐父，等点校．北京：中华书局，1994：896.

夫至以佛老为圣人，鬻书于市者，非庄老之书不售也。”① 苏轼作为一代大文豪，也是参佛多年，悟性甚高，颇能领会佛法妙谛。他与禅宗高僧多有往来，尤其和佛印禅师过往更是密切，彼此酬答应唱的公案，最为人乐道。他不仅大交禅僧，热衷于禅，而且还亲自为禅僧《语录》作序，作诗偈，来弘扬禅宗。“老僧已死成新塔，坏壁无由见旧题。往日崎岖还记否，路长人困蹇驴嘶”“久参白足知禅味，苦厌黄公聒昼眠”的诗句都是苏轼与禅僧相交甚笃的佐证。“回首向来萧瑟处，也无风雨也无晴”等充满禅趣的哲理名句，是苏轼浸润佛禅思想的证明。苏轼晚年，“杜门烧香，深念五十九年之非”②，还学寿禅师放生，以证善果。可见，宋代佛禅思想已经深入士大夫生活的各个方面，甚至成为整个社会生活不可缺少的一个重要内容，故宋高宗亦感慨地说：“朕见士大夫奉佛者多。”

宋代禅宗不仅对文人士大夫影响深刻，我们再来看以反佛排佛为标榜的理学家们，皆与禅宗发生了关系。北宋理学家学佛是极为普遍的现象。尽管他们批驳佛教，但还是难免流于其中。如理学奠基人周敦颐曾从学于润州鹤林寺的寿涯禅师，参禅于黄龙慧南，问道于晦堂祖心，谒庐山归宗寺佛印了元，师（庐山）东林寺常总，在庐山期间，他追慕东晋门莲社故事而结青松社，以佛印为社主。③

李觏（1009—1059），字泰伯，号盱江先生，是我国北宋时期一位重要的哲学家、思想家、教育家。他一面批判佛教，一面又肯定佛教的心性之说，甚至认为佛教中“有可爱者”“噫！佛以大智慧，独见情性之本，将驱群迷，纳之正觉，其道深至，固非悠悠者可了。若夫有为之法，曰因与果，谓可变苦而乐，自人而天，诚孝子慈孙不能免也”。④ 李觏与契嵩辩论时还曾说：“（觏）方留意读佛书，乃喟然曰，吾辈议论尚未及一卷《般若心经》，佛教岂易知耶？”⑤

程颐虽然对佛教于士大夫们的影响发出了“其何能救”的感叹，但是他自己又何尝不是深受佛教的影响？程颐与灵源惟清禅师相交甚好，常有书信来往，至今《灵源笔语》和《禅林宝训》中还保存有二人五通来往书状。程颐还模仿禅宗二祖慧可“立雪断臂”的公案，与其弟子杨时演出了“程门立雪”的故事。此外，程颐的禅定工夫亦广为世人所知。其兄程颢亦与佛教有着千丝万缕

① 苏轼．苏轼文集·卷二十五·议学校举状［M］．孔凡礼，点校．北京：中华书局，1986：725.

② 苏轼．苏东坡集·第二册·卷二·王宗稷编东坡先生年谱［M］．王云五，编．北京：商务印书馆，1958：34.

③ 朱时恩．居士分灯录·卍新纂续藏经·第86册No.1607：600.

④ 李觏．直讲李先生文集．卷二十四．修梓山寺殿记［M］．北京：中华书局，1981：267.

⑤ 念常．佛祖历代通载卷十八·大正新修大藏经·第四十九册No.2036：665.

的联系。《宋史·道学传》记载，程颢“泛滥于诸家，出入于释老者几十年”①。程颢说：“释氏之学，亦极尽乎高深。”② 程颢好静坐，经常是“坐如泥塑人”凡事不愿动心，似与他无关，明儒也评论他“看得禅书透”。足见，二程也是深受佛禅思想的影响。

二程的弟子也都是出入佛老。程颐死后，程颐的高徒，游酢、杨时、谢良佐、吕大临等，这所谓的“程门四先生”，均“晚年嗜佛”“流而为禅”③。被称为程门第一的谢良佐，朱熹称其学问为“分明是禅”④。全祖望则说他是“以禅言儒”“终生以禅之说证儒”⑤。黄东发说谢良佐是“阴稽禅学之说，托名于儒”⑥。谢良佐自己也称赞“佛家大乘顿教，一闻便悟!”⑦ 程门的“高弟”杨时说：“学者所以不免求之释、老，为其有高明处。”⑧ 全祖望也说杨时晚年“竟溺于佛氏!”⑨ 被称为程学中最“纯正”的尹焞，跟随程颐二十余年，曾被程颐称为“我死不失其正”，但是后来的尹焞也不免转而学禅，“既拜观音，又诵读佛经”⑩，对佛教十分笃信。

朱熹颇对此颇具感慨地说：“程门高弟如谢上蔡游定夫杨龟山辈，下稍皆入禅学去!”⑪ 朱熹还说，当下社会不做禅学的人，只是他们对禅修工夫未深。如对禅修工夫深了，就一定会自然投入禅的怀抱中去。朱熹自身也是参禅之人。朱熹自述其年十五六时，“亦尝留心于此（禅）”，且“理会得个昭昭灵灵底禅”⑫。朱熹“十八岁从刘屏山游，屏山意其必留心举业遂搜其箧。唯有《大慧禅师语录》一帙，次年登科”⑬。当然，程颐、朱熹这类大儒不能列入“居士”行列，但是他们的参禅经历确实有案可查。所以，郭朋先生曾说程朱这些理学大师，表面上都辟佛，但骨子里无一例外，都从禅学中汲取思想养料以滋补自

---

① 脱脱，等．宋史·卷四二七·道学传·程颢传［M］．北京：中华书局，1985：12713.
② 程颢，程颐．二程集·河南程氏遗书·卷十五［M］．王孝鱼，点校．北京：中华书局，1981：152.
③ 黎靖德，编．朱子语类·卷五·性理二·性情心意［M］．北京：中华书局，1986：96.
④ 黎靖德，编．朱子语类·卷五·性理二·性情心意［M］．北京：中华书局，1986：141.
⑤ 黄宗羲．宋元学案·卷二四·上蔡学案［M］．全祖望，补修．杭州：浙江古籍出版社，1986：180.
⑥ 黄宗羲．宋元学案·卷二四·上蔡学案［M］．全祖望，补修．杭州：浙江古籍出版社，1986：180.
⑦ 黄宗羲．宋元学案·卷二四·上蔡学案［M］．全祖望，补修．杭州：浙江古籍出版社，1986：184.
⑧ 黄宗羲．宋元学案·卷二五·龟山学案·语录［M］．全祖望，补修．杭州：浙江古籍出版社，1986：201.
⑨ 黄宗羲．宋元学案·卷二五·龟山学案·语录［M］全祖望，补修．杭州：浙江古籍出版社，1986：204.
⑩ 黄宗羲．宋元学案·卷二七·和靖学案·附录［M］．全祖望，补修．杭州：浙江古籍出版社，1986：266.
⑪ 黎靖德，编．朱子语类·卷一百一·程子门人［M］．北京：中华书局，1986：2556.
⑫ 黎靖德，编．朱子语类·卷一百四［M］．北京：中华书局，1986：2620.
⑬ 宗本．归元直指集·学佛谤佛四十五·大正新修大藏经·第61册No. 1156：461.

己，他们其实都是“外儒内佛”的。[1]

《释氏稽古略》《居士传》对北宋士大夫参佛好禅也均有详细记述。苏轼参禅于东林常总，又与佛印了元为方外道友，热衷于参禅生活，王安石晚年学佛喜舍，都记述在案。在《居士传》中被列为“居士”的宋代著名官僚士大夫还有潘兴嗣、晁补之、陈瓘、李纲、张浚等多人。佛教自隋唐大兴以来，尤其是禅宗以独特的心性学说和接引风格给文人士大夫以强烈的刺激。北宋士大夫张方平（1007—1091）与王安石曾有一段著名的对话：

> 世传王荆公尝问张文定公曰：“孔子去世百年，生孟子。亚圣后绝无人，何也？”文定曰：“岂无，只有过孔子上者。”公曰：“谁？”文定曰：“江西马大师，汾阳无业禅师、雪峰、岩头、丹霞、云门是也。”公暂闻，意不甚解，乃问曰：“何谓也？”文定曰：“儒门淡薄，收拾不住，皆归释氏尔！”荆公欣然叹服。[2]

张方平是北宋著名的儒家士大夫，但他却把马祖道一等禅师列在儒家圣人孟子之上，这十分耐人寻味。足见北宋时期禅宗对士大夫的影响之广大。张方平把儒学停滞衰落状况概括为“儒门淡薄，收拾不住”，实不为过。

北宋士大夫的参禅之风不仅在佛教界产生了惊雷般的震撼力，也给整个思想界带来了影响。北宋时期，佛教禅宗以其活泼洒脱的风格，令当时的文人耳目一新，给士大夫们的精神世界带来了极大的冲击。宋代是官僚士大夫参禅活动全面展开的时期，士大夫们修习、谈论佛教成为当时的一大社会风气。总之，大量历史事实表明，两宋时期官僚士大夫与佛教禅宗具有不解之缘，他们的参禅活动构成了该时期居士佛教的主流。

三、北宋士大夫倡“天下无二道”的文化自觉

在唐宋儒学复兴的大背景下，北宋士大夫针对唐代兴盛的佛道两教，提出了“道统论”。他们关注在儒、佛、道三教并盛之时，哪一家才是中国文化的正统。从中唐到宋初，诸多大儒纷纷提出自己的道统思想，均与这一问题有关。北宋时期的儒家学者希望解决儒学自身的正统地位问题，即在佛、老思想大盛时期，强调只有儒家才能代表中国思想文化的正统。他们提出的道统论是与儒

---

① 郭朋．佛教禅宗与程朱理学．中国佛教论文集［M］．西安：陕西人民出版社，1984：111.

② 宗杲．普觉宗杲禅师语录·卍新纂续藏经·第69册 No. 1362：622.

学复兴运动联系在一起的，体现了儒家士大夫面临佛道挑战时的一种文化自觉。

唐代以前，三教的关系一直是统治者们欲解决的一个问题。佛道二家早在魏晋之前就主张相互兼容，儒家学者对此分歧较大。南北朝时期，道安法师提出内外教之说。《佛祖历代通载》卷三十九曰："沙门道安，作二教论二十篇。以儒道九流为外教，释氏为内教。意谓上古朴素坟典之诰未弘。"① 隋唐时期，出现了多次关于三教关系的讨论，直到唐朝后期，三教一致的思想逐渐占了上风，其中最具代表性的就是白居易的"殊途同归论"。他与沙门义休、道士杨弘元的问难中说："儒门释教，虽名数则有异，同约义立宗，彼此亦无差别。所谓同出而异名，殊途而同归者也。"② 唐代的柳宗元、刘禹锡、白居易等人无不提倡二家之融合互补，认为佛学与儒学有相合之处。北宋以后，统治者和士大夫们也基本延续此观点，除偶有特别崇信某教的小波澜之外，几乎没有再论辩的声音。宋代佛教内部，基本认为儒佛不相违，僧人多站在佛教的立场，认为佛教可兼容儒道。宋真宗之后，朝野上下基本持三教兼容互补，以佛治心、以道治身、以儒治世的主张。

清代学者陈澧（1810—1882）《东塾集》述：

> 自唐以后，不独儒者混于佛，佛者亦混于儒……大约自唐以后，儒者自疑其学之粗浅而骛于精微，佛者自知其学之偏驳而依于纯正。譬之西方之人向东行，东方之人向西行，势必相遇于途。③

陈澧的比喻十分有趣，生动比拟了唐代之后儒佛趋同的特征。

北宋士大夫多认为儒、佛是兼容互补之关系。在帝王的影响下，多数具有令人羡慕的知识背景的北宋士大夫也倡三教兼容互补。即便是力辟佛老的石介、李觏、欧阳修都有很高的佛学素养。范仲淹更是在与方外人士的交游中显现其融儒、佛、道三家于一炉的精神世界和治学之路。范仲淹的高足张方平就曾发表过关于宋代儒、释、道合流的通达之见："每曰儒之'诚明'，道之'正一'，释之'定慧'，其致一也。君子之道，求诸己以正性命而已矣。"④ 类似的三教兼容观念在北宋士大夫群体中比比皆是。

---

① 念常．佛祖历代通载·卷十·大正新修大藏经·第49册 No. 2036：556.

② 白居易．三教论衡·白居易集·卷六十八［M］．顾学颉，点校．北京：中华书局，1979：1436.

③ 陈澧．东塾集·卷四·复戴子高书·续修四库全书·别集类·第1537册［M］．上海：上海古籍出版社，2013：296.

④ 张方平．乐全集·附录·卷四十［M］．上海：上海古籍出版社，2003：46.

被称为“儒者最通佛法者”的张商英说：“天下无二道，圣人无两心。盖道者先天地而生，亘古今而常存……生虽殊方，而其得道之真，若合符契，未始殊也。”① 这与契嵩说的“天下无二道，圣人无二心”如出一辙。张商英把三家思想都看作驱除众生失真迷性之药，但儒家功用最浅，佛教功用最为彻底：

> 余尝爱本朝王文康公，著大同论，谓儒、释、道之教。沿浅至深，犹齐一变至于鲁，鲁一变至于道，诚确论也，余辄是而详之。余谓，群生失真迷性，弃本逐末者，病也；三教之语以驱其惑者，药也。儒者使之求为君子者，治皮肤之疾也；道书使之日损，损之又损者，治血脉之疾也；释氏直指本根。不存枝叶者，治骨髓之疾也。②

王安石也认为佛书与儒家经典多相合。他甚至认为“两汉以下圣人多生佛中”③。王安石虽然也有斥责佛老之言论，但并不提倡辟佛反佛。只是他出于儒家的立场，认为佛道之徒言“养生修性”使儒家“礼乐之意”不得传。王安石还十分欣赏佛家的“养生修行”之学，他与宋神宗论及此问题时说：“臣观佛书，乃与经合，盖理如此，则虽相去远，其合犹符节也。”④

北宋名臣梅尧臣（1002—1060）同时供奉三教圣人，他的《题三教圆通堂》诗曰：“处中最灵智，人与天地参。期间有佛老，曷力推为三。共以圆通出，诚明自包含。”⑤ 苏氏“蜀学”重三教融通的思想也十分明显。苏门弟子黄庭坚、秦观、晁补之等也多持此观点。苏轼有云：

> 孔老异门，儒释分宫，又于其间，禅律相攻。我见大海，有北有南，江河虽殊，其至则同。⑥

苏辙也说：

> 老、佛之道，非一人之私说也，自有天地而有是道矣。古之君子

---

① 张商英．护法论·大正新修大藏经·第52册 No. 2114：637.

② 张商英．护法论·大正新修大藏经·第52册 No. 2114：638.

③ 丁传靖．宋人轶事汇编·卷十·引冷斋夜话［M］．北京：中华书局，1981：500.

④ 李焘．续资治通鉴长编·第17册·卷二三三．熙宁五年五月甲午记事［M］．北京：中华书局，1985：5660.

⑤ 梅尧臣．宛陵先生集·卷三十八．四部丛刊初编［M］．上海：商务印书馆，1922：1314.

⑥ 苏轼．苏轼文集·第六十三卷·祭龙井辩才文［M］．孔凡礼，点校．北京：中华书局，1986：1961.

以之治气养心，其高不可婴，其洁不可溷，天地神人皆将望而敬之，圣人之所以不疾而速，不行而至者，一用此道也。……道并行而不悖，泯然不见其际而天下化，不亦周孔之遗意也哉！①

显然，苏轼和苏辙都认为佛老之道与周孔之道是并行不悖、殊途同归的。苏轼认为佛教在中国的传播必须借助儒家才能久远，“释迦之文教，其泽于中国，必托于儒之能言者，然后传远”。② 甚至连积极反佛的程颐，也认为佛教之威仪不输周孔之续。据记载：“明道先生尝至禅寺，方饭，见趋进揖逊之盛，叹曰：‘三代威仪，尽在是矣。’”③ 类似的记载还有很多，从这些记载中我们不难看出，不仅仅是佛教代表人物认为三教一致互补，诸多士大夫也大倡三教一致之观点，宣扬“天下无二道，圣人无两心”的思想，这对儒佛的融通和佛教最终向儒家靠拢起到了积极的推动作用。

第三节 北宋士大夫儒佛会通的理论背景

北宋士大夫与君主共治天下，高官厚禄、荣华富贵仅能满足他们的物质欲望，却无力战胜佛禅的心性学说。儒家短缺的形上之学，在传统的伦理说教中逐渐失去人心。北宋时期的儒佛思想高度融合，士大夫的精神世界中充斥着儒佛兼容的价值观、人生观。五代以来士人的精神风貌和行为方式不能立即随着社会政治的变化而马上改变。宋初的士风仍然沿袭了五代遗风，士人中充斥着因循守旧、谨言慎行、及时享乐意识及隐逸情怀等。然到北宋真宗时，以范仲淹为首的士大夫们躬身力行，勇于谏言，振作士气，推崇的是“匹夫抗愤，处士横议”，敢于与黑暗的政治势力抗争的积极入世精神。一种新的人生观、价值观和人格精神受到赞赏。其中，我们不得不关注北宋士大夫儒佛会通的理论背景。

---

① 苏辙．栾城后集·卷十·历代论四·梁武帝．四部丛刊初编·第九十七册［M］．上海：商务印书馆，1922：87.

② 苏轼．苏轼文集·第六十六卷·书柳子厚大鉴禅师碑后［M］．孔凡礼，点校．北京：中华书局，1986：2084.

③ 程颢，程颐．二程集·河南程氏外书·卷十二［M］．王孝鱼，点校．北京：中华书局，1981：443.

一、儒佛人性与佛性的相互吸纳

佛教的佛性论与儒家的人性论，探寻的最根本问题都是生命的存在问题，也就是人的本性和本质的问题。与之相关的则是生命的价值、责任、意义等社会问题。传统儒学、佛学的生命存在理论可谓异中有同，殊途同归。

佛教历来以去除有情生命的痛苦、烦恼为本质追求，它对于人性本质的认识过程要比儒家复杂得多，这当然与它的传播历程、时空和语言的转换等相关。再者，佛教流派繁多，很难做到像儒家那样清晰和明确。从原始佛教到部派佛教，由小乘到大乘，再从大乘的空宗到有宗，基本的理论倾向则是坚持从“性空”“幻有”到“人我空”，再到“我法两空”这样一个过程。尽管佛教理论较复杂，但均显精微之特色。

东晋竺道生之前，“一切皆为虚幻不实”的佛性理论一直备受儒家辩斥，被指责为逃避现实，消极无为。直到东晋时期，鸠摩罗什及其弟子僧叡、僧肇、竺道生等人对大乘佛经的翻译和突破，使佛教的佛性理论得到发展。竺道生等人主动向儒家的人性学说靠拢，提出了“一切众生悉有佛性”的开创性命题。从此佛教世俗化大开方便之门，除唯识宗外，其他各宗均以道生的“一切众生悉有佛性”的思想为基础。禅宗祖师们的思想也是从此而来，儒佛人性论的交融一发不可收拾。禅宗六祖慧能提出“本性即佛”“佛性本无差别”“万法皆在人性中”等一系列命题，调适了长期以来儒佛之间的人性与佛性之矛盾。强调人性就是佛性，佛性就是人之本性。禅宗在如来藏和中观的心性本净的思想基础上，以“明心见性”说为解脱的要旨，认为心性本觉。禅宗的佛性理论为继承大乘空宗而来，是唐代三教融合的具体体现，反过来又对儒道两家产生影响，进而又推动了三教融合的进程。进入北宋时期，儒、佛、道三家心性理论的趋同性更加明显，以此为基点的成圣、成佛、成道的境界追求也成为宋代道学发生的理论基础。

从般若真空向涅槃妙有的过渡，已经不仅是佛教理论的需要，也变成了人们寻求心灵终极关怀、趋向自我本真存在的需求。因此，在印度仅是一种思维修习方式的禅，在中土即演化成了一种实实在在的生活方式。之后南北朝的涅槃佛性论成为中国佛学发展的主流。

华严宗一真法界的圆融义旨可以很好地证明佛性与人性的不二关系。无论是佛还是儒，在进入精神无限自由玄妙之境的路径上是相通的。华严宗在《华严经》的基础上，以一真法界阐释“法界缘起”。华严宗从一切万法根本来说，统为“一真法界”。一真法界故，因缘而起，心法相对、相融，而成四法界：事法界、理法界、理事无碍法界、事事无碍法界。华严四祖澄观把华严宗的学说概括为四法界说。《华严经疏》云：

一等理法界。故经云：如法界一性如法界自性清净。善根回向亦复如是。其文非一；二等事法界。经云：欲见等法界无量诸佛。调伏等法界无量众生，或愿起等法界无量行，或愿成等法界无量德，或愿得等法界无量果。皆即理之事也；三等理事无碍法界。经云：愿一切众生。作修行无相道法师。以诸妙相而自庄严。则相无相无碍。皆其类也；四等事事无碍法界。故经云：一佛刹中现一切佛刹等。然其四事全等四种法界，融而无二。故此能等即是所等，非有二物。①

《清凉新经疏》亦云：

统唯一真法界。谓总该万有，即是一心。然心融万有。便成四种法界：一事法界，界是分义。一一差别。有分齐故；二理法界，界是性义。无尽事法。同一性故。三理事无碍法界，具性分义。性分无碍故。四事事无碍法界，一切分齐事法。一一如性融通。重重无尽故。②

方东美对华严的要义总结说："融合宇宙间万法的一切差别境界，人世间一切高尚业力，与过去、现在、未来三世诸佛一切功德成就的总汇，一举而统摄于一真法界，视为无上圆满，意在阐明人人内具圣德，足以自发佛性，顿悟圆成，自在无碍。此一真法界，不离人世间，依赖人人彻悟如何身体力行，以智慧行，参透佛教的根本智慧。佛性自体可以全部渗入人性之中，以形成永恒精神，圆满自足。这就是法界圆满，一往平等，成就平等性智。"③

从哲学层面来讲，佛性论实际上就是佛教的心性论。《涅槃经》倡导"一切众生皆有佛性"，这是大乘佛教的观点。大乘佛教还强调"一切众生，身内如来藏"④，这是众生成佛依据。印度佛教中没有把这种佛性如来藏思想进行充分发展，但是它所提倡的将人内在心性作为解脱之道的独特思想，在接触到中国儒、道传统思想沃土之后，便立即生根发芽了。这是由于它与中国儒、道两家传统

① 澄观．华严经疏·大正新修大藏经·第35册No.1735：723.

② 宗密．注华严法界观门·大正新修大藏经·第45册No.1884：684.

③ 参阅方东美．中国大乘佛学［M］．台北：黎明文化事业股份有限公司，1984：311.

④ 跋陀罗，译．大方等如来藏经·大正新修大藏经·第16册No.0666：458.

的灵魂不死观念和固有的心性论观念有很多契合之处，受到了中土人士的欢迎。

晋宋时的竺道生，从理论上把非有非无的般若实相与众生的本性（佛性）会通起来，以空融有、空有相摄，从而把成佛对外在宇宙实相的体认的要求标准转为对自身本性的证悟，更加突出了众生的自性自度。他这种人人皆有佛性、人人得成佛的思想，受到了中国社会的普遍欢迎，最终成为中国化佛学的主要论调。

隋唐时期中国佛教的各派的理论争论基本上是围绕着佛性（心性）展开的。如天台宗的“性具”、华严宗的“性起”、唯识宗的“五种性”、禅宗的“识心见性”等理论，都在客观上推动了中国当时思想界、学术界由“本体之学”向“心性之学”的转向。很显然这种心性理论突出“心力”的作用。此时已经成熟了的佛性论对儒家的人性论产生了重要的影响，为理学家们开辟了重新探讨儒家人性论的思维向度。三教中人共同把三教的核心归结到了心性，认为三教在这个问题上是一致的。儒、佛、道三家各自形成了一套比较完备的心性理论，并以此形成了三家成圣、成佛、成道的修为方法和最高境界追求，为后来的理学和心学的产生奠定了思想和理论基础。这种强调人人皆有佛性、人人都能成佛的众生平等的观念，鼓励后来的文人士大夫，不仅是个人内心的解脱、个人道德的完善都可以通过自己的努力得以实现，同时这种思想映射出来自我价值实现的追求也在很大程度上取决于个人的内心境况。

可见，随着佛教理论与实践的发展，印度大乘佛教的“佛”已经被本体化。中国化的佛教，尤其是禅宗的出现，使原来印度佛教中抽象化的佛性逐渐更加趋向于现实的“人性”“心性”。佛教探讨心性理论多以讨论佛性的面貌呈现出来，其复杂性也远远超过了儒家。中国传统儒家以孟子的性善论为主流，亦有赞同荀子性恶论的声音。儒佛两家在心性论方面的分歧是其他方面产生分歧的本源。中国传统儒家看中“有情生命”，从孟子开始即注重对人性的探讨。孟子说：“人皆有不忍人之心，先王有不忍人之心，斯有不忍之政矣。”① 儒家强调人的道德行为和社会行为，认为每个人具备走出自我、走向他人与社会的内在驱动力，人才是自身道德和社会责任的承担者，这是人得以成贤成圣的内在依据。儒家的这种实现圣贤理想人格的追求仅仅是人文和精神价值层面的追求。唐宋以降，这种理论在佛教的刺激下，其缺少“天道”支撑的问题更加突出。所以后来的周敦颐、二程等理学家都把儒家的心性理论提升到本体论的高度去探讨，来解决自身理论“浅薄”的问题。

---

① 杨伯峻．孟子译注·公孙丑章句上［M］．北京：中华书局，1960：76.

宋明理学的心性论是对先秦儒家心性论的继承和发展，宋代的新儒学一方面批判、吸取、借鉴了佛教心性本体的理论和思维模式，另一方面又坚持儒家心性伦理和价值本位，批判佛教违背儒家伦理的心性思想，建立了新的儒学心性哲学体系。当然，新儒学也批判和改造了道家、玄学的自然人性论，并对玄学的“万物以自然为性”的理论予以扬弃。朱熹虽然反对和批判把“心”视为宇宙的本体，但他却赞同佛教以性为宇宙本原的思想。佛教认为性是宇宙的本体，一切世间法均依真如佛性而起。之后的道学家，多有吸纳此观点的相似论断。

二、儒佛生命价值与生死苦乐的殊途同归

形神关系和业报轮回理论是佛教生死苦乐及生命价值学说的理论基础，甚至有些是杂糅在一起的。所以在论述北宋士大夫儒佛交融的生命价值与生死苦乐观念之前，有必要简单梳理一下佛教和儒家关于形神关系、因果报应等理论的争辩和融合过程。

从汉魏时期到南北朝时期，儒佛之间的辩论和冲突的关键点主要集中在业报轮回和形神关系问题上。此前，中国传统的儒、道两家对此问题并不十分关注，与后来传入的佛教相比，显得粗糙且不成系统。佛教的传入，带来了一套完整、系统的因果报应、轮回转世学说，这与中国传统的自然观念大相径庭，极大地刺激了中国士人的神经。佛教传入后，“神不灭说”和“因果报应说”与中国原有的福善祸淫思想相通，宣讲个人的善恶业力决定肉体死亡后灵魂存在的方式，尤其是灵魂可以在肉体死亡消失后仍可以独立存在的理论。个人成为他人可不替代的“业报”主体承担者，可以无尽地流转下去，直到在轮回中得以“解脱”。佛教的此种理论，先后遭到东晋戴逵的《释疑论》《答周处士难释疑论》，南朝刘宋何承天的《达性论》《与宗居士书》《答颜光禄》《报应问》，南朝齐梁范缜的《神灭论》等文章的批判，而且一次比一次激烈。范缜针对东晋慧远的《形尽神不灭》中“薪火喻形神”的理论，提出了“形神相即”“神质形成”的著名命题，并以“利刃”的原理来反击“薪火”的比喻，“神之于质，犹利之于刀，舍刀无利。未闻刀没而利存，岂容形亡而神在！”[①] 范缜的理论与大乘空观“体用不二”的思维模式颇有相似之处。范缜认为“形”“神”二者是不可分离的关系，并提出了“形质神用”的体用论命题。范缜此论一出，朝野哗然，此论达到了古代形神辩论的最高水平。之后的佛教吸收了之前形神

① 僧祐．弘明集·神灭论．上海：上海古籍出版社，1991：55.

之辩的教训，对形神之辩很少再讨论，继而转向深入探讨“心物”“空有”方面的问题。而此时佛教受中国传统的“天作孽尤可违，自作孽不可活”思想的影响，内部基本上对“自作业自受果”的问题达成了一致，认为个人要为自己的行为负责，这显然是与儒家精神冲突后的借鉴与妥协，此种妥协使形神关系的论辩逐渐清晰。

随着形神关系和业报轮回讨论结果的逐渐明晰，儒、佛对生命价值与生死苦乐进行了更好的回答。在佛教传入中国之前，儒家和道家在对生命的无常和人生意义的探索过程中，建立了各自的思想体系。儒、道两家都坦然地面对人的生死苦难。儒家把着眼点放在现世的生命上，注重“有情生命”，强调生的价值与意义。《论语》载：

> 季路问事鬼神。子曰：“未能事人，焉能事鬼?”曰：“敢问死。”曰：“未知生，焉知死?”①

显然，孔子教育学生，面对生死问题应该持现实的态度。子夏曰：“商闻之矣：死生有命，富贵在天。”② 这里的“命”指的是一切自然法则。所以后来的儒家学者也都基本继承了孔子的现实主义态度，认为生命有生必有死，这是依照自然法则而来的。《易传·系辞上》云：“《易》与天地准，故能弥纶天地之道。仰以观于天文，俯以察於地理，是故知幽明之故。原始反终，故知死生之说。精气为物，游魂为变，是故知鬼神之情状。与天地相似，故不违。知周乎万物，而道济天下，故不过。旁行而不流，乐天知命，故不忧。”③《易经·乾卦》也为士人确立了“天行健，君子以自强不息”④ 奋发向上的精神标准。

道家的自然主义态度与被束缚于礼乐纲常、功利秩序之中的儒家不同，道家崇尚更深层次的自然风貌。老子曰：“天地尚不能久，而况于人乎。”⑤ 所以道家贵生、重视生命，讲求养生和尽天年。庄子从原始浑成万化归一的“大道”观出发，主张一生死、齐物我。《庄子·齐物论》云：“乘云气，骑日月，而游乎四海之外。死生无变于己，而况利害之端乎。”⑥《庄子》又云：“终其天年而

① 杨伯峻．论语译注·先进篇第十一［M］．北京：中华书局，2006：129.
② 杨伯峻．论语译注·颜渊篇第十二［M］．北京：中华书局，2006：125.
③ 郭彧，译注．周易·系辞上传［M］．北京：中华书局．2010：290.
④ 郭彧，译注．周易·乾卦［M］．北京：中华书局．2010：2.
⑤ 张松辉．老子译注与解析［M］．长沙：岳麓书社，2008：79.
⑥ 陈鼓应．庄子今注今译［M］．北京：商务印书馆．2007：98.

不中道夭者，是知之盛也。”① “死生，命也。其有夜旦之常，天也。”② “有生必先无离形，形不离而生亡者有之矣。生之来不能却，其去不能止。”③ 显然，道家主张“清明静虚”“道法自然”的生命思想。自然是一切生命存在的依据。所以道家的“顺应自然”具有深刻的生命意义。

苦与乐，是人类精神生活和心理活动的重要内容，也是生命价值理论的根基。佛教对生死的认识与其佛性“空有”理论是紧密联系的。佛教当然也认识到生死的相对性，有生必有死。正是因为深刻地观察有情生命之苦，佛教才认为“人生是苦”“一切皆苦”，它对“苦”的观察和论述超越了世界上任何的宗教。《大般涅槃经》曰：

> 佛言：生死之中，实有乐受，菩萨摩诃萨以苦乐性不相舍离，是故说言一切皆苦。④

佛教之苦不仅仅是生、老、病、死之苦，之上还有八苦、十苦、五十五苦……一百一十苦等，甚至还有内苦、外苦、身苦、心苦、坏苦等的类别之分。但更为关键的问题是，佛教认为一切皆空，认为个体都是“五蕴”和合而成的虚幻假有。即便生死相依，但生死本身就是虚幻不足道的，这种无常的幻灭不该被执着和追求。可以说，早期佛教以苦谛为基础，人生是苦，为了远离苦，就要断除情欲等包括本能在内的欲望。按照佛教缘起说和万有因果律理论，世界上任何事物都不可能独立存在，都必须依赖一定的因缘和合而生，因此，任何事物也就失去主宰的作用，失去了具有独立性质的实体意义。这就是“诸法无我”。“诸法无我”的“诸法”是指一切事物与存在。“我”是实体与主宰的意思。大乘佛教认为人之所以产生痛苦，根本原因就在于“我执”和“法执”，只有破除“二执”才能把“爱别离”“怨憎会”“求不得”“五蕴盛”等苦消除。佛教的思想首先是要去除人们内心对主客观世界的种种执障，使有情众生从心灵出发，使其生命个体日渐广大，这是一种自上而下的关照之法。这种共同情感形成慈悲之心，再以菩提之智慧观照此生命迷执的空性，从而能够摆脱痛苦和烦恼，达到普度众生的目的。佛教是一种自上而下的终极关怀，与其他自下而上、希冀神力等来解救个体的宗教路径是有显著不同的。

---

① 陈鼓应．庄子今注今译［M］．北京：商务印书馆．2007：199.
② 陈鼓应．庄子今注今译［M］．北京：商务印书馆．2007：209.
③ 陈鼓应．庄子今注今译［M］．北京：商务印书馆．2007：543.
④ 昙无谶，译．大般涅槃经·大正新修大藏经·第12册 No.0374：439.

早期儒、道两家对人生苦难坦然面对的态度，最终混同形成了“儒道互补”的局面。这也是在佛教传入之前，中国士大夫抵御乱世、守护精神家园的重要思想武器。中国化的佛教融入之后，更加体现了中国士人的圆融精神。随着佛教入世品格的深入，喜佛的士大夫便把佛家之利济天下、悲悯众生的情怀与儒家固有的社会责任感等同化一。儒家主张把握“有情世界”，从人们真实的情感和生活出发，以此开启人们的价值观念，如仁、义、礼、智等。传统儒家对圣贤人格的要求即是从人内心的本真出发，以此应对现实世界，即孔子所说的“己欲立而立人，己欲达而达人”①。孔子和孟子主张人们立足现实生活和情感，以此形成礼让、仁爱等价值观念。发挥内心的本真，追求真我，即可成为圣贤。儒、佛的理论出发点不同，直接导致了两家对生死苦乐和生命价值认同的差异。佛教与儒家人生观念上的冲突，直接导致了两家的矛盾冲突，也是佛教屡遭历代士大夫们诟病的主要原因。张载的《正蒙》批判佛教说：

浮屠明鬼，谓有识之死，受生循环，遂厌苦求免，可谓知鬼乎？以人生为妄见，可谓知人乎？天人一物，辄生取舍，可谓知天乎？②

张载又说：

语到实际，则以人生为幻妄，以有为为疣赘，以世界为荫浊，遂厌而不有，遗而弗存。就使得之，乃诚而恶明者也。③

张载可谓北宋时期批判佛教人生观和价值观的代表。正是由于面对如此严厉的责斥，佛教更加注重修正自己的观念，主动向儒家靠拢。

佛教关注有情生命终究是以苦痛烦恼为本质的意义追求。虽然这是佛教早期对生死苦乐和人生本质的认识，但还是成为后来佛教总体的价值观和人生观。这显然不能被儒家接受，而屡遭攻击。佛教自南北朝之后，有意识地通过翻译、解说经典和判教活动开展了对小乘佛教的批判。斥责小乘佛教的“厌世恶生”和“灰身灭智”等消极思想。至北宋时期，中国佛教已经逐渐展现出了不同于印度佛教的一个新的转向，即由企慕彼岸世界走向了对现实世界的改变，大大增强了佛教的入世品格。北宋时期的佛教显然提倡大乘菩提心，认为世间诸苦

① 杨伯峻．论语译注·雍也篇第六［M］．北京：中华书局，2006：72.
② 张载．张载集·正蒙·乾称篇第十七［M］．章锡琛，点校．北京：中华书局，1978：64.
③ 张载．张载集·正蒙·乾称篇第十七［M］．章锡琛，点校．北京：中华书局，1978：65.

与欲乐的缺陷，未必不是好事，并表现出超越苦乐、以苦为乐的境界。契嵩等佛僧的调和理论正是基于此理论而发。佛教逐渐地摒弃消极的生死观、苦乐观，取而代之的是受儒家影响的积极入世的人生观念。北宋时期的佛教已经把生死观和苦乐观结合在了一起。

佛教把每个生命都视为有性个体，都是由五蕴（色、受、想、行、识）和合而成。个体之我这个有性的生命个体，常执着于这个“我”，成为一种顽固的“我执”，这种“我执”在佛家看来只是一种虚幻不真实的假有。传统的印度佛学原理是回避，以苦谛为基础，人生是苦，为了逃避苦，就要断除情欲等包括本能在内的欲望。发展到禅宗，终于明白了人生无法回避、无法躲避这个道理。禅宗认为烦恼不是因为欲念，而是因为对于欲念的执着。禅宗提倡一切必须从心出发，就是要人们不必执着，也就是“无住”。具体而言就是无念、无相、无住。《金刚经》言：“应无所住而生其心。”① 这样就能破除烦恼，不再有痛苦了。同时，佛教教人为善、悲悯天人、慈悲为怀等精神也被儒道两家所吸收。发展到了北宋时期，这种观念早已深入士人思想之中。

三、儒佛社会伦理与入世、出世理论的融合统一

佛教对儒家思想的吸收，突出地体现在对儒家伦理道德观念，特别是儒家孝亲观的吸收和融合上。佛教传入中国以后，表现出与中土截然不同的伦理观念和道德行为：出家、剃度、不娶或绝嗣、斜披袈裟、持钵乞食、不行跪拜之礼等。隋唐之时，就出现了很多宣扬忠君孝亲等中国封建论理纲常的佛教经典。不仅如此，当时还出现了不少以孝闻名的孝僧。至宋代，智圆、契嵩等人的调和理论更是向儒家伦理大幅度靠近。他们提倡要礼拜父母和尊者，讲究忠孝。他们倡导持戒与孝行统一，孝顺与念佛统一。契嵩大讲“孝道”是成佛的根本，对儒家的君臣、父子之伦常予以肯定。他说：“今天下欲福，不若笃孝，不若修戒。”② 他还提出“孝为戒先”“戒为孝蕴”的主张。他把儒家纲常理念融合到佛教理论之中，认为儒佛二教相辅相成、异曲同工、互不可缺。

人文境界与宗教境界最大的不同点在于：孔孟儒学更多的意义在于一种精神世界的追求，并不要求一定有福报。孔子说：“道之将行也与，命也；道之将废也与，命也。”③ 孟子说：“若夫成功，则天也，君如彼何哉？强为善而已

---

① 陈秋平，译注．金刚经·心经［M］．北京：中华书局，2010：46.

② 契嵩．镡津文集·卷三·辅教篇下·孝论戒孝章第七·大正新修大藏经·第52册 NO.2115：661.

③ 杨伯峻．论语译注·宪问第十四［M］．北京：中华书局，2006：157.

矣。"① 孔孟认为精神性的追求更多关乎天、命，而不是一定与德、福的获得联系在一起。这令人文精神世界的追求更为单纯。佛教则不然，佛陀更加重视精神追求与"德""福"的一致性。佛陀认为精神性的追求便是追求"存在"，通过"德""福"最终落实到"存在"这一目的性上。这与佛教"十二因缘""轮回报应"说息息相关。

传统儒家有着积极的入世精神。以儒家为代表的中国传统文化的入世品格可以被概括为："不以人类为卑污；不以个体为渺小；不否认和脱离社会现实；不追求彼岸世界；保持乐观精神；极大地发挥主观能动性。"② 孔子以"仁"界定人，他试图建立一个以"仁"为中心的礼教社会。传统儒家主要目的是建立一个理想的政治秩序，而这一切围绕的中心和主体就是"人"。儒学关注的重点一直是人与人的关系问题。既然是人与人的关系问题，就自然离不开社会，人不能离群索居。孔子奔走各国无果后，怅然而曰："鸟兽不可与同群，吾非斯人之徒与而谁与？天下有道，丘不与易也。"③ 孔子在政治理想破灭之后，仍然体现出了强烈的入世精神。学生子贡问道："有美玉于斯，韫椟而藏诸？求善贾而沽诸？"④ 对此，孔子仍然坚定地回答："沽之哉！沽之哉！我待贾者也。"⑤ 他渴望用世的思想凸显无疑。此种精神影响了千百年来中国士大夫的人格精神，也为儒家入世精神定下了基本的格调。

隋唐之后的佛教越来越向儒家的入世的品格靠拢。慧能的禅学在一定程度上调和了儒佛之间群体与个人、入世与出世等根本对峙问题，慧能曰：

> 若欲化愚人，是须有方便，勿令彼有疑，即是菩提现。法元在世间，于世出世间，勿离世间上，外求出世间，邪见是世间，正见出世间，邪正悉打却。此但是顿教，亦名为大乘，迷来经累劫，悟则刹那间。⑥

慧能把佛教从彼岸世界带回到现实的此岸世界，调节了儒佛入世、出世的矛盾，开启了后世"人间佛教"等于世间求法的新主张。《华严经》也反复宣

① 杨伯峻. 孟子译注 · 梁惠王下 [M]. 北京：中华书局，1960：49-50.
② 李中华. 论六朝时期的三教关系与世界宗教大同理想. 中国哲学史 [J]. 2012 (3)：17.
③ 杨伯峻. 论语译注 · 微子篇第十八 [M]. 北京：中华书局，2006：194.
④ 杨伯峻. 论语译注 · 子罕篇第九 [M]. 北京：中华书局，2006：91.
⑤ 杨伯峻. 论语译注 · 子罕篇第九 [M]. 北京：中华书局，2006：91.
⑥ 慧能. 坛经校释 [M]. 郭朋，校释. 北京：中华书局，1983：72.

扬："佛法不异世间法，世间法不异佛法。佛法世间法，无有杂乱，亦无差别。"① 慧能的"担水砍柴，着衣吃饭，屙屎屙尿，无非妙道"说也被视为对儒家"极高明而道中庸"的演绎。可见，慧能已将佛教出世的思想与儒家入世的思想完全融合于一体。

北宋时期的士大夫们受这种圆融精神的影响，继承和发扬传统儒家仁义礼智精神和大乘菩萨道利他无我精神，更加积极勇敢地面对生存问题与烦恼，证悟生命的真谛。爱国僧人大慧宗杲（1089—1163）周围聚集了大批居士士大夫。他们以积极入世的精神参禅悟道，以"看话禅"的学禅模式，提倡在火宅中打得彻了，不须求出家。北宋士人们也多持"治生产业，皆顺正理与实相不相违背。但只依本分随其所证"② 的思想。所以，北宋士大夫多把出世与入世的关系处理得较好。他们随遇而安，圆融适意。他们既不会像魏晋的士人一样完全任自然而弃名教，呈现出一派萧瑟隐逸之态；也不会如屈原一样，以终结生命来告慰破灭的政治理想，显现出哀嚎悲切之感。周敦颐《书堂》诗表现出了周敦颐出世、入世的圆融之心理：

> 庐山我久爱，买田山之阴。田间有流水，清泚出山心。山心无尘土，白石磷磷沉。……数十黄卷轴，贤圣谈无音。窗前即畴囿，囿外桑麻林，千蔬可卒岁，绢布足衣衾。饱暖大富贵，康宁无价金。吾乐盖易足，名溪朝暮侵。元子与周子，相邀风月寻。③

范仲淹被贬谪之后，"不以物喜，不以己悲"的人格力量诏示了他忧乐圆融的精神风貌。苏轼晚年好佛与不忘儒者之本色，也是北宋士大夫很好地调和出世与入世矛盾的例证。

禅是以心住一境、观心静虑为特征的一种修炼行为。禅宗以心外无佛为宗旨，比别的宗派更加注重调整心态，讲求如何了生死，如何解脱。方立天在《中国佛教哲学要义》一书中论述禅宗理论的主要旨趣时说：

> 向往自由与自然同样具有永恒性、无限性，向往与自然同一，是人的最深沉、最强烈的内在愿望之一。……禅宗强调要自识本心，自

---

① 宗杲．大慧普觉禅师语录·卷二十七·大正新修大藏经·第 47 册 No. 1998A：926.
② 朱时恩．居士分灯录·卷二十三·大慧禅师真如道人书·卍新纂续藏经·第 86 册 No. 1607：575.
③ 周敦颐．元公周先生濂溪集·卷六·书堂［M］．长沙：岳麓书社，2006：109.

见本性，实现自我超越，解脱烦恼、痛苦和生死，成就为佛，即在有限、短暂、相对的现实中实现无限永恒、绝对。①

总而言之，儒、佛会通的人生论更加适合社会和士大夫们的需要，在儒、佛会通思想的影响下，宋代的士大夫更加具有圆融精神。士大夫们的思想中不再有两方面的顾虑和分歧，而是殊途同归的成圣为佛之道。这更加有利于士人追求高尚人格，且不妨碍其积极入世，从而影响了北宋士风的转变。

第四节 北宋士大夫佛学与士风转变之关联

东汉时期经学内部已经出现恶烦、羞学的趋势。《文心雕龙·论说》载，东汉时“通人恶烦，羞学章句”②。东汉灭亡后，魏晋玄学取代了儒学的烦琐章句之学。此后很长一段时间内，儒学都显得软弱无力。儒家学者墨守汉儒注疏的旧俗，不图发展，连孔安国、郑康成这样的经学家都不敢有所非议。这种局面给当时的士人带来了精神上的压抑，形成了心理上的苦闷之感。加之唐末、五代，武人当道，政权更迭混乱，士人更是不无信无义难以生存。正是在这种环境下，已经成熟的中国化佛教，以其心性学说、止观修行方法等，成功地吸引了大批士大夫学者、文人，填补了其精神世界的需求和空白。

朱汉民《玄学与理学学术思想理学研究》一书认为：“宋代士大夫所推崇的‘圣贤气象’不仅具有东汉‘名士节义’及儒家传统的兼济天下、崇尚名节的社会道德内涵，同时还有魏晋‘风流名士’以及老庄道家所追求的洒脱自得、闲适安逸的个体人格以及精神超越，这是值得深入思考和探讨的。”③ 朱先生是从玄学与理学之内在关联和理路的继承方面来思考和探讨这一问题的。笔者认为，北宋士大夫心忧天下、尚忠义的道德准则，安适自得、擅寻孔颜乐处的人格精神，不仅仅来自玄学、老庄的精神因素，唐至宋有更大影响力佛禅精神乃是不可回避的重要源头。正是由于有思想和心灵的需求，佛禅才乘的势而起、“乘虚而入”。

北宋王朝建立后，佛教得以恢复和发展，士大夫们深受其影响，表现为：受佛教悟入本体之理性的影响，士大夫们关注的问题核心有所转变，他们不仅

① 方立天．中国佛教哲学要义［M］．北京：中国人民大学出版社，2005：365.
② 范文澜．文心雕龙注·论说［M］．北京：人民文学出版社，1958，328.
③ 朱汉民．玄学与理学的学术思想理路研究［M］．北京：中国社会科学出版社，2012：15.

仅关注名教的“事功”问题，更关注成人之道，即如何提升人的精神境界问题。佛学在这方面显然更加在行，尤其是佛教佛性论的内在超越性对理想人格的敦促作用。宋代士大夫风气的一个显著特点就是尚志节、重操守，力图成就一种光明俊伟之人格。[①] 宋代士人“圣贤气象”的理想人格与已经中国化、儒学化了的佛教理想人格也有着诸多契合之处。

一、佛禅悟入本体的思维模式对士大夫理性精神的敦促

中国的统治者历来只重视教化之功效和实用性，不需要高深的理论，所以中国思想界对人性本体层面的理性探讨就显得太过于缺乏。儒家哲学多重视道德实践，而忽略理性思辨。在没有受到佛教的刺激之前，儒家没有动力向更深层的心性理论推进。无论是《孟子》的“尽心知性知天”[②]，《中庸》的“天命之谓性，率性之谓道，修道之谓教”[③]；还是两汉以降，董仲舒的“性三品”说、扬雄的“性善恶混”说，都缺乏像佛教一样的宗教信仰力量。佛教“乘虚而入”，抓住了关键点。佛教以心性论作为伦理自觉的本原，对儒家的心性学说继续深入推进，令自身与中国传统思想文化成功对接。吕澂先生说：

> 在中国佛学里有关心性的基本思想可说是极其重要的一部分，有时还算是中心的部分。佛教思想通过中国佛学来影响于别家学说，也常以这部分为其重点。[④]

佛教孜孜不倦地对世界本原、人类终极存在进行探索，刺激了儒家士大夫们的思考。所以宋代思想的发展，无论是佛学还是新儒学，都呈现出一种基本的趋向——理性化。宋代的士大夫探讨思想，围绕的是如何维护国家稳定这一核心课题。他们欲用圣人的经典思想治理国家，使政治统治与“道”结合起来。这是社会的需要，也是理学经过反复斗争，最终得到社会认可，获得正统地位的根本原因。北宋士大夫学者们多涉禅，他们出入佛老之后，看清楚了传统儒家该发扬的方面，就如近代诸多学者学贯中西之后确立“中学为体，西学为用”的思想一样，宋代士大夫剔除佛家之“糟粕”之后，利用其精髓来弥补儒家之不足。他们思索人之本性，建构新的儒家哲学体系，来维护社会的稳定。

---

① 朱汉民．中国思想学说史．宋元卷（下）［M］．桂林：广西师范大学出版社，2013：51.
② 杨伯峻．孟子译注·尽心上［M］．北京：中华书局，1960：301.
③ 朱熹．四书章句集注·中庸［M］．北京：中华书局，1983：17.
④ 吕澂．吕澂佛学论著选集［M］．济南：齐鲁书社，1991：1442.

佛学发展到北宋一代，更加注重发明本心、知吾道而自足的心性本体化思考。同佛教的回归本体思想相比，早前仅仅停留在“事功”层面的儒家哲学显然过于“表浅”。后来发生、成熟了的理学思想，才把天道与人道功利思想成功打通。士大夫学者们多以理性为从，其治学多注重哲理性和实用性。这无疑是佛禅思想悟入本体，导致理性化方向的一大发展。两宋禅学与理学有着密切的关系，士大夫们参禅学佛也是宋代禅学的一大特点。在理性思维的主导下，佛禅与儒道融合思潮进一步扩展，三家兼容并蓄的趋向催生了新儒学，即探究人的道德境界的“心性义理”之学，这不能不说是北宋士大夫理性精神的体现。

宋儒讲的“天理”，不同于儒家之前说的带有人伦道德色彩的“天命”“天道”。在相当程度上，宋代士大夫讲的“天理”是“心性”“道心”的另一种称法罢了。“宋儒之学”虽然主要是一种政治、伦理学说，但它依据的哲学基础，已经不是“天”与“人”的合一，而是“天”与“人”不二的同一。这便是本体论的思维模式。这一点无疑是佛禅悟入本体模式敦促的结果。魏晋时期，王弼、何晏在本体论方面已经有所涉及，但还只是雏形。张载则认为“太虚无形，气之本体”①。他的“天地之性”显然已经是本体意义上的讨论，二程的“体用一源，显微无间”② 说，还有后来陆象山的“宇宙便是吾心，吾心便是宇宙”③说，都是一种本体论的思维模式，或者说是以本体论为依托的政治哲学、伦理哲学。他们的哲学名词“天道”“人道”“天理”等，都是从本体论角度立论的。

在具体工夫方面上，宋儒关注人们该如何“修养”以合于“天道”的问题。他们认为“人道”不是“天道”派生出来的，而是从本体论角度来论证的。程朱一系的“理”和陆王一系的“心”，都是作为本体被讨论的，它与“理”“心性”的名字虽然不同，但是实质是相同的，都是世界万物乃至人伦道德的本体，与佛教的“佛性”“心性”是没有太大区别的。佛教在印度传播时讲“实相”“法界”“真如”。佛教开始在中国传播后，为了融入中国文化，使其难懂的“本体”更好地被接纳，就以中国传统的“人性”“心性”理论来讲佛性。这个“人性”“心性”既不同于印度佛教之原意，也不是中国传统的“人性”和“心性”，而是一种本体化了的“人性”和“心性”。④ 宋代士大夫

---

① 张载．张载集·正蒙·太和篇第一［M］．章锡琛，点校．北京：中华书局，1978：8.

② 程颢，程颐．二程集·河南程氏文集·卷八·易传序［M］．王孝鱼，点校．北京：中华书局，1981：582.

③ 陆九渊．陆九渊集·卷二十二·杂著·杂说［M］．北京：中华书局，1980，273.

④ 参阅赖永海．佛学与儒学［M］．杭州：浙江人民出版社，1992：23-28.

学者把道德理性凌驾于自然界之上，除了创造气学体系的张载一派外，这些新儒家学者们均把道德理性提升为宇宙本体，而不仅仅是自然界的一部分。

北宋士大夫对佛学的援引和吸收，克服了传统儒学先天哲理性的缺漏和思辨不足的状貌。佛学以不同的形式和内容，向儒学注入了理性思辨的新鲜血液。周敦颐“援佛入儒”，初步打通了天道与人道，建立了宇宙本体理论；二程援引佛学的理论构架、论证方式，融合《六经》，建立儒学政治伦理本体论体系——天理论，维系了儒家宗法社会的政治伦理体系，进一步提高了儒学的哲理性、思辨性。二程、朱熹、张载等大儒都注重对人心的体察，才得出了“存天理、灭人欲”“尽性寡欲”“克己复礼”等思想。二程认为人的欲望是贪得无厌的，但外界的物质享受又是有限制的，人生不该成为欲望的俘虏。人欲不仅蒙蔽窒息了天理，而且成为尽性的障碍，所以人生在世必须克制自己的欲望。张载认为圣人之所以可以尽性，是因为圣人没有被局限在所见所闻的狭小天地里，圣人的心没有受到见闻的影响。圣人把天地万物皆看作我，只有将人“心”的思维扩展到无限的“天心”一样大，才能直接体察天下万事万物。

北宋几代士大夫群体的治学理路都反映了这种理性的需要。范仲淹据《周易》发议论，追溯道理之根源，使思维更加严密。其《奏上时务书》引《周易》的“穷则变，变则通，通则久”的道理，为其后来主持的改革奠定了认识上的基础。周敦颐的《太极图说》和《通书》，虽是以《周易》为基础，但其探讨道理之所出皆是一种理性的思辨过程。程颢也自云：“夜观事物相待之理，发现一切事物无不在相待之中，于是‘不觉手之舞之，足之蹈之’。”①

总而言之，佛禅悟入本体的理性精神，促使北宋的士大夫治学之风发生了极大的转变。宋儒大量疑古惑经的反省之作，无不反映了他们受佛禅思潮影响寻求本体之所以然变化的精神。他们得出的结论就是唯有抛弃汉唐之经学，回归至自家已有的心性学说，复归真正的孔孟精神，才能振兴没落的儒学。这个新的治学路径使士林风气悄然发生了变化。

二、佛性的内在超越对士大夫主体自觉实践精神的催发

以黑格尔为代表的西方哲学家曾极力批判中国传统儒家哲学欠缺一种超越性。黑格尔认为中国文化中的“天”脱离不了现实世界，因此欠缺一种支撑理想的超越性，中国文化也欠缺一种超越精神。孔子也只是一位善于说教道德的

① 程颢，程颐．二程集·河南程氏遗书·卷十一［M］．王孝鱼，点校．北京：中华书局，1981：270.

实践型的哲学家。[①] 以唐君毅、牟宗三、张君劢、徐复观为代表的当代新儒家学者对此予以回击。[②] 他们认为中华民族并不只重视现实的伦理道德，也不缺乏宗教性的超越感情，中华民族重伦理道德与宗教性的超越感情是合一不可分的，是同源于一本之文化。他们提出了“内在超越性”的概念，认为宗教的超越精神并不排斥它的内在人伦道德性，也就是说中华传统哲学的内在性与超越性是相统一的。继此，唐君毅《中国文化之精神价值》一书就论证了中国宗教精神“既超越又内在”的特性。[③] 牟宗三则认为，儒家天道之“天”同时具有“超越性”与“内在性”，既有宗教又有道德意味。[④] 杜维明也认为“既超越又内在”是儒家精神的特色。[⑤] 佛教哲学作为中国哲学不可缺少的一部分，在其中亦扮演了重要的角色。汤一介认为，禅宗之所以在其他佛教宗派相继衰落之时日渐广大，主要是因为禅宗倡导人成佛达到超越境界完全在于内在本心的作用。中国禅宗之所以是中国的思想特色而区别于印度佛教，正因为它与中国的儒家和道家哲学一样也是以“内在超越”为特征的。它之所以深深影响宋明理学（特别是陆王心学），正在于其思想的“内在超越性”。[⑥]

从“拈花微笑”的公案，到教外别传、不立文字，甚至完全抛弃佛教经典、呵佛骂祖，禅宗使“一念觉，即佛；一念迷，即众生”成为内在超越的方便法门。儒道两家也都一定程度上追求内在超越性。儒家以“成圣”为目标，追求的是道德上的理想人格；道家则是以“成仙”为目标，追求的是精神上的绝对自由；但至佛教禅宗，已经完成了自身的转变，由“外在超越”为特征的宗教转变成了以“内在超越”为特征的非宗教的宗教。此时的禅宗也不再把现实世界与天堂、地狱对立起来讨论，而是展现出了“世间法即是佛法，佛法即是世间法”的世俗精神。禅宗把现实中的世人引向了超越现实的目的。这种对佛性的内在自觉性，打破了中国固有的传统，根本不需要外在的超越力量，体现了佛教本身源于生命存在的开放性和超越性的精神根源。

隋唐以后，完全中国化了的佛学，尤其是禅宗的佛性论内容，为中国固有之儒道超越精神添加了浓墨重彩的一笔。禅宗更好地将内在性与超越性统一，强化了士大夫的自觉实践精神。宋儒所开辟的疑经和复归孔孟精神的新路径，

---

① 黑格尔．哲学史演讲录［M］．北京：商务印书馆，1983：119.

② 1958年，四人合作发表《为中国文化敬告世界人士宣言》一文，此宣言后收入唐君毅先生的《中华人文与当今世界》一书。

③ 唐君毅．中国文化之精神价值［M］．台北：正中书局，1974：338.

④ 牟宗三．中国哲学的特质［M］．台北：学生书局，1974：26.

⑤ 杜维明．儒学第三期发展的前景问题［M］．北京：生活·读书·新知三联书店，2013：180.

⑥ 汤一介．论禅宗思想中的内在性与超越性问题四［J］．北京社会科学，1990（4）：115.

对士大夫们最大的要求就是以自己的主观体验来感知和把握正统之儒家精神。士大夫们需要依靠主体的自觉回到儒家原典中，寻找大义，以己意来解经。如范仲淹的《易义》、孙复的《春秋尊王发微》、王安石的《三经新义》、苏轼的《东坡易传》、二程的《经说》、朱熹的《四书章句集注》等作品，都是从作者的主观体验出发，重新解读儒家经典的代表。主体自觉精神指导下新的治学方法，既导致了儒学从训诂之学向性理之学的转向，也带动了宋代士林风气的转变。士人皆重视主观自觉的实践，大胆陈词，对汉唐注疏产生不满，甚至怀疑儒经本身。以致宋神宗熙宁年间，汉唐经学已经被视为“土苴”，整个士林都弥漫着痛斥“腐儒”和疑经的声浪。此时的学风已经随之发生了变化。至王安石变法时，“变声律为议论，变墨义为大义”① 的新贡举制度，更是使“经义”之学代替了注疏记诵之学，成为科场的导向标。王安石主持注释的《诗》《书》《周礼》，即《三经新义》，成为官方考试的范本，之后的士人皆趋向义理之学。

中国传统儒家哲学多重视外在的实践，如明体达用之学、经世致用之学等。这种外在的物质性实践，其原初必然是以内在的精神为依据。清代学者李二曲说：“穷理致知，反之于内，则识心悟性；实修实证，达之于外，则开物成务，康济群生。夫是之为明体适用。”② 显然，外在的“明体适用”“康济群生”以内在的“识心悟性”为依据。儒家士人历来推崇“尚志节”。孟子在回答王子垫“士何事”的提问时，回答说：“尚志。”③《论语·泰伯》：“士不可以不弘毅，任重而道远。仁以为己任，不亦重乎？死而后已，不亦远乎？”④ 儒家有“无求生以害仁，有杀身以成仁”的理想，只有做到这一点，才算是“志士仁人”。这是所谓“君子人格”“文人操守”的极致，是所谓人的主体性、人的能动作用的最高体现。⑤ “尚志”等道德目标的实现必须依赖于个人的自心和自觉。孔子说：“为仁由己，而由人乎哉！”⑥ “仁远乎哉？我欲仁，斯仁至矣。”⑦ 由此可见，人的主体性和能动性在人的实践过程中具有主导性作用。那么，佛性的内在超越性何尝不是主体自觉性的表现和证明，甚至更为突出。

佛禅实现涅槃的过程是一种内在的精神救赎，主要是以依靠个人的心力和悟性为主，佛性则是其解脱超升的前提和阶梯。华严宗的一真法界就是意在阐

① 马端临．文献通考·卷三十一·选举四［M］．北京：中华书局，1986：293.
② 李颙．二曲集·卷十四·周至答问四［M］．陈俊明，点校．北京：中华书局，1996：119.
③ 杨伯峻．孟子译注·尽心上［M］．北京：中华书局，1960：315.
④ 杨伯峻．论语译注·泰伯篇第八［M］．北京：中华书局，2006：80.
⑤ 参阅惠吉兴．中国哲学精神［M］．广州：广东人民出版社，2007：164.
⑥ 杨伯峻．论语译注·颜渊第十二［M］．北京：中华书局，2006：123.
⑦ 杨伯峻．论语译注·述而第七［M］．北京：中华书局，2006：74.

明人人内具圣德，足以自发佛性，顿悟圆成，自在无碍。人性同佛性，是圆满具足的。这就是法界圆满，一往平等，成就平等性智。① 元宗宝本《坛经》中“佛性”一词多次出现。《坛经》云：“万法尽在自心，何不从自心中，顿见真如本性！”② 慧能于五祖弘忍处得法时所作偈云：“菩提本无树，明镜亦非台，佛性常清净，何处有尘埃。”③ 六祖慧能还说：“佛是自性作，莫向身外求。自性迷，佛即是众生；自性悟，众生即是佛。”④ 慧能在答韦使君问时又云：“功德在法身，非在福田；自法性是功德，平直是德。内见佛性，外行恭敬。”⑤ 可见，慧能认为“佛性”即“自性”，也就是人的本性。“自性悟，众生即是佛”也就是“识心见性”“见性成佛”，这十分明晰地体现了禅宗“自性常清净”就是使其内在本性显现为超越的佛性，这一切皆是向内心寻求，是自性、自悟的超越。

宋代士大夫的圣贤气象和天地境界与他们受到佛教主体性的影响不无关联。自理学先驱范仲淹、开山祖周敦颐始，中国哲学系统逐渐确立了人的“主体性”观念。周敦颐《通书》的主旨思想就是把《易传》外在的宇宙元素完全变成内在心灵的演变，在心性修养上大量吸收佛、道，向内发展开去。周敦颐强调主体之“思”也是这种意向的表现。《通书·思第九》曰：

> 《洪范》曰：“思曰睿，睿作圣。”无思，本也；思通，用也。……不思则不能通微；不睿，则不能无不通。是则无不通生于通微，通微生于思。故思者，圣功之本，而吉凶之机也。《易》曰：“君子见几而作，不俟终日。”又曰：“知几其神乎！”⑥

周敦颐“思则通”是典型的主体性思维的表现。周敦颐还提出了“善恶之几”的问题：“动而未形、有无之间者，几也。”⑦ 他认为“动至未形，有无之间”之“几”是后天之“恶”产生的根源，与外物相接触的“几”会变成各种欲望，使本来“善”的人性发生“恶”的变化。普通人就会变为“恶”的俘虏。而圣人则“诚无为，几善恶。德：爱曰仁，宜曰义，理曰礼，通曰智，守

① 参阅方东美．中国大乘佛学［M］．台北：黎明文化事业股份有限公司，1984：311.
② 慧能．坛经校释［M］．郭朋，校释．北京：中华书局，1983：58.
③ 慧能．坛经校释［M］．郭朋，校释．北京：中华书局，1983：16.
④ 慧能．坛经校释［M］．郭朋，校释．北京：中华书局，1983：66.
⑤ 慧能．坛经校释［M］．郭朋，校释．北京：中华书局，1983：64-65.
⑥ 周敦颐．元公周先生濂溪集·卷四·通书［M］．长沙：岳麓书社，2006：59.
⑦ 周敦颐．元公周先生濂溪集·卷四·通书［M］．长沙：岳麓书社，2006：57.

为信。性焉安焉之谓圣。复焉执焉之谓贤，发微不可见，充周不可穷之谓神"①。周敦颐认为人性是有善有恶的，周敦颐关注此问题的实质也是重视人的主体性的表现。后来二程也继续讨论这些问题。到了朱子那里，更是讲心知天地、载万物，更加强调心的主体性。

三、佛教理想人格对士大夫精神境界的提升

冯友兰在《新原人》中，论述人的境界形成因素时说："人对于宇宙人生的觉解的程度，可有不同。因此，宇宙人生对于人的意义亦有不同。"② 他把人的境界分为："自然境界""功利境界""道德境界""天地境界"四重。③ 其中道德境界和天地境界分别侧重于指涉儒家和道家追求，两者都不以宗教信仰作依归，纯属人的生命存在和心灵精神的追求。唐君毅将人的境界划分为九境：客观境——万物散殊境体、依类化成境相、功能序运境用；主观境——感觉互摄境体、观照凌虚境相、道德实践境用；超主客观境——归向一神境体、我法二空境相、天德流行境用。此九境可涵盖一切人类文化知识和活动以及中、印、西哲学系统。显然，学者们心中的理想人格都指向"道德"和"天德"的境界。

佛教认为人的生命是线性流变的一个无边界的过程，人则是承担生命流转的主体。佛教把处于涅槃这至高圣境之前人的生命个体所处之境，分为欲界、色界、无色界。这三界没有摆脱生死轮回的流转，唯有进入涅槃的圣境，才是佛的境界，也是宗教信仰的境界。佛教的人格境界，在表浅层次上指向的是自利利他的理想价值诉求，高层次的理想则是对生命的终极关怀。"成佛"是一种个体自身智慧和德性都完满的终极性人格实现，而不断地向圆满人格努力的过程即是修行。修行就是要使充满了"无明""烦恼"的人身，不断地消除迷障。大乘有宗认为人人都具真如佛性，佛性在凡不减，在圣不增。佛教修持的目的就是自我塑造最为圆满的理想人格，也就是对本有佛性的自觉。从无明到老死而流转生死，从老死反观十二因缘到无明而还灭寂静。佛教即是通过不间断破除烦恼无明而实现人格的圆满。

佛教认为个人先天的"个业"和社会后天环境的"共业"是形成不同人格的重要因素。其中，无我之智慧和离一切相之清净心是形成理想人格的主导。

---

① 周敦颐．元公周先生濂溪集·卷四·通书［M］．长沙：岳麓书社，2006：56-57.
② 冯友兰．三松堂全集·第四卷·新原人［M］．郑州：河南人民出版社，2001：496.
③ 冯友兰．三松堂全集·第四卷·新原人［M］．郑州：河南人民出版社，2001：496.

“我执”的深浅和有无的智慧是人格高洁与低劣的关键。对一己之私越重视，人格则显得越低下，其境界也就越狭隘。对我越不执着，则人格就越高洁，境界也越广大。理想人格的塑造过程就是去除“我执”，使之由有至无的修行过程。佛教理想人格之所以可能被塑造，其理论的出发点是对个体先验自明的本体认识和肯定。

以如来藏思想为核心的禅宗，十分强调自性、自心、自本心的心性本体的价值意义。《坛经》中说：

> 自性迷，即是众生；自性觉，即是佛。慈悲即是观音，喜舍名为势至，能净即释迦，平真是弥陀，人我是须弥，邪心是大海，烦恼是波浪，毒心是恶龙，尘劳是鱼鳖，虚妄即是鬼神。①

一念即天堂，一念即地狱，一念悟即佛。天台宗的“一念三千”思想的主要旨义也是如此。佛禅转识成智、转迷成悟，顿悟成佛的思想被广大的士大夫们所接受。“人人皆可成佛”的思想也被宋明理学家们高扬为“人皆可为尧舜”。此种理想人格精神的建设路径为士大夫们提升自身的人格精神提供了形上的依据。在佛教东来之前，中土士大夫人格精神来源无外乎以上儒家之说法以及道家思想。隋唐时期，后来的佛教反而居上，取两家之长又高于两家，禅宗就是最好的例子。《坛经》的形成及流传正是因为它既有浓厚的老庄思想，又汲取儒家学说，适应了士大夫们的口味。尤其是在礼崩乐坏的乱世，士大夫更加倾心于禅宗，成为其追求的价值取向，更加显示了佛教旺盛的生机。这其中确实是有复杂而深刻的原因的。

至北宋，再兴的佛教禅宗把向上、向下的佛教精神再次有机结合起来，对当时士人处理个人解脱与现实社会的关系起到了积极的作用。佛学的基本精神就在于提升人的生命境界，引导人格的不断超越与完善。佛禅的心性理论和佛教的理想人格已经为士大夫人格超升准备了一切必要的条件。《坛经·般若品》曰：

> “摩诃”者，是“大”。心量广大，犹如虚空，若空心坐，即落无记空。②

---

① 慧能．坛经校释［M］．郭朋，校释．北京：中华书局，1983：66.

② 慧能．坛经校释［M］．郭朋，校释．北京：中华书局，1983：49.

> 迷人口念；智者心行，当念时有妄，有妄即非真有；念念若行，是名真有，悟此法者，悟般若法，修般若行；不修即凡；一念修行，法身等佛。①

慧能提出了“无念为宗，无相为体，无住为本”的修行义理。《坛经》云：

> 我此法门，从上以来，顿渐皆立无念为宗，无相为体，无住为本。何名无相？无相者，于相而离相；无念者，于念而不念；无住者，为人本性，念念不住，前念、今念、后念，念念相续，无有断绝；若一念断绝，法身即离色身。念念时中，于一切法上无住，一念若住，念念即住，名系缚；于一切上，念念不住，即无缚也。此是以无住为本。②

“无念”之“念”不是指一切“念”，而是指依境而起的种种“妄念”，这种“念”会使人被束缚，使人不自在。如果“于诸境上心不染”，则可见清净本心；“无相”就是离相，就是不要执着于一切现象，“离相”才能使常净之自性得以彰显。坛经说：“但能离相，性体清净，是以无相为体。”③ 所谓“无住”，就是心不能被束缚住，不能使心念停留于某一物上，似雁过不留痕迹一样，对一些事物都念念不住，是为“无住”。“无相”“无住”“无念”意思都是说不停留于外相，而寻自性之本原。

慧能及其门下一系“直指本心”，把真心与妄心统一起来的心性观点，对士大夫主体自觉实践精神起到了积极的催化作用。可以说佛性论已经为人的主体自觉实践奠定了理论基础。同时，也对北宋士大夫们在现实活动中提升心灵境界起到了积极的作用。人们不再刻意标榜心性道德修持的榜样作用，而只是向内寻自心。这令儒家士大夫更加注重心灵洒脱自得、寻孔颜乐处、闲适安乐的一面。

以上所述是从向上的精神层面上而论，那么向下落实到具体的实践层面，对现实世界的改变方面，佛教也以其智慧让世人体会其“妙有”。审视中国传统文化精神，中国人所展现的生生不息的生命精神也与佛教有着关联。北宋士大夫所展现出来的越是有危机，越是充满忧患意识和拯救意识，正是拯救众生的

---

① 慧能．坛经校释［M］．郭朋，校释．北京：中华书局，1983：51.
② 慧能．坛经校释［M］．郭朋，校释．北京：中华书局，1983：32.
③ 慧能．坛经校释［M］．郭朋，校释．北京：中华书局，1983：32.

慈悲之心的作用，是中国人伟大的生命精神。佛教是一个非常具有担当意识的宗教。菩萨以其普度众生的悲心宏愿，深入人间，拯救世人。北宋士大夫先忧后乐、敢于担当的精神与大乘菩萨道度他人的精神是完全一致的。北宋士大夫竭尽所能地对待挫折，而不是退缩和逃跑，在痛苦与苦难中仍苦苦找寻改善的方法，而达到自己精神上的极乐世界。

北宋王朝虽然终结了唐末五代的纷繁战乱的黑暗时期，但大一统局面下的官场争斗却没有停息。中国古代的士大夫历来崇尚与世无争、清新脱俗的精神境界，当他们怀才不遇或遭贬谪迫害时，往往会选择向佛老思想寻求内心的平衡。范仲淹、欧阳修、苏轼、王安石、黄庭坚等大都有官场受挫、仕途失意的经历，故对人生如梦、朝夕异世之感都有过体悟。所以他们参禅问道、与佛僧往来就不足为奇了。苏轼屡遭贬谪后，十分喜欢读《维摩诘经》，对维摩诘居士的高洁人格以及圆融的人生态度非常推崇。苏轼之所以能在颠沛流离的贬谪生活中，发出“此心安处是吾乡”的感叹，这与他推崇维摩诘居士的人格精神有着一定的关系。王安石变法失败，退居金陵时期为《维摩诘经》作注，发出了“身如泡沫亦如风，刀割香涂共一空；宴坐世间观此理，维摩虽病有神通”[①] 的感叹，大有看破世间，视维摩诘为理想人格之势。黄庭坚谪居黔南时，“制酒绝欲，读《大藏经》凡三年，利衰毁誉，称讥苦乐”[②]。他们参禅学佛，即可以暂时抚慰心灵的创伤，也可以提升个人的精神境界。

禅宗历来主张“即心即佛”，当下顿超觉地。禅宗的修行方法极为简便，不必终日枯坐、苦行持戒，一旦悟明心地，即与佛等齐。这般的内在超越着实吸引了名教中遇困，或是仕途失意、喜好隐逸的士大夫们。他们可以借助逃禅来治疗自身的心病，忘却仕途沉浮之苦闷，以万法放下面壁谈禅，平衡受伤的心灵，体味“云生户外诸天近，月挂松梢万象低”的静谧美景，享受“公拈活句翻公案，旋煮新泉浣俗情”的方外生活。既然尘世烦扰我心，不能实现理想抱负，不如从心灵上寻找通途，以圆融无碍的内在超越方式让自己快乐起来。正因如此，禅宗几乎成了中国士大夫们安身立命的精神支柱，在士大夫们的精神世界里起到了非常重要的作用。发展到宋代的禅宗，其理想人格与境界已与士大夫所追求的生活理想十分合拍。他们不能完全脱离世俗精神的羁绊，心中仍有儒家的理念，但又都时时向往心灵的自由和高雅空灵的乐境。禅宗“担水砍柴，无非妙道”“触类是道”等简便的修行理念正好适应了士大夫在家习禅入定

① 王安石．临川先生文集·卷三十四·读《维摩经》有感［M］．上海：中华书局上海编辑所，1959：375.

② 志磐撰．佛祖统记·卷四六·大正新修大藏经·第49册 No. 2035：418.

的需求。他们通过参禅，把佛禅的意境引入日用生活当中，抒发自心对人生无常等世事的感受。苏轼诗曰："我生本是便江海，忍耻未去犹彷徨。无言赠君有长叹，美哉河水空洋洋。"① 他的诗作和人格中多有禅之自然、幽远、脱俗的意境，似乎已经把个体与宇宙万物融为一体，这显然是受到佛教理想人格和精神境界的影响。

范仲淹、欧阳修、王安石等儒家士大夫的政治理念是力图在天地之间梳理一个理，并以此为准则继承和挖掘中断已久的孔孟之道。他们提倡以此来匡正民风，重振士人风气。北宋士大夫的担当精神与大乘菩萨道深入人间、拯救世人的精神是一致的。佛教"无执于我"之智慧对士人破除我执、塑造圆满的理想人格起到了积极的作用，提升了北宋士大夫的精神境界。

小 结

宋代君主对佛教采取的基本上是扶持和利用的政策，把佛、道视为维持国家稳定的工具。佛学思想的演进与变化，尤其是宋代禅宗的兴盛，与北宋士大夫精神气象的转变有着诸多关联。儒佛两家关于生死苦乐、生命价值观念的融合，使宋代士大夫们更加关注今世的福报和担当，注重今世生命之价值，而不再关注身后之事。北宋士大夫对人的生死苦乐、生命价值的思考都达到了前所未有的高度。北宋士大夫对个人操守、志节格外关注，在为学工夫上也以修身养性、以理统情、节制欲望等为必由的途径。佛禅思想弥补了儒学在个体安顿、哲学思辨、身心修养方面的不足，对宋代士大夫的理性精神、主体自觉精神和人格境界的提升都起到了一定的促进作用。在学理方面，受佛学悟入本体思维方式的影响，理学家们将传统儒家的道德和人性置于天道的根源之下，使北宋士人的道德实践有了形上的依据，也为后来的士人提供了一个超越性的精神世界。

① 苏轼．苏轼诗集·卷六·送吕希道知和州［M］．孔凡礼，点校．北京：中华书局，1982：248.

第四章

北宋士大夫“儒佛交融”的精神理路

北宋之际，佛教的“圆融精神”已经超越佛教范围，被士大夫们广泛地运用于世俗生活、学术研究、社会问题处理等方面。北宋士人“圣贤气象”的内涵是尚志节之外王与光明俊伟人格之内圣的完美统一。佛学的“圆融精神”在其统一性的外援作用上有着不可或缺的作用。宋代士大夫对佛学基本上奉行的是拿来用之的开放态度，其宗旨是“儒学为体，佛学为用”。即便他们追崇佛家之意境，其内心仍是坚定、至诚的儒者。北宋士大夫们在“儒佛交融”的时代思潮背景下，重新整合儒学的内部结构，摒弃汉唐儒学之粗陋晦涩，在儒、佛、道三家思想高度融合的基础上，大刀阔斧，入室操戈，把佛、道学说中有关宇宙论、心性论的思辨内容填补到新儒学中，使儒学变成一种以封建伦理作为宇宙万物本原的本体论哲学。此后，理学一发不可收拾，终成为宋、元、明时期的学术主流。

第一节　北宋士大夫的“圆融精神”

一、“圆融精神”的来源

“圆融”一词，是中国佛教学者创造的，找不到与之对应的梵、巴原语。中国佛学的“圆融精神”是在佛教传入之时，在对不同经典、各家学说的会通、融汇过程中形成的。“圆融”继承了中国传统文化的融摄精神。“圆”，《说文》里解释为“圜全也”，圜就是“天体也”，也就是像天一样完全。“圆”，有圆满自足的含义，强调整体的自足、自洽。“融”字早见于《左传》。《辞源》解释：“圆融，佛教语。破除偏执，圆满融通。”含有：明亮、溶化、流通长远、和谐等义。《佛光大词典》的释义为：“圆融，谓圆满融通，无所障碍。即各事各物皆能保持其原有立场，圆满无缺，而又为完整一体，且能交互融摄，毫无矛盾、冲突。”总结来看，“圆融”就是圆满融通、不偏执、消融一切矛盾、和谐和解的意思。

“圆融”是天台宗、华严宗、禅宗等中国化佛学思想的重要内容。霍韬晦先生认为，绝对与圆融，乃中国佛学的特质，中国佛教的整个方向都是向圆融之路而趋。① 在佛学中，圆融就是包纳、含摄、融通一切隔离的，是隔离与圆融不二、超越一切分别之意，即消除矛盾与隔碍之义。

至唐代，“圆融”一词在佛教内已经运用了两百年以上，慧思、智顗等都频繁地使用“圆融”一词。天台宗基于《法华经》所说之实相一理，立圆融三谛、圆融三观等教义。智顗的《摩诃止观》《法华玄义》多次出现“法界圆融”“圆融三谛”。智顗统合南义北禅，强调“止观并重，定慧双修”。他认为一切众生、一切诸法都有“中道佛性”，即“一色一香，无非中道”的思想。智顗还认为佛性有善有恶，并说“贪欲即道”，他认为“正”“缘”“了”三因是相互具备的，不是完全隔绝的，充分体现了他的圆融理论。

华严宗则基于《华严经》所说的法界无尽缘起之说，立事事无碍、六相圆融等教义。“圆融无碍”“六相圆融”“圆融行布”“三种圆融”是华严宗圆融思想的核心内容。华严宗将缘起义分为事法界、理法界、理事无碍、事事无碍四法界，四法界乃一真法界所蕴涵理的四个方面或四个层次，故圆融不二。天台宗、华严宗均以佛教的缘起论、唯心论思想为基点，所以其哲学意蕴比较接近。陈兵《绝对与圆融》将其总结为：“一、万有为一整体，皆由同一的终极实在缘起或现起，同生共体，互不相离；二、万有体性虽一，而不妨千差万别；虽然千差万别，而互相融通无碍；三、诸法本来无碍，一即一切，一切即一。”② 第一点，是说宇宙万象皆由因缘而起，万物间无穷尽的事理都是其产生和存在的依据，所以万物间都是相互融摄、相互关联的。一切事物的本性存在的终极原因都是实相、法界、真如，也就是天台宗的“真谛”，华严宗所说的“理法界”，禅宗的自性、佛性，也就是众生的本心。第二点是说，圆融理论认为万有具有同一性、整体性，但并不影响其千差万别的世间相的存在，就是天台宗说的俗谛、假谛和华严宗的事法界、现象法界等现实世界中的种种表象。但我们如果想要彻悟，必须以道种智如实了知一切差别，才能破除烦恼、迷惑。世间万象之间是互因缘起的，是相互融通、联系的关系。“同一体性，唯是一心故”，所以本质上是融通不二的，是“不二”的关系。不知道其圆融不二性的人才会

---

① 参阅陈兵. 绝对与圆融［M］. 台北：东大图书公司，1989：418.
② 陈兵. 绝对与圆融［M］. 台北：东大图书公司，1989：418.

滋生矛盾、斗争、烦恼等。第三点，指的就是华严宗的事事无碍法界，就是将“万有体性空，唯是一念固”，本质上的融通无碍推到极处。空间的大与小、时间的长与短、一与多，都是融通无碍，可以转换的，即“一即一切，一切即一”，让人们脱离一切思议的分别，就可以从有碍障的不自由的境地中解脱出来。天台的智顗《摩诃止观》卷四亦云：“谓一一心中一切心，一一尘中一切尘，一一心中一切尘，一一尘中一切心，一一尘中一切刹，一切刹尘亦复然。”① 禅宗则完全以心性论实相、法界，并批判华严宗最高乘的“事事无碍”法界仍然没有脱离“法界”的窠臼。禅宗“在家学佛”“担水砍柴，无非妙道”，开辟了佛法“佛法在世间，不离世间觉”的圆融修禅方法。禅宗不仅说“圆融”，而且行“圆融”，不仅是教上“圆融”，而且是教外“圆融”。禅宗的“顿悟成佛”成为中国化佛学“圆顿”当下、直了证悟的一大特征，对后世产生了诸多影响。

中国佛学的“圆融精神”既蕴含于魏晋南北朝及隋唐时期中国佛教的判教思想中，又融摄于佛教中国化过程中对传统儒道文化观念的吸收和融合。它既继承了印度佛教文化的包容精神，又含有中国传统文化“殊途同归”“和而不同”的融摄精神。印度佛学的包容精神是在佛家发展完善过程中逐渐形成的。印度佛教继承了印度文化对不同文化兼容并蓄的包容精神。最初，印度佛教不断吸收婆罗门教的思想和传统，形成了“悲智双运”“方便权智”的心态和方法。后来大乘中观学派的二谛思想也体现了圆融的思维。中观学派用俗谛说明一切现象是有，是幻有；用真谛说明一切现象是空，是真空。以二谛合明“中道”，将“空”和“有”对立的观念融合起来。印度佛教在中国能够比较迅速地本土化，适应中华文化的土壤，也是其对异质文化的包容的体现。② 洪修平在《中国佛学之精神》一书中认为，中国传统文化对不同文化的容纳本质上是一种融摄，这种融摄始终有着一种居高临下、雄视一切、为我所用的姿态。中国传统文化的融摄精神往往试图追求统一的文化价值取向，试图将内在的精神超越与外在的外王统一起来。③

中国佛学的“圆融精神”正是在这两方面的影响下形成的。圆融精神多用于消除教内、教外宗派的矛盾以及与儒、道等外学及社会的各种矛盾关系。后“圆融精神”逐渐被融入中国士大夫的精神世界，对其治学、治思的都产生了一定的影响。他们不仅用此融通佛教与儒教的矛盾，而且在人格方面也表现出圆

---

① 湛然．止观大义·大正新修大藏经·第 46 册 No. 1916：459.
② 参阅洪修平．中国佛学之精神［M］．上海：复旦大学出版社，2009：267.
③ 洪修平．中国佛学之精神［M］．上海：复旦大学出版社，2009：268-269.

满融通、无所障碍，注重整体的自足、自洽的特点。

二、“圆融精神”的表现

（一）有无之圆融

北宋时期的许多士大夫如周敦颐、二程、苏轼等都曾出入佛、老十数年，寻其玄奥，汲取其精华，以为自身受用。秉承佛教圆融的理念，周敦颐的“窗前草不除”、程颢一团和气的“内外两忘”、苏轼的精灵妙透都是重要的例证。尽管这种思想也源自对古代儒、道两家理论的继承与发展，但“有无之圆融”精神的影响也是不可忽视的因素。

冯友兰认为玄学家所谓“体无”，并不只是对本体的把握，而是指一种精神境界，也就是以“无”为心的境界。① 他在《新原人》中把人的境界划分为：自然境界、功利境界、道德境界、天地境界。自然境界中人不只有我，即不自觉有所谓自我，功利境界中人自觉到自我，在道德境界和天地境界中人无我。② 这里的“我”指的都是“我私”。儒家历来对道德境界与功利境界之间的界限看得特别清楚，而不太关注道德境界与天体境界之间的界限。佛教则把天地境界与道德境界的界限看得很明显，壁垒森严，不可逾越。这也更加体现了佛教超脱世俗凡夫俗子的空灵之感，认为无我的天地境界才是最高境界。禅宗将人的境界分为：小我、大我、无我，其中无我的境界最高。

无我是佛教的根本教义之一，佛教主张所有之存在无有如是之我，而说无我者，称为诸法无我；通常分为人无我、法无我二种：有情是由五取蕴假和合而成，别无真实之生命主体可言，称为人无我，又称我空。一切万法皆依因缘而生，是假成立者，其存在本来即无独自、固有之本性（自性）可言，称为法无我，又称法空。“无常”与“无我”作为一种对世界的认知理论是与四圣谛的人生观紧密相连的。佛教认为，既然世间的一切是无恒主体的，那么它就不值得人们去追求。然而世俗之人由于无知，错把“无常”与“无我”的东西当成有常有我的东西来追求，这就必然陷入痛苦。所以要消除痛苦，就要消除人们的无知，认识到“无常”与“无我”的道理。

陈来从境界论的角度出发，把“有我之境”指向有“大我”之境界，把“无我之境”都指向无滞无碍的自在境界。③ 陈来说：“‘天地有正气，杂然赋流

① 冯友兰．中国哲学史新编［M］．北京：人民出版社，1986：162.
② 冯友兰．三松堂全集·第四卷·新原人［M］．郑州：河南人民出版社，2001：559.
③ 参阅陈来．有无之境——王阳明哲学精神［M］．北京：人民出版社，1991：7.

行’，有之境界也；‘纵浪大化中，不喜亦不惧’，无之境界也。‘名教’是有，自然是‘无’；‘敬畏’是有，‘洒脱’是无；‘无有作好’‘何思何虑’‘吟风弄月’，无之境界也；‘必有事焉’‘戒慎恐惧’‘省察克治’，有之境界也。”陈来认为，“有”是以儒家为代表强调社会关怀与道德义务的境界。“无”是以佛老为代表的注重内心宁静平和与超越自我的境界。理学对佛学挑战的回应，更在于对人生境界和修养工夫上“无”的吸收。[①] 李泽厚的《禅意盎然》也认为：“真正有重大影响和作用的，是佛学禅宗在理论上、思想上、情感上对超越的形上追求。”[②] 归根到底，这就是一种“有与无圆融”的精神境界论。北宋的士大夫都不同程度地受到此种境界的影响。范仲淹涉此境，才能忘却我私，以天下为公之心系天下；周敦颐涉此境，才能徜徉于山水与仕宦生涯的交错生活之中，显现光风霁月之气象；程颐涉此境，才能戒慎恐惧，省察克治，有无圆融，大兴理学；苏轼涉此境，才能如同青原惟信“三十年前未参禅时，见山是山，见水是水；及至后来，亲见知识，有个入处。见山不是山，见水不是水。而今得个休歇处，依前见山只是山，见水只是水”[③] 一般圆融无碍、超然物外。

在佛学思潮的刺激和影响下，无论是周子濂学、二程洛学、荆公新学、张载关学、苏轼蜀学，无疑都深受佛教“无”之人生境界的影响，援佛教“无”之心性本体论和修养工夫论入儒家之“有”，使儒家更好地发掘了其内在超越性，完善其伦理纲常、社会责任的终极关怀。

（二）和乐之圆融

在理学范畴中，“乐”是指人与自然合一的情感体验和追求。理学家们都喜欢讲圣人之乐、贤人之乐，其实就是追求“天人合一”之乐。朱子说“颜子之乐平淡，曾点之乐劳攘”，认为克己复礼时越上帝之敬才是“孔颜乐处”，而脱离了道德修养的和乐或洒脱就可能变成道家者流。“和乐圆融”把北宋士人追求圣功的终极境界和关注内心修养的生命关怀完美统一，较好地解决了北宋士大夫思想中的这个矛盾问题。《论语》中所提到的“孔颜之乐”已经为我们昭示了一个乐感的存在，揭示了中国文化的一种深层的人文精神。李泽厚在《华夏美学》中探讨“乐感文化”，又专作《实用理性与乐感文化》一书，认为中国文化是一种乐感文化。[④] 李泽厚认为，乐感文化最大的特征是实用理性。他认为中国人自古就具有灵活变通的性格，用一个字来概括就是“圆”。为人处世尽量

① 陈来．有无之境——王阳明哲学精神［M］．北京：人民出版社，1991：7-9.
② 李泽厚．实用理性与乐感文化［M］．北京：生活·读书·新知三联书店，2005：297.
③ 普济．五灯会元·卷十七·青原惟信禅师［M］．苏渊雷，点校．北京：中华书局，1984：1135.
④ 李泽厚．华夏美学·实用理性与乐感文化［M］．北京：生活·读书·新知三联书店，2005：364.

做到圆融、圆满。《孟子·离娄上》曰：“‘男女授受不亲，礼与?’孟子曰：‘礼也。’曰：‘嫂溺，则援之以手乎?’曰：‘嫂溺不援，是豺狼也。男女授受不亲，礼也；嫂溺，援之以手者，权也。’”① 这里的“权”即权变、变通，也就是在说圆融、圆满。中国人的“和乐之圆融”使悲剧不发生，尽然以追求一切“乐”为目的。佛教由印度的“苦教”而完全转变为中国化的圆融之教，固然有着中国传统文化对“乐”精神的深层次追求和影响。

传统的印度佛学以苦谛为基础，认为人生是苦，其摆脱苦难的原理就是回避，就要断除情欲等包括本能在内的欲望。发展到禅宗，释教内终于明白了人生是无法回避的这个道理。所以中国化的佛教，尤其是禅宗已经背离了原始佛教的“生灭灭已，寂灭为乐”的精神，更多是一种救人于苦难中的向“乐”的追求。要求人们从自我内心出发，而不是扭曲它。

中国佛教也说“乐”。“内触妙乐”是佛学中一种极高的境界，是指身心达到一种常人没有的空灵境界，自发地产生内在愉悦。内不乱为定，做到内不乱，就可以接触到内景，就可谓识得禅之乐了。禅宗快乐之内涵与世俗所追求的快乐之内涵是不同的。无门禅师说：“春有百花秋有月，夏有凉风冬有雪。若无闲事在心头，便是人间好时节。”② 这显然是一种简单的和乐之感。禅宗的快乐就是要无烦恼。没有烦恼，就是清净，就是解脱，就是快乐，就是自在。禅宗只是要人们不必执着，也就是无住。具体而言就是无念、无相、无住。慧能曰：

> 我此法门，从上以来，顿渐皆立无念为宗，无相为体，无住为本。何名无相？无相者，于相而离相；无念者，于念而不念；无住者，……于诸法上，念念不住，即无缚也。此是以无住为本。③

这也就是《金刚经》“应无所住而生其心”的方法。禅宗说“我心即佛”，湛然清净的“我性”即是“佛性”。因此，得大自在即是明心见性，即是证道成佛的境界。慧能《坛经》云：“前念迷即凡夫；后念悟即佛。”④ 佛禅是要众生放下妄想、分别、执着，悟透空色，坦露自性，自能身处大光明世界，自能无限欢喜。这就是禅者追求的涅槃寂灭、永恒安乐的最高境界。

---

① 杨伯峻．孟子译注·离娄上［M］．北京：中华书局，1960：177.
② 慧开．无门关·大正新修大藏经·第48卷48册No. 2005：295.
③ 慧能．坛经校释［M］．郭朋，校释．北京：中华书局，1983：32.
④ 慧能．坛经校释［M］．郭朋，校释．北京：中华书局，1983：51.

孔子曰："发愤忘食，乐以忘。"① 陶渊明道："常著文章以自娱，忘怀得失，以此自终"，"每有会意，便欣然忘食"。王维说："一悟寂为乐，此生闲有余。"② 禅家之"乐"是一种忘我的境界。烦恼产生的根源就是念念不忘有"我"，于是一切起心动念、举手投足，皆是从"我"出发，为"我"操劳，为"我"繁忙，为"我"而忧喜。然而这并非是"真我"，而是"妄我"。"真我"乃是没有任何系缚滞累的，它无执无求无待，自由自在。圆融精神与中国固有的"乐"的精神相和，便形成了一种"和乐圆融"之境界。

魏晋之后，佛教思想受到中国传统文化中"乐"的影响，同时佛教圆融的精神也是中国文化重要的组成部分和境界展现，故影响隋唐之后士人的精神境界中充满"和乐圆融"的精神。其中的"乐"指向的是伦理学、世界观、宇宙论的基石。它在中国哲学中，是天人合一的终极境界，是以身心与宇宙自然合一为依归的最大快乐的人生极致。"和乐圆融"是实用理性精神与人文价值信仰的融合，体现了一种普遍的人类自我关怀，表现为对人的尊严、价值、命运的维护、追求和关切的人文精神。"和乐圆融"的精神境界引导人们对人生和世界持肯定和执着态度，为生命和生活而积极活动，并在这种活动中保持人际的和谐、人与自然的和谐，即在人世快乐中求得超越，在此生有限中获得无限。这种极端重视感性心理和自然生命的人生观念和生活信仰，是知与行统一、体与用不二、灵与肉融合的境界。

"和乐圆融"的精神境界具体修为路径是"去执"。《金刚经》："应无所住而生其心。"③ 佛教涅槃四德：常、乐、我、净。"常"的内涵是超越，知"无常"即"常"。佛家不但要超越生死，也要超越烦恼。"乐"的内涵乃是放下烦恼思虑与计较，保持一种无忧无惧的安乐心态。"我"是自由、自在。有佛性"真我"而非尘劳"妄我"，有"大我"而非"小我"。"净"是清净。"随其心净，则佛土净。"

宋代佛教诸乘诸宗之学，无不立足于禅观，无不提出对身心世界的解释。禅悟表现为顿悟和直觉，这也就是说，它能在瞬间看到永恒，在现象看到本体。而妙悟所看到的就是去除了一切遮蔽的生命本身。所谓"万古长空，一朝风月"，感到一切因果、时空的消解，追求的已然是一种"和乐圆融"的境界。中国古代的志士仁人们，一方面有着十分明确而强烈的责任感，对于国家、民族、

---

① 杨伯峻．论语译注·述而篇第七［M］．北京：中华书局，2006：71.

② 王维．王维集校注·卷六·饭覆釜山僧［M］．陈铁民，校注．北京，中华书局，1997：521.

③ 陈秋平，译注．金刚经·心经［M］．北京：中华书局．2010：47.

社会、家人以及传统文化精神都有一种“酬君亲恩”“立民物命”“传圣贤道”，也就是报效、传承、感恩的意识，正因如此，才会时时反省自己，忧“德之不修，学之不讲”；另一方面，当他们沉浸在事业与工作中，陶醉在无限壮阔优美的大自然中的时候，感到了无上的快乐，进入一种“发愤忘食，乐以忘忧”“此中有真意，欲辨已忘言”的永恒、和悦之境界。

“乐”的超越不在别处，即在当下的现实生命体验之中，在“极高明而道中庸”“在人生快乐中求得超越”“我乐故我在”之中。至于宇宙本体，也被认定为乐，《周易》“天地之大德曰生”“生生之谓易”“天行健，君子以自强不息”，于是乐观的人生态度即是主观心理上的天人合一。北宋士大夫很好地践行了“和乐圆融”的精神。在天人合一的境界中，个体的我以及我之烦恼等情感都得到了超越。宋代士大夫有“孔颜乐处”之乐，有与物同体之乐，有感通天地之乐。王安石道：“午鸡声不到禅林，柏子烟中静拥衾。忽忆西岩道人语，杖藜乘兴得幽寻。”① 苏轼感叹：“逝者如斯，而未尝往也；盈虚者如彼，而卒莫消长也。盖将自其变者而观之，则天地曾不能以一瞬；自其不变者而观之，则物与我皆无尽也，又何羡乎？”② 程颢之乐道则是“闲来无事不从容，睡觉东窗日已红。万物静观皆自得，四时佳兴与人同。道通天地有形外，思入风云变态中。富贵不淫贫贱乐，男儿到此是豪雄”③。这表现出来的是生命的和乐、由凡及圣的圆融之乐。总之，北宋士大夫的宇宙观、人生观、认识论完整一体、不可分割，同佛教哲学一样，是将形上形下打通、贯通。所以宋代的道学不是唯理性的，而是理性与感性的结合，是对“圆融”境界的追求。

（三）忧乐之圆融

“忧乐圆融”一词，是庞朴的创造，是他从哲学的意义上对中国人文精神的归纳总结。“忧患意识”和“乐感文化”，两个几乎全然不同的学说，在中国文化研究者的视域里，都产生了强烈影响。“忧患意识”是徐复观于 1962 年在《中国人性论史》中提出的；翌年，牟宗三在《中国哲学的特质》讲演中曾予阐释。“乐感文化”说是李泽厚于 1985 年春在一次题为“中国的智慧”讲演中提出的，收录在《中国古代思想史论》中，后来在《华夏美学》中又有所发挥。“忧乐圆融”相较于“和乐圆融”更多了一层北宋士大夫引领儒家实践理性复归的倾向。“忧乐圆融”把道德作为人生的最高价值取向，常怀“天下之忧”而追求“天下之乐”，这两种精神的理想结合，便构成了中国人的理想人

---

① 王安石，临川先生文集・卷二十八・自定林过西庵［M］. 上海：中华书局上海编辑所，1959：317.
② 苏轼 . 苏轼文集・卷一・赤壁赋［M］. 孔凡礼，点校 . 北京：中华书局，1982：6.
③ 程颢，程颐 . 二程集・河南程氏文集・卷三［M］. 王孝鱼，点校 . 北京：中华书局，1981：482.

格。而这一伦理向度也可以说是从北宋士大夫，确切地说是从范仲淹提出“先忧后乐”开始确立的。实用理性引导人们对人生和世界持肯定和执着态度，为生命和生活而积极活动，并在这种活动中保持人际的和谐、人与自然的和谐。北宋士大夫既有强烈的心忧天下的忧患意识，同时又有“寻孔颜乐处”的乐道精神。这两方面构成了宋代圣贤气象的本质，也是“忧乐圆融”的重要内涵。他们吸纳佛禅严密的哲理和精密的修行方法，力图解决长期以来儒家在形上本体的认识和具体工夫方面的缺漏问题，其精神世界明显具有“忧乐圆融”的群体意识特征。

“忧乐圆融”的群体意识对宋代政治统治、社会文化、时代风貌都产生了深远的影响。北宋士大夫在人格方面表现出圆满融通、无所障碍，注重整体自足、自洽的特点。宋代士大夫所追求的“圣贤气象”的实质就是“忧乐圆融”。除了儒家传统的兼济天下、崇尚名节的社会道德内涵外，还包含追求洒脱适意、闲适安乐的个体人格及其精神超越。宋代中期后，士大夫的人格理想和价值取向整体上发生了巨大的变化。他们一改往昔士人重视对功名的追求，转而弘扬“内圣外王”“圣贤气象”“天人合一”的道德精神。而这种对新的道德精神的追求也是学风转向、士风转变的内在要求和外在表现。他们坚守自己的政治理想与价值理念，积极推动对内忧外患的严峻现实的变革。面临内忧外患的政治局面，宋代士大夫群体在承担与君主“共治天下”政治权力的同时，也相应承担了重大的政治责任。政治责任很快转化为士大夫群体对内忧外患局面的政治自觉。致君尧舜、心忧天下的政治风尚逐渐形成。“仕以行道”的入仕参政观，“乐以天下，忧以天下”的忧患观，都对宋代士大夫的政治理想、政治实践产生了深刻影响。爱国热血志士层出是宋代士大夫重名节、重操守的人格精神的体现。

北宋士大夫“忧乐圆融”的群体意识具有重要的时代意义。一是构筑了“忧乐圆融”的心性哲学。宋明理学“内圣之道”的问题向度与思想核心是关于宇宙哲学、人生哲学、政治哲学的中国智慧典范，对于当下执政者的价值信仰、哲学依据仍然有重要的指导意义。宋代士大夫总是对自己的政治责任、社会使命有强烈的承担意识。这种意识来源于他们的人文世界和哲学思想。二是形成了“忧乐圆融”的理想人格。宋代士人“忧乐圆融”的圣贤气象是尚志节之外王与光明俊伟人格之内圣的完美统一。士人们通过心性修养，发明本心，复归天理，完全找回自己的本质。完善了儒家的个体存在，以及处理忧患、痛苦等不良情绪的修炼方法和人格境界。在政治实践中保持忧中有乐、乐不忘忧、忧乐圆融生活态度和精神境界仍具有重要意义。三是形成了“忧乐圆融”的政治生态环境。宋代士大夫从价值层面的个体安顿、知识层面的哲学思辨、生活层面的身心修养三个层面的统一，构筑了良好的政治生态环境。从政策和机制方面营造“忧乐圆融”的政治生态环境，弥补时人在身心安顿、哲学思辨、修养工夫理论方面的不足，促进政治生态理论与实践更新和发展。四是促进了外来思想文化和本土文化的融合。“儒佛交融”的理论背景是宋代士大夫“忧乐圆融”群体意识的重要依托。宋代士大夫热衷于形上维度内圣之学的思想建构，主要是受到佛教思潮的冲击和影响。士人们“入室操戈”式地与佛家争夺精神领地，宋代士大夫对生死苦乐、生命价值的思考都达到了前所未有的高度。

第二节 北宋士风的转变与思想学术之关系

北宋中期以后，士大夫的人格理想和价值取向整体上发生了巨大的变化。北宋士大夫砥砺名节，风气渐变。至宋仁宗朝，新的士风已经形成。他们一洗唐末五代士人的浇漓靡风，一改往昔士人多重视对功名的追求，转而向弘扬“内圣外王”“天人合一”的道德精神迸发。宋代士大夫所推崇的这种“圣贤气象”，既具有心忧天下、救时行道的一面，同时还有洒脱自得、寻孔颜乐处、闲适安乐的另一面。郭学信指出：“士风作为士人精神风貌、审美趣味、人格特征和行为观念的综合体现，作为社会心态的特定折射，常常随着时代文化和政治环境的变迁而变化。”① 士风的变化直接影响社会的发展变迁，也会密切关涉学术思潮的变化。在以范仲淹为代表的一大批士大夫的引领下，北宋士林的风气转向了以天下为己任、尚志节与“孔颜乐处”相统一的理想境界。他们关注主体伦理自觉意识的发掘和培育，注重对儒学“内圣之道”的阐发，通过诠释儒家原典，表达自己的政治抱负、人格理想。这种对新道德精神的追求是学风、世风转变的内在要求和外在表现。宋学的学术旨趣重心也从汉代的“外王”转向宋代的“内圣”。

宋代士风的转变是多种因素综合作用的结果。北宋士风的陡转与统治者的治国方略和社会变迁密切相关。一方面，基于前代的经验教训，宋代从君王到士大夫都致力于士风的建设。面对北宋中期出现的社会危机，为了维护封建王权的统治，士大夫们更是自觉担负起治理国家的责任。天圣三年（1025），范仲淹在给仁宗皇帝的《奏上时务书》中提出“救文弊，复武举”的改革意见。范

① 郭学信．北宋士风演变的历史考察［M］．北京：中国社会科学出版社，2012：3.

仲淹认为，想要使圣人之理贯行天下，就必须实施文风的改革。他说：“故圣人之理天下也，文弊则救之以质，质弊则救之以文。质弊而不救，则晦而不彰；文弊而不救，则华而将落。”① 另一方面，北宋王朝对士大夫采取优礼政策，令士大夫的忠君报国思想大为增强，精神气质趋于高涨。范仲淹“宁鸣而死，不默而生”的为官准则使他成了士人的表率，其言论成为天下正论。无论是政治理想，还是俊伟人格之理想，都使他成为引领思潮、切合时人理想追求的模范，被时人称颂和效仿。就是从这个时候开始，一种新的尚志节、重操守、尊名教的士林风气逐渐形成。范仲淹等人主持的“庆历新政”虽然如昙花一现，但它对士风产生诸多积极的影响，进而对学术的影响也逐渐蔓延开来。

此时期，北宋士大夫的学术兴趣和知识结构随着士风的转变而发生改变。士风的转变为理学的兴起注入了精神之魂。新政“复古劝学”、兴办教育是一方面因素，更关键的是在人文方面，新的士风把当时一大批著名士大夫都聚集在了一起，形成了一股复兴儒学的热潮，如胡瑗、孙复、石介、李觏等。北宋时期，儒佛交融已成基本态势。通过佛者与儒者的共同努力，学术思潮也由关注修养工夫问题继续转向本体论问题。佛僧们的关注引发了北宋士大夫在此问题上的继续着力。这都成为后来理学思潮应运而生的基础。南宋的永嘉学派学者陈傅良对此学术演变评论道：

> 宋兴，士大夫之学，亡虑三变。起建隆至天圣、明道间，一洗五季之陋，而守故蹈常之习未化。范子（仲淹）始与其徒抗之以名节，天下靡然从之，人人耻无以自见也。欧阳子（修）出，而议论文章，粹然尔雅，轶乎晋、魏之上。久而周子（敦颐）出，又落其华，一本于六艺，学者经术，庶几于三代，何其盛哉！②

陈傅良把士风的转变与宋代理学兴起的脉络说得很清楚。他的评论基本上符合北宋理学思潮的发生过程。正是由于困局，使得北宋士大夫寻求变革突破，以范仲淹为首的一批士大夫砥砺名节，引起了后人对儒家经典的振兴之举。从范仲淹、欧阳修等北宋理学先驱开始，至周敦颐为理学的开山，北宋理学思潮便应运而生了。就思维特点说，宋儒走的是一条把天道伦理化和把伦理天道化的道路。③ 后来宋代的理学家们沿着此路径继续研习，构建其本体与工夫，注重

---

① 王安石．临川先生文集·卷二十八·自定林过西庵［M］．上海：中华书局上海编辑所，1959：317.

② 陈傅良．止斋先生文集·卷三十九·温州学田记［M］．上海：商务印书馆，1929：117.

③ 赖永海．佛学与儒学［M］．杭州：浙江人民出版社，1992：21.

博施济众和如何提升人的精神世界。程颐、朱熹等一方面注重“以此道觉此民”“自任以天下之重”的“外王之道”；另一方面，从客观上说，理学家们的确特别重视向内的修养和提升，在士林风气的熏染之下，理学思潮的勃兴明显与学术思潮之变有着相通之处。

徐洪兴指出：“北宋儒学的复兴，正是从士风的转移开始的。”① 余英时也注意到，北宋中期，范仲淹等人对儒学精神的复兴与士风转变之关联，谓：“曾子的‘仁以为己任’，孟子的‘乐以天下，忧以天下’，以及东汉士大夫以天下风教是非为己任”的精神，都对宋代的新儒家有新的启发。② 宋代士大夫们对理想人格的追求，带动了崇节重义的士林风气的转变，对当时渐兴的理学思潮起到了极大的推动作用。

虽然理学家所追求的理想人格是继承传统儒家的成人之道而来，但佛学在内圣与外王统一性的外援功用上有着不可或缺的作用。在对理想人格的塑造和精神境界的提升方面，儒家“有之境界”和佛教“无之智慧”的统一是影响士林风气转变的重要原因之一。佛家理想人格的模铸使儒学的成人之道更加明晰。佛禅的“戒”“定”“慧”的修持方法是士大夫们成就理想人格的有效法门。

北宋士大夫的本体论、心性论、工夫论、境界论等内容都受到了佛禅思想的内在影响。士大夫们圣贤气象的出现也直接受到佛禅的影响。理学兴起的功劳固然不全然归于佛家，但是，我们看到，正是由于受到佛禅悟入本体思维模式的影响，士大夫学者们才开始注重发明木心、修心养性，个个谈心性，人人持静本。北宋时代需要理性，受到追捧的一定是严密的道理。大讲“理”之精微的理学在这时得到发展也正是理性的需要。佛对儒的外在推力、佛与儒的内在关联，都在其中发挥了重要作用。士风鹊起的北宋士大夫明显具有趋于理性化、注重自觉性以及追求宏大境界等思想表征。佛禅对心性本体的透彻阐述对内在超越性的追求，以及对“圆融无碍”宏大境界的体悟等，在一定程度上弥补了儒学在个体安顿、哲学思辨、身心修养方面的不足，进而引发了士风、学风的转变。

第三节　理学的发生与佛学之因缘

二十世纪以来，学界关于佛学的研究已经取得了较大的成就，但陈寅恪

① 徐洪兴．思想的转型——理学发生过程研究［M］．上海：上海人民出版社，1996：178.

② 余英时．士与中国文化［M］．上海：上海人民出版社，1987：504.

（1890—1969）先生却说，这其中“尤有未发之覆”：

> 北宋之智圆提倡《中庸》，甚至以僧徒而号称中庸子，并自为传以述其义（《孤山闲居篇》），其年代犹在司马君实作《中庸广义》之前，（孤山卒于宋真宗乾兴元年，年四十七）似亦于宋代新儒家为先觉。……然举此一例，已足见新儒家产生之问题，尤有未发之覆在也。[①]

陈寅恪关注到的就是佛老之学对宋代新儒家开创理学的实际启发作用。

朱熹在被誉为理学的开创之作《伊洛渊源录》中，把周敦颐奉为理学开山，认为经过二程、张载、邵雍（“北宋五子”）的发展，使理学得到了极大发展。二程的“洛学”及其门下谢良佐、尹焞、游酢、杨时四大弟子继承和传播师说。杨时使理学在南方大兴，直接开启了南宋之理学。朱子关于理学发生、传播的谱系之说多被后人引用，其中不乏朱熹对一己师承之道统的褒赞之词。直到近年来，学界产出的颇多相关成果[②]，才逐渐质疑朱熹过于线条化、简单化的理学发生过程论，扭转了理学发生道统论一边倒的研究风气。

北宋五子及程朱一系的理学固然在理学史上占有极其重要的地位，但通过本书前面的梳理，会给人一种强烈的感觉，那就是从佛教角度来观瞻北宋理学的发端，或是从理学发生的主体承载者——士大夫群体的角度来审视理学的发生过程，则是一番全然不同的景象。固然理学兴起与唐宋之际的政治、经济、阶级关系等社会因素有着莫大的联系，但本书和本节都只从士大夫佛学角度来探讨理学与佛学的关系问题。

首先，佛学思潮的刺激和挑战是北宋理学兴起的重要因素之一。北宋时期，佛学因素对理学的影响比道家玄学因素更为突出，此时的道家仍依靠方术、修炼内丹，寻求超脱的境界，玄学的进阶亦仅是穷究宇宙本体。梁启超认为，自秦汉至清代，中国的思想史上共出现过四大时代思潮，即汉代经学、隋唐佛学、

---

① 陈寅恪．陈寅恪史学论文选集［C］//冯友兰中国哲学史下册审查报告．上海：上海古籍出版社，1992：512.

② 这些成果略有：陈寅恪．冯友兰中国哲学史下册审查报告；徐洪兴．思想的转型——理学发生过程研究［M］．上海：上海人民出版社，1996；陈来．宋明理学［M］．上海：华东师范大学出版社，2004；漆侠．宋学的形成和演变［M］．北京：人民出版社，2011；朱汉民．玄学与理学的学术思想理路研究［M］．北京：中国社会科学出版社，2012；李存山．范仲淹与宋代新儒学［M］．长沙：湖南大学学报（社会科学版），2008（1），都是从新的角度和出发点来论述理学的发生问题。

宋明理学、清代的考据学。① 正是在佛教大兴和佛学思潮的刺激下，北宋的士大夫才专注于重新解读儒家经典，重振儒学精神，以求与之对抗。在佛学思潮的刺激下，北宋士大夫的不同学派和思想家都对心、性、理等问题极其关切，各抒己见。而这些问题恰恰是佛教最为关注和讨论成熟的问题。虽然北宋的儒者是从儒家经典讨论入手来反驳佛教，但其实质无非是一种“入室操戈”。任何时代的思潮都具有内在逻辑性。北宋士大夫学佛的潮流和他们佛学思想，都是一种从非自觉到自觉的活动和思考，都表明了重振儒学精神和士林风气的内在联系。

佛教外在的刺激作用使儒学内在的创发性思想获得了更深更广的突破，使得沉寂了千年之久，经历了两汉、魏晋南北朝、隋唐五代，杂糅了佛道二家哲学思想之后的儒学，重新焕发了活力。正是佛教的思维模式刺激了儒家推陈出新。为了迎接佛学的挑战，北宋士大夫在汉儒仁、义、礼、智、信纲常仁教的基础上，更好地沟通了“人道”与“天道”问题，在“人道”之上建立了“天道”。宋儒在完成此任务过程中主要有两种路径：一方面从儒家经典着手，重新阐释经典内涵；另一方面从佛道经典引入，赋予其新的解释。正是这两种路径的运用在社会中都有极深的思潮根基，才出现了已经式微之儒学由传统孔孟思想向宋代性理之学的一次跨越和革新。这股思潮产生的动力则是儒家思想本身的自省和佛道二家外在的刺激和启示。这股思潮从唐末时期已经开始涌动，至宋代已经到了即将翻腾颠覆的状貌。

“北宋五子”的思想学说，在当时影响是十分微弱的，与之后朱熹等人笔下认可、褒赞的地位是相去甚远的。② 例如，周敦颐在南宋初期都是鲜为人知的，是因为朱熹、张栻的表彰，其学问才被人所知。甚至曾向周敦颐问学的二程都不承认自己的学问与周敦颐有多大关联。虽然此观点还非常有待商榷，但是依照周敦颐在世时的声望，我们绝对可以得出以下结论：周敦颐的思想学说只是顺应了当时社会的思潮，具备了当时社会思潮的共性特征罢了。固然周敦颐的学说提出了一系列哲学范畴，如“无极”“太极”“理”“气”“性”“命”等，都成为后学共同探讨的话题和范畴，为理学构建了基本的构架，但不能说周敦颐对北宋当时的整个社会思潮的推进起到了甚多重大作用，而只能说他的思想犹如这浩瀚思潮中的“沧海一粟”。朱熹自证对周敦颐的偏爱也可以反映此论。

再如二程、张载、邵雍，他们在当时的影响也大大超过了周敦颐，这足以

---

① 梁启超．清代学术概论［M］．上海：上海古籍出版社，1998：1.

② 徐洪兴．思想的转型——理学发生过程研究［M］．上海：上海人民出版社，1996：178.

说明，当时的学者们对学术焦点问题关注的普遍性。我们再来看苏氏的蜀学。苏洵、苏轼、苏辙三父子以文学著称。尤其是苏轼嬉笑怒骂，皆成文章，在世时已经为世人所追捧，也正是文学上的光芒掩盖了他学术上的成就。只有其门下弟子们对此颇有微词，认为“苏氏之道，最深于性命自得之际”①。的确，苏轼好研习《周易》，苏辙等注《老子》、解《孟子》，苏轼的弟子黄庭坚、秦观等都热衷于探讨当时热门的“心”“性”“气”等问题。可见，苏氏及弟子的学术旨趣与当时其他学人并无太大差异。至于具体的观点和结论，以及后世的影响力，那则是另外的问题。

再如王安石，作为北宋杰出士大夫的代表人物，他自然也不可能突破和超越当时社会思潮的取向。王安石批判传统的训诂章句之学，汲取佛道思想援助自己的学说，好论述孟子之学，追求理想人格。《王文公文集》中对“性命”“情欲”“义利”等问题的论述十分详尽。王安石的女婿蔡卞评价荆公学术说：

> 安石奋乎百世之下，追尧舜三代，通乎昼夜阴阳所不能测而入于神。初著《杂说》数万言，世谓其言与孟轲相上下。于是天下之士，始原道德之意，窥性命之端。②

甚至当时批判王安石之书为诬伪之学的陈瓘，也承认王安石及其弟子之学是“性理之学”。

徐洪兴在论述理学发生的过程时说：“北宋理学思潮的兴起，最初表现为对儒学中衰的清冽不满，逐渐而变成一股批判的社会思潮。思潮的锋芒所向，一是汉唐儒生‘破碎大义’的章句训诂之学，二是佛道二教的‘异端邪说’，三是‘以文害道’的四六美文。随着批判的深入和汉唐经学‘殿堂’被拆除，理学思潮才开始进入其新理论的创建阶段。……在北宋这个理学思潮的原初阶段上，不存在如后世那样或主‘道问学’或宗‘尊德性’的主流学派，整个思想界呈现出一幅多元取向的繁荣图景，而没有后世那种定于一尊的思想格局。至于理学后来被归结为‘性即理’或‘心即理’，那时理学思潮传承演变的结果，但并不是理学思潮在其原初阶段就已经如此了，流不等于源，就像果不等于因一样，我们决不能以结果来推出原因，同样也不能把流就当作源。”③

由上可窥见理学思潮发生的全景性画面和逐渐演进的过程性。理学家辟佛，

① 秦观．淮海集·卷三十·答傅彬老简［M］．徐培均，笺注．上海：上海古籍出版社，1994：981.
② 晁公武．郡斋读书后志，四库全书第674册［M］．上海：商务印书馆，2003：394.
③ 徐洪兴．思想的转型——理学发生过程研究［M］．上海：上海人民出版社，1996：14-15.

但个个深受佛学影响。佛僧也都批儒之境界低，但是到了宋代的佛学，尤其是禅宗禅理，又深受儒家道德伦理的改造，正可谓相反而相成。方立天认为佛教对中国哲学的最大贡献就是促进了宋明理学的产生与传衍。[①]《宋史》专家邓广铭先生在其《谈谈有关宋史研究的几个问题》一文中指出，"致广大，尽精微"是北宋士大夫的治学宗旨。致广大，才有其治国平天下的抱负；尽精微，才要探索儒家学说的义理，而这些又是在佛学的启发和刺激下形成的。

其次，就理学的实际发生过程来看，理学确实大量吸纳了佛教的思辨模式、理论形态等成果。正是北宋士大夫在认识论、心性论、境界论等方面对佛教的大量吸收，为新儒学注入了新鲜血液。北宋士大夫以及当时倡三教合一的佛僧们为此做出了巨大贡献。北宋士大夫以追求个体身心安适为重要内涵的"圣贤气象"是理学兴起的人文思想基础。理学以佛教的修持方法为己所用。佛教的修养方法和境界观，正是北宋时期此思潮的重要精神来源和基础。陈寅恪与比较文学专家吴宓也有一段纵论中、西、印文化的谈话。据吴宓回忆，陈氏谓：

> 佛教于性理之学 metaphysics，独有深造，足救中国之缺失，而为常人所欢迎。惟其中之规律，多不合于中国之风俗习惯，如祀祖、娶妻等，故昌黎等攻辟之。然辟之而无以济其乏，则终难遏之，于是佛教大盛。宋儒若程若朱，皆深通佛教者，既喜其义理之高见详尽，足以救中国之缺失，而又忧其用夷复夏也。乃求得而两全之法，避其名而居其实，取其珠而还其椟。采佛理之精粹以之注解四书五经，名为阐明古学，实则吸取异教。声言尊孔辟佛，实则佛之义理，已浸渍濡染，与儒教之传宗，合而为一。此先儒爱国济世之苦心，至可尊敬而曲谅之者也。故佛教实有功于中国甚大。……自得佛教之裨助，而中国之学问，立时增长元气，别开生面。[②]

陈寅恪的这段话，从佛教的传入说起，认为佛教对理学的本体论和工夫论有着重要的启发和助益。尤其是在探讨伦理道德的最终根源与实践伦理道德的方法、途径方面，几乎是拿来用之，"避其名而居其实"。依陈寅恪看来，宋明理学之所以发生和取得如此之成就，主要是采纳了佛教精粹义理重新注疏儒家经典。表面上是重新阐明古学，但实质却是对佛教的吸纳。佛教也正是由此而

---

① 方立天．中国佛教哲学要义［M］．北京：中国人民大学出版社，2005：4.

② 吴学昭．吴宓与陈寅恪［M］．北京：清华大学出版社，1992：10-11.

发扬光大的。在陈寅恪为冯友兰《中国哲学史》所作的《审查报告》中也明确指出，“佛教经典言：‘佛为一大事因缘出现于世。’中国自秦以后，迄于今日，其思想之演变历程，至繁至久。要之，只为一大事因缘，即新儒学之产生，及其传衍而已。”①

一方面，儒学使得中国佛教把作为本体的“真如”和“佛性”落到了“心性”上。在印度佛教中，“真如”和“佛性”主要指抽象的本体，但禅宗却用心性来讲佛性，通过心性化实现了佛教的中国化。另一方面，佛教又保留了其本体论的思维模式。如果说隋唐佛教在某种意义上，就是把佛性心性化的同时把心性本体化，那么这种本体化了的心性论又反过来影响宋明理学，成为宋明理学的基础。宋明理学又被称为“心性义理之学”，此中之“心性”就是一种被本体化了的“心性”，这正是宋明新儒学“新”之所在。佛教对中国学术思想产生的最大影响就是其本体论的思维模式。很多学者都关注过唐代禅宗的兴盛到宋明理学兴起这一时段儒佛互动的哲学问题。这种所谓“入室操戈”的现象实在太有趣了。本书正是从北宋士大夫们全方位受佛学影响的精神生活，主动吸纳佛禅思想以充儒学的这个视角，来探讨理学与佛学相互影响理路的。

总之，在佛学思潮的影响下，北宋士大夫的学术取向都是紧跟时代脉搏，这是我们在研究任何思潮时必须面对的情况。虽然在思潮兴起之时，我们对各家个人之言论、思想难以进行详细的分类和划分，但他们的确让我们看到了当时社会的思想进程，为我们提供了多方位的视角。在此之后，我们才能俯瞰整个理学思潮跌宕起伏、奔流婉转的状貌。

第四节 佛学向儒学的靠拢

两晋以来，佛学与儒学的敌对和斗争无疑是中国传统哲学中最引人注目的问题之一。儒学与佛学相生相胜的矛盾情形反映了中国思想文化发展的现实需要。隋唐儒家在与佛家的斗争中几乎都败下阵来，佛学成了一大显学。从北宋时期开始，新儒学一改隋唐儒消佛长之状貌，开始了佛退儒进之态势。理学的发生以及在中央政权意识形态下的逐渐增强，终使隋唐三教鼎立的局面逐渐被以儒家为主体的三教合一所代替。总结其原因，一方面主要是因为融入了佛、

① 陈寅恪．陈寅恪史学论文选集［C］//冯友兰中国哲学史下册审查报告．上海：上海古籍出版社，1992：510.

道思想的新儒学，思辨性更强、更加精微。北宋儒学填补了以往儒家仁义道德说浅薄之缺漏，在本体论和心性论方面不再显得捉襟见肘；另一方面，儒家再成主流还与佛学向儒学的靠拢有着很大的关系。当然，这也是佛学自身发展的需要。

北宋时期，佛学虽然在义理方面的创新已显得不足，但在士大夫中间的影响力仍绵延不绝。隋唐时期的兴盛足以彰显佛教在思辨性和假有、真空、虚幻等神秘化理论武器方面的优势。随着佛教挑战和刺激的深入，北宋士大夫儒者本色的神经再也不能甘于沉默和退缩，纷纷拿起武器，捍卫儒家之精神领土。他们的理论比韩愈仅以道德、仁义为根基的“道不远人”说更为深刻。他们把“人”与“道”紧密地联系在一起，使儒家的仁义道德有了形而上的依据，在抵抗佛教的理论上取得了重大的突破。他们所用武器的组装理论大大借鉴了佛教之思辨模式，如心性合一而论，本体论思辨的基本精神，都是依照佛教的方式进行。他们所用武器的具体部件一方面来源于先秦孔孟的儒学，另一方面还是来自佛教内部，如心、性、理以及心性本体论的内涵等。这些武器被范仲淹、欧阳修、胡瑗、孙复、李觏、周敦颐、邵雍、张载、苏轼、二程等北宋重要的思想家所运用，他们把佛教之体用不二发展为“体用一源”（程朱一派）。二程说：“道之外无物，物之外无道，是天地间无适而非道也。”① 二程又将佛教的主静工夫发展成“主敬”。再到朱熹“道者，日用事物当行之理，皆性之德而具于心，无物不有，无时不然，所以不可须臾离也。若其可离开，则为外物而非道矣”②。朱熹认为“性即德”。宋代士大夫逐渐把道与仁义紧密联系在一起，使之本具于日用之中和人的心性之中。宋儒可谓在对佛学的批判与吸纳过程中实现了对传统儒学的超越。

佛教方面，传统的印度佛教认为五蕴皆虚幻，人生皆苦，故以佛性否定人性。印度佛教开始并无“性善”的思想，但荡涤在中国儒家传统趋向“性善”③的大潮中，佛教的心性说也不能免于受其影响。在相互作用的过程中，为了自身的适应与发展，众多佛僧不断主动调和与儒家的矛盾焦点，表现出了来世向今生的靠拢、佛性向人性的回流。在具体修为路向上，佛教虽然以本有的修持成佛等境界为上，但受儒家影响，在《牟子理惑论》这篇最早宣扬佛教思想的

① 程颢，程颐．二程集·河南程氏遗书·卷四［M］．王孝鱼，点校．北京：中华书局，1981：73.

② 朱熹．四书章句集注·中庸章句［M］．北京：中华书局，1983：17.

③《论语》只讲性近，并未直接讲“性善”，《孟子》讲性善，《周易》多讲后天之善，注重“积善”的性之长的作用。儒家之学对于善的理路是本净—性善—积善等思想。唐代柳宗元承此思想，形成了“积善成人”的思想。终于“性善”说。

著作中就有“人道法五常”的观点。佛家也主要讲劝善惩恶等后天教化，还把儒家的“忠恕”之道都拿到佛家中来。东晋郗超说：“即近而言，则忠恕之道。推而极之，四等之义。四等者何？慈、悲、喜、护也。”① 东晋时期，“忠恕”之道等儒家宗法等级思想还引发了“沙门不敬王者”的争论。为了适应儒教的教化作用，佛僧们宣扬儒佛只是敬主事君的形式不同，这并不妨碍“协契皇极，大庇生民”的统治秩序等功用。东晋慧远说：

> 是故内乖天属之重而不违其孝，外阙奉主之恭而不失其敬……如今一夫全德，则道治六亲，泽流天下，虽不处王侯之位，故已协契皇极，大庇生民矣。②

可见，此时的佛家僧侣欲把“全德”思想与“道洽六重，泽流天下”之关系打通，阐明其可以实现对“穷则独善其身，达则兼济天下”的助益教化之功用。很多士大夫也帮着宣扬佛教的这种功用。唐代刘禹锡说，佛教于“生成之外，别有陶冶”。柳宗元也说“佛教可佐教化”。佛教与儒教互补共济的关系被儒家接受，同时也意味着佛学向儒家又迈近一步。

虽然佛教已经倡明其在宗法制度和等级关系等方面的“治心”和助缘作用，但佛教“绝纲常、弃人伦”的教义仍然一再遭到儒家士大夫们的诟病。唐代的统治者多提倡三教合一。随着大量下层民众的皈依，唐代佛教的发展更是势不可当。以致韩愈发出了“人其人，焚其书，火其居”的口号，试图以行政手段彻底废除佛教。韩愈的反佛行动未能获得广泛的支持，而被后来的儒家学者批评为“知石而不知韫玉”的盲目反佛。韩愈的学生李翱继承其师的衣钵。李翱对韩愈背离了儒家传统性善理论的“性三品”说予以重新阐释，提出了“性善情恶”说。李翱大量吸收了佛教“情恶”的思想，回归到儒家的性善的学说上。

李翱说：

> 情者，性之邪也，知其为邪，邪本无有。心寂不动，邪思自息。惟性明照，邪何所生？③

---

① 郗超．奉法要·道宣撰．弘明集·卷一三［M］．上海：上海古籍出版社，1991：87.

② 慧远．答桓太尉书·中国佛教思想资料选编·第一卷［M］．北京：中华书局，1981：99.

③ 李翱．李文公集·第二卷·复性书中．四部丛刊本［M］．上海：商务印书馆，1929：10.

李翱认为心的“动”或“静”是善恶行为产生的原因和评价善恶的标准。人想要达到“至诚”的本原需要超越动静的影响，这与禅宗的修持思路十分接近。《坛经》云：“于自性中，万法皆见，一切法自在性，名为清净法身。”① 禅宗由此提出见自性清净、自修自作法身、自行佛行、自成佛道的禅宗修行方法。慧能更是认为世人修行不在于出家与否，只需向内自悟，寻求内心的平静，自性清明即可成佛道。理学开山周敦颐也援用了佛教的禅定入静的方法（还有老庄“无欲”“主静”的思想），提出了“无欲主静”的修养方法，力图以主静的工夫“灭染成净”，使真如本性得以显现。

北宋时期，儒与佛、僧与俗、凡与圣之间的界限已经被进一步打破，这既成为北宋士大夫精神世界中儒佛会通的思潮背景，也昭示出宋代佛教不断地走向世俗化的趋势。佛教对儒家的主动接近，更多是宣扬儒、佛一致性的态度，标示着其自唐代以来自身优势地位的丧失。宋代以后，理学的发生及其在中央政权意识形态下的逐渐增强，导致隋唐三教鼎立的局面已逐渐被以儒家为主体的三教合一所代替。

宋代的佛教经历五代之乱和会昌法难的破坏，各宗派莫不衰息，唯禅宗因其方便法门，还比较兴盛。佛僧们也试图以新的形式使佛教发扬光大。如佛印了元等高僧，主动与士大夫们交往，一大批具有较高文化素养和知识水平的高僧主动与士大夫接触，以期获得士大夫们的支持。智圆法师，自号“中庸子”，提倡儒佛“共为表里”，于心性、教化上的殊途同归。北宋调和三教的著名高僧契嵩特作《辅教篇》，把唐代士大夫没有讲明白的“性善情恶”说继续进行解释，阐明“善恶”与“动静”的关系。契嵩说：

> 善恶情也，非性也。情有善恶，而性无善恶者何也。性静也；情动也。善恶之形见于动者也。……情则孰不异乎？性则孰不同乎？②

佛门高僧与北宋五子均关注“善恶”与“动静”等关系。通过佛者与儒者的共同努力，北宋前期的学术思潮由关注修养工夫问题继续转向本体论问题。佛僧们的关注引发了北宋士大夫在此问题上的继续着力。南宋的胡安国、胡宏父子都是沿此理路继续来谈心性的。

自汉以来，儒学“罕言性命”，以致在与佛教的斗争中一直不能占据优势，

---

① 慧能．坛经校释［M］．郭朋，校释．北京：中华书局，1983：40.

② 契嵩．镡津文集·大正新修大藏经·第 52 册 No. 2115：667.

隋唐时期更是完全处于下风。至宋代，佛教在一次次与儒教的斗争中向儒家注入了大量自己关于天道、性命之说的成果，使儒学重新走上了探讨心性本原之路。佛教在体用、性情、已发未发等细致问题上一再引导，这也使自身丧失了优势和神秘感。佛教自身也不能剔除在人生皆苦、诸行无常、虚妄无实等方面根本教义的矛盾和弊端，至宋代时其理论也再无更多可翻新。“平常心是道”和在家学禅等入世的论调虽然在一定程度上解决了佛教“绝人伦”的问题，但最终导致佛教逐渐丧失了自身的特点和高辨识度。

南宋之后的陆王心学一派被称为“阳儒阴释”，但其旨趣与佛教还是有着根本性的不同，实仍为儒学。儒家肯定日常的心、性、理之“迹”的实在性。佛教论万物万法皆空，讲求不追求和执着于物质万象，也用宇宙论论证人生观是空的。儒教对此做了很多论证（在佛教的挑战下），讲不是空，是实。儒家认为人是真实的，由阴阳和合而生，死了之后也不是虚无的，不只是对大自然的敬畏。而佛教理事圆融①、体用自在的精神始终还是未能解决佛教日用实践之虚的问题。这些主要问题是导致佛教向儒家复归、靠拢的根本原因，也是必然结果。

北宋以来的儒家学者兢业至诚，于性命理论方面推陈出新，其内心与外在迹象合一的理论以及“性善”的指向都被佛教承认、接受、消化。陆九渊也认为东西二圣之心、理皆同。② 元明时期，儒佛兼容、趋于善道，化导济民，再无处世间、出世间之差别，实为儒佛一贯也。在元代理学家吴澄看来，“性理之学”包括两个方面：一是本体论，即由内在“吾之性”的人格本体来确认外在“天地之理”的宇宙本体，这是一种天人同构的本体论；一是工夫论，即通过人格内向修身工夫（“知性”“养性”等），最终实现内外合一、天人合一的精神境界。可见，理学已然一派欣欣向荣之貌。尽管佛教大德仍以佛学为优的姿态继续宣扬三教合一，但此后的佛教实际已经使自己身处从属之境地，再无隋唐之姿态。佛学向儒学的最终靠拢，也标志着儒家吸收佛教、消化佛教过程的基本完结。

汉唐经学思潮的衰微，不能代表全部儒学精神的停滞。孔子等儒家学者对传统经典所做的工作已经在经义的诠释和传授方面建立起了一套比较完备的传承谱系。由于自身的独立性、包容性和开放性，儒学已经成为中华民族文化心理的一种固有结构和正统的象征。它不会轻易随着王朝的更迭而被支配，而是

---

① 理即理性，即佛与众生同具之佛性。此性具一切功德。事即修持、断惑证真等。由自性中具此功德，故修之及极，则称性显现。故名理事圆融。若徒知性本具足，不加修持，则尽未来际，亦不能亲证此性具之理。所谓执理废事，理亦不圆。

② 杨简．象山先生全集·卷之三十三·象山先生行状．四部丛刊本［M］．上海：商务印书馆，1935：40.

遵循自身的发展轨迹，含纳百家。在经历了隋唐佛学思潮的严峻考验之后，儒学步履蹒跚，宋以后又重新踏上了蓬勃发展之路，赢回了正统之殊荣，这已经足以向世人昭示其思想的魅力与超越性。

小　结

宋代的新儒学较好地解决了士人在名教中寻找快乐，即名教可乐的问题。士人的精神风貌与士人治学风气的转变相互作用，互为表里。无论是“心忧天下”的范仲淹，“光风霁月”的周敦颐，“精灵妙透”的苏轼，还是“致力于道学”的二程，无不深受佛禅思想的影响。在他们的精神世界中，都展现出了佛学思潮和儒学复兴思潮的双重影响。

北宋士大夫化解因佛教挑战而面临的文化危机，实现儒学的重兴，其具体路径有两个主要方面：一是充分利用、整合传统儒家等资源回应佛教挑战；二是积极吸纳佛学的思想因素，弥补儒学自身的不足。佛教在中国化的过程中，将其原有直觉智慧都融入和皈依对人生的肯定，把高扬寂灭同厚重的人情味结合在了一起，形成了中国化佛禅与儒学相互交融的精神理路。随着佛禅与中国文化的融合，佛家的“圣”“贤”与儒学的圣人更加接近、更加相通。尤其是士大夫佛学的盛行，既展现了士人旷放豁达的“佛”，又昭示了忧国忧民之“儒”。士大夫们由禅反儒、儒佛会通，体现了北宋佛儒关系的发展理路。

第五章

范仲淹与佛学

范仲淹（989—1052），字希文，谥文正，吴县（今江苏省苏州市）人。北宋杰出政治家、文学家。范仲淹两岁丧父，后随母改嫁至长山（今山东省滨州市邹平市）朱家，名朱说。《宋史·本传》载："少有志操，既长，知其世家，乃感泣辞母，去之应天府，依戚同文学。昼夜不息，冬月惫甚，以水沃面；食不给，至以糜粥继之，人不能堪，仲淹不苦也。"[①] 他早年曾寄居长白山醴泉寺（今山东省邹平市南）刻苦读书，"日作粥一器，分为四块，早暮取二块，断齑数茎，入少盐以啖之，如此者三年"[②]。范仲淹得知了自己的身世后，遂感愤立志，发奋在饥寒中学习。大中祥符八年（1015），在历经了数年的苦读后，范仲淹终于得中进士，正式步入仕途。庆历三年（1043），宋仁宗任用范仲淹为参知政事（副宰相），主持"庆历新政"。朱熹称范公为"天地间第一流的人物"。范仲淹"先忧后乐"的开创精神一洗唐末五代礼崩乐坏、士风浇薄之貌，在其身后千载仍被世人称赞怀念。

全祖望在《宋元学案》中增补了《高平学案》一卷，专门论述范仲淹的理学贡献，但有关范仲淹学术思想的资料还是比较少。这也是后辈对他在理学史的地位评价有失公允的一个重要原因。近年来，范仲淹作为宋代理学的先驱，逐渐被提及，但关注程度还十分不够，学理方面的论据还显得不是很充足。范仲淹作为理学先驱，不仅是由于他对后辈理学家的关爱和识拔，更重要的是范仲淹在"知"和"行"（对本体的认识和修身工夫）这两方面都有开创之功，并且在理学的"心性"问题等方面提出了新的向路。后来的理学家们基本上是在解决范仲淹所提出的理学核心问题。

---

① 脱脱，等．宋史·范仲淹传·卷三百一十四·列传第七十［M］．北京：中华书局，1977：10267.

② 范仲淹．范仲淹全集·范文正公年谱［M］．南京：凤凰出版社，2004：716.

第一节 范仲淹理学先驱之地位及其对理学的实际贡献

一、范仲淹与北宋士风的转变

《宋史·本传》对范仲淹评论道："（范仲淹）每感激论天下事，奋不顾身，一时士大夫矫历尚风节，自仲淹倡之。"① 苏轼为《范文正公文集》所作的序曰："天下信其诚，争师尊之。"② 韩琦也说："挺然忠义，奋不顾身，师鲁之所存也。"③ 朱熹褒赞范仲淹曰："自做秀才时，便以天下为己任，无一事不理会过，一旦仁宗大用之，便做出许多事业。"④ 范仲淹何以成为领袖群伦、扭转风气的人物呢？笔者认为主要有两方面的因素：一是因为他有突出的政绩。他不仅主持了庆历新政，而且文武兼备，是西夏军队惧怕的"腹中自有数万兵甲"⑤ 的"小范老子"。他有"贼兵三万叩城，仲淹麾兵血战，贼奔而北"⑥ 的戍边战功；二是因为他崇高的人格精神。于公方面，范仲淹做到了敢为人先、不计较个人得失。于私方面，范仲淹展现了修身、克己、毁誉不动一心的精神境界。他能够临危受命、迎难而上，时刻把国家命运放在首位，"先忧后乐"的精神令其政敌也佩服至深，更不用说其同道者。

范仲淹在其《岳阳楼记》中"尝求古仁人之心"，得出了"不以物喜，不以己悲""先天下之忧而忧，后天下之乐而乐"⑦ 之至理，为士人展现了高山仰止的时代新风尚。在当时的朝廷中，范仲淹绝对是一个异类，他第一次上朝面圣，便带来了"江湖"的风尘仆仆之气息，为朝廷注入了新鲜的空气。富弼评价他说："每道圣贤事业，辄跂耸勉慕，皆欲行之于己。自始仕，慨然有康济之志。"⑧ 的确，从范仲淹开始，北宋士风呈现了陡转之貌，士大夫皆"尚志节"。

景祐元年（1033），亲政不久的宋仁宗面对社会各种矛盾一筹莫展。欧阳修

---

① 脱脱，等．宋史·范仲淹传·卷三百一十四．列传第七十［M］．北京：中华书局，1977：10267.
② 苏轼．苏轼文集·范文正公文集叙·卷十［M］．孔凡礼，点校．北京：中华书局，1986：312.
③ 范仲淹．范仲淹全集·范文正公褒贤集·卷五［M］．南京：凤凰出版社，2004：1027.
④ 黎靖德，编．朱子语类．卷一二九·本朝三［M］．北京：中华书局，1986：3088.
⑤ 范仲淹．范仲淹全集·范文正公褒贤集·卷一·张唐英·范仲淹传［M］．南京：凤凰出版社，2004：934.
⑥ 范仲淹．范仲淹全集·范文正公褒贤集·卷一·张唐英·范仲淹传［M］．南京：凤凰出版社，2004：934.
⑦ 范仲淹．范仲淹全集·范文正公文集·卷八·岳阳楼记［M］．南京：凤凰出版社，2004：168.
⑧ 范仲淹．范仲淹全集·范文正公褒贤集·卷一［M］．南京：凤凰出版社，2004：948.

描述当时的状况道：

> 从来所患者夷狄，今夷狄叛矣；所恶者盗贼，今盗贼起矣；所忧者水旱，今水旱作矣；所赖者民力，今民力困矣；所需者财用，今财用乏矣。①

宋朝正面临着前所未有的统治危机。当时朝野权臣不肯主事，人人皆以自身安危利益为重。宰相吕夷简当政二十余年，奉行是“收恩避怨，以固权利”②的行事准则。他甚至还以此为荣，得意地说道：“自吾有此例，使一庸夫执之，皆可为宰相矣。”③ 足见其为官之道的陈腐守旧。可谓窘迫的时势把范仲淹推上了北宋政治的最前沿。以范仲淹、欧阳修等为代表的士大夫，注重个人的学问修养，不与世俗同流合污，极富忧患意识。内忧外患的政局和沉闷的政治空气激起了他们内心的反省。他们奋起，试图打破大宋王朝八十年之久的沉闷空气。庆历三年（1043）九月，范仲淹在其《答手诏条陈十事》奏议中力陈改革之紧迫性：“历代之政，久皆有弊，弊而不救，祸乱必生！……纲纪制度日削月浸，官壅于下，民困于外，夷狄骄盛，寇盗横炽，不可不更张以救之。”④

早在天圣三年（1025），时任大理寺丞的范仲淹在给仁宗皇帝的《奏上时务书》中就提出“救文弊，复武举”的改革意见。文中系统地论述了当时的局势和主要症结所在。范仲淹生活的北宋时代，已经呈现积贫积弱的局面，面临内忧外患，改革迫在眉睫。范仲淹说：“故圣人之理天下也，文弊则救之以质，质弊则救之以文。质弊而不救，则晦而不彰；文弊而不救，则华而将落。”⑤ 他认为唐、五代不能自救，以至于大乱，很大一部分原因是文风凋敝而导致的。他批评当时的文风说：“不追三代之高，而尚六朝之细。”⑥ 他指的正是当时流行的西昆体。范仲淹倡导“兴复古道，更延博雅之士，布于台阁，以救斯文之薄”⑦。范仲淹倡导的文风改革比欧阳修、石介等人倡导的古文运动要早十年。

除了要“救文弊”，范仲淹还提出要“修武备”，恢复武举，加强军事训练

---

① 欧阳修．欧阳修全集·卷四十六［M］．李逸安，点校．北京：中华书局，2001：646.

② 脱脱，等．宋史·卷三百一十一·吕夷简传评赞语·列传第七十［M］．北京：中华书局，1977：10220.

③ 李焘．续资治通鉴长编·第9册·卷一一七［M］．北京：中华书局，1985：2756.

④ 范仲淹．范仲淹全集．范文正公政府奏议卷上·治体·答手诏条陈十事［M］．南京：凤凰出版社，2004：473.

⑤ 范仲淹．范仲淹全集．范文正公文集·卷九·奏上时务书［M］．南京：凤凰出版社，2004：173.

⑥ 范仲淹．范仲淹全集．范文正公文集·卷九·奏上时务书［M］．南京：凤凰出版社，2004：173.

⑦ 范仲淹．范仲淹全集．范文正公文集·卷九·奏上时务书［M］．南京：凤凰出版社，2004：172.

和装备。他指出："文武之道，相济而行，不可斯须而去焉。"① 范仲淹已经注意到此时的大宋王朝日趋萎靡不振，而西夏李德明、李元昊父子正虎视眈眈，加紧向我河西走廊推进步伐。范仲淹提出当前一定要"修武备"，防患于未然。范仲淹还引据《周易》上的"穷则变，变则通，通则久"之句，为其后来主持的新政奠定了认识上的基础。范仲淹继王禹偁之后再次提出冗官问题，他所作的政论改革文章，尖锐地指出了北宋当时的冗兵问题，随带而出的就是冗费问题。范仲淹是敢说敢为之人，他有关吏治方面的改革政策在执行过程中，触动了当时宰相吕夷简集团的利益，使他与吕夷简利益集团发生了摩擦和冲突。范仲淹一生四进朝堂为官，四次受到贬黜。其中，第二次、第三次遭贬黜的实际原因，都与范仲淹的新政主张破坏了吕夷简集团利益而遭到诬陷相关。

明道二年（1033）冬，范仲淹与孔道辅等台谏官，反对仁宗皇帝废郭皇后，而吕夷简素与郭皇后不和，废黜郭皇后正符合他一派的利益，所以火上浇油，支持仁宗皇帝之举。范仲淹与御史中丞孔道辅等台谏一起质问吕夷简："作为臣子，怎可顺父出母？"吕夷简被问得哑口无言，就建议宋仁宗连夜罢黜了范仲淹等人。范仲淹自右司谏被贬知睦州，贬孔道辅出知泰州，参与其事的台谏一并被贬黜。景祐二年（1035）冬，范仲淹被重新启用，自苏州任上调回汴京任职。这一次，对于吕夷简集团的拉帮结派，他仍旧"理或当言，死无所避"。范仲淹在朝会时上《百官图》，对官员们徇私升迁进行批评。以致吕夷简大怒，斥范仲淹"越职言事，荐引朋党，离间君臣"②。范仲淹又一次被贬谪，知饶州。范仲淹屡遭贬谪，"每遭一次贬逐，即每'光'一次"③，他在士大夫们当中的声望却越来越高，名声远被契丹。

范仲淹是"大厉名节"的名臣典范，更加难能可贵的是他文武兼备，能够临危受命、迎难而上。景祐三年（1036），正当范仲淹屡遭吕夷简贬抑打压之时，西夏元昊部多次犯大宋的河西走廊，致西北边境损兵折将，百姓流离失所。朝廷无人可用，不得不再次启用因谏言得罪吕夷简集团的范仲淹、韩琦等人以抗击西夏的悍兵。范仲淹的同道尹洙、滕子京等都被调到了西线。范仲淹采取以逸待劳、以守为攻的戍边政策，逐渐遏制住了李元昊的攻击，使得西北边防得以稳固。随着抗击西夏功绩的凸显，范仲淹的声望再一次得到了空前的提高。士大夫们都希望范仲淹能得以重用，以扭转当时"内忧外患"的局面。

---

① 范仲淹．范仲淹全集．范文正公文集·卷九·奏上时务书［M］．南京：凤凰出版社，2004：172.

② 李焘．续资治通鉴长编·卷一一八·景祐三年五月丙戌纪事［M］．北京：中华书局，1985：2784.

③ 文莹．湘山野录续录［M］．北京：中华书局，1984：77-78.

庆历三年（1043），吕夷简被罢相，宋仁宗任命范仲淹为枢密副使，是年六月又拜其为参知政事。至此，范仲淹联合富弼等人正式开始主持历史上著名的“庆历新政”。范仲淹等人可谓“日夜谋虑兴致太平”①。但他们并不能真正触动中央集权极端化的病根，而主要是把整顿吏治和改革贡举制度放在首要位置。当时的北宋王朝可谓“物力穷困，人心怨嗟”。因战争而增加的赋税，使民众的暴动“一年多如一年，一伙强如一火”②。范仲淹主张“去冗官，用良吏，以抚疲民，使不起为盗”③，在官吏选拔方面“明黜陟，抑侥幸”。简单总结此次新政的基本方针就是：在维护封建专制统治的立场上，限制官僚贵族势力的特权，积极扩大选拔官员的范围和统治基础，改变管理偷懒渎职、因循苟且的风气，来强化国家的专政机器。可以看出，范仲淹等人开展的新政代表的是中下层地主阶级的利益，这势必打击的是上层大官僚贵族集团的利益。而受到打击破坏的“冗官”中“侥幸”之人，必然反击。反对派们大做文章，他们以宋仁宗最为敏感的朋党问题攻击范仲淹一派“更张纲纪，纷扰国经。凡所推荐，多挟朋党”④。庆历四年（1044），反对派及其罗织周纳之能事，令这批有为的才俊之士失去了仁宗的信任，纷纷被贬谪外任。不久后，随着范仲淹被排挤离开，“庆历新政”以失败告终。

“庆历新政”虽然失败了，但由此引发的士林风气的变化却方兴未艾。范仲淹居“庙堂”之高，维护了正统专制主义的皇权。范仲淹在新政失败后的谢表中，表达了“不以毁誉累其心，不以宠辱更其守”的个人想法。范仲淹被贬谪后所作的《岳阳楼记》体现了他“宠辱不惊”的人格精神。处“江湖”之远，范仲淹又全身心地投入救民疾的实际行动中去。他在泰州任上时兴建捍海堤收到了良好的效果，赢得民众的广泛赞誉。明道二年（1033），范仲淹奉命从江城任上调知苏州。当时苏州正在发大水，民不聊生。范仲淹全力建设“疏五河，导太湖往之海”的利民水利工程，赈济受灾的十万百姓。他日夜坚守在抗灾的第一线，躬身力行，实为表率。1051年初春，时年63岁的范仲淹到青州（今属山东潍坊市）任职。虽年老体弱，壮志难酬，但他并没有因此颓废，而是屡施惠政，将自己未完成的改革继续推广，留下了无数亲民勤政的故事。践行了他先天下之忧而忧，后天下之乐而乐的抱负。

---

① 脱脱，等．宋史·范仲淹传．卷三百一十四．列传第七十［M］．北京：中华书局，1977：10275.

② 欧阳修．欧阳修全集·卷一百·再论置兵御贼札子［M］．李逸安，点校．北京：中华书局，2001：1539.

③ 杨仲良．皇宋通鉴长编纪事本末·卷四十八［M］．哈尔滨：黑龙江人民出版社，2006：855.

④ 脱脱，等．宋史·钱明逸传．卷三百一十七．列传第七十六［M］．北京：中华书局，1977：10347.

范仲淹所倡导的“先忧后乐”精神一洗前朝唐末五代礼崩乐坏、士风浇薄、斯文扫地之貌。他主持的北宋时期一场重要的政治改革——“庆历新政”，改变了自宋太宗以来，政事上因循守旧的极端保守的风格，令变革之风兴起。司马光称其为：“上天生公，固为我宋。以尧舜佐吾君兮，既忘身而忠国。”[①] 范仲淹以忧国忧民，敢作敢当，誓与君主共治天下的理念改变了以往士大夫的墨守成规。他以理学的先驱、思想家、军事家、政治家、教育家的身份唤起了当时学风、文风、政风的变革。范仲淹成为士大夫们眼中众望所归的领袖人物，引领士风陡转，除了政治上奋不顾身的改革、力谏，还源于他在学术上的引领作用，源于他重整儒学精神、识拔优秀人才，形成了一个尚名节与士气的集团。他的奋不顾身终于使士大夫阶层，从之前萎靡不振的士风中摆脱出来，与范仲淹一道图志革新，砥砺人格。

二、范仲淹对后辈理学重要人物的识拔

二十世纪末以来，范仲淹的理学先驱地位多次被提及和肯定，如蒙培元、罗义俊、徐洪兴、郎国华、李存山都曾谈范仲淹与宋代新儒学的关系问题。从事实上看，范仲淹确实是以一个先驱者的地位和角色，识拔后学、领袖群伦，复兴儒学精神，用释、道思想丰富儒学，推动了北宋理学的兴起。

范仲淹一生对劝学育才表现出不懈的热情。他入仕三十七年，无论是居庙堂之高，还是处江湖之远，无时无刻不在识拔后学。除了宋初三先生，早期的理学家张载、李觏也得到过范仲淹的指点与提携，后来成为宋代名臣的富弼、张方平等也可谓多其所教。朱熹曾道：“文正公门下多延贤士，如胡瑗、孙复、石介、李觏之徒，与公从游，昼夜肄业，置灯账内，夜分不寝。”[②] 范仲淹具有坚定的理想信念和高尚的人格情操。他感染带动了一大批学优志坚的寒门学子。范仲淹推举贤能，兴办教育，亦是一位伟大的教育家、实践家。范仲淹从小出身贫苦，他对下层士人的处境和政治抱负有着最深切的体会和了解。所以他乐于也敢于推荐优秀的人才，使之为国家效力。他不仅提携点拨士子为人治学之方，遇到贫困学子还慷慨资助，解除学子们求学的后顾之忧。

宋初三先生与范仲淹的关系现在已经比较明晰。从齿序上来说，宋初三先生孙复（992—1057）、胡瑗（993—1059）、石介（1005—1045）都比范仲淹

① 范仲淹．范仲淹全集·范文正公褒贤集·司马光代韩魏公祭范文正公文［M］．南京：凤凰出版社，2004：961.

② 朱熹．三朝名臣言行录·卷十一·四部丛刊初编史部［M］．上海：商务印书馆，1922：251.

（989—1052）小，尤其是石介。从学脉上来讲，石介是范仲淹的门人。天圣四年（1026），“晏殊知应天府，闻仲淹名，召寘府学”①。此时，范仲淹正于应天府家中为母丁忧，晏殊特聘请范仲淹担任应天书院的教务。同年，21 岁的石介慕范仲淹之名来应天府学习，并一生秉承范仲淹的精神和治学思路。而胡瑗、孙复虽列“高平讲友”，其实都是范仲淹的后学，并为范仲淹所识拔。起初孙复家贫，据《东轩笔录》载，范仲淹执掌睢阳书院时，孙复曾去拜谒，范仲淹赠钱一千。第二年，孙复又去拜谒，范仲淹又赠一千。之后又补孙复为学职，并激励他“安于学”，使他免除了奔波于家乡与书院之间的辛苦。范仲淹还以《春秋》授孙复。孙复也衷心追随范仲淹，之后范仲淹赴京馆职，孙复亦辞学职而归，在泰山筑居讲学十年之久，主要讲授的就是范仲淹授予他的《春秋》，世称“泰山孙先生”。

景祐二年（1035），范仲淹在苏州于自己的宅基南园筑建学舍，奏请立郡学，聘请胡瑗为教授。景祐三年（1036），范仲淹向朝廷推荐胡瑗：

> 臣闻臣之至忠，莫先于举士；君之盛德，莫大于求贤。泰通之朝，岂敢隐默？臣窃见前密州观察推官胡瑗，志穷坟典，力行礼义。见在湖州郡学教授，聚徒百余人，不惟讲论经旨，著撰词业，而常教以孝弟，习以礼法，人人向善，闾里叹伏。此实助陛下之声教，为一代美事。伏望圣慈特加恩奖，升之太学，可为师法。②

后胡瑗被授为秘书省校书郎，名显于朝。范仲淹的好友滕宗谅（子京）知湖州，又聘胡瑗为郡学教授。胡瑗在苏州、湖州讲学二十余年，与孙复在泰山、石介在徂徕讲学为宋初儒学复兴运动的南北重镇。此三先生后来被认为是宋代理学“开伊洛之先”的先行者，其理学奠基地位毋庸置疑。范仲淹对“宋初三先生”皆有提携爱护之功，他们受范仲淹的激励、延聘和推荐，将其复兴儒学的精神付诸治学和讲学之中。后来，胡瑗授学苏（州）、湖（州）的学规都是以范仲淹订立的睢阳学规为滥觞。

范仲淹在历史上虽然是以“庆历新政”闻名，但实际其人其学对宋代理学的形成有着深远的影响。范仲淹以诲人不倦的精神发展道学，使得在他周围形

---

① 范仲淹．范仲淹全集·范文正公集续补卷一·脱脱·范仲淹传［M］．南京：凤凰出版社，2004：1207.

② 范仲淹．范仲淹全集·范文正公政府奏议卷下·奏为荐胡瑗李觏充学官［M］．南京：凤凰出版社，2004：557.

成了一个非常广泛的治学团体。《宋元学案·序录》云："高平（范仲淹）一生粹然无疵，而导横渠（张载）以入圣人之室，尤为有功。"康定元年（1040），范仲淹以陕西经略安抚副使兼知延州，时张载（1020—1078）年方弱冠，喜谈兵，上书来谒。张载曾向邠人学习过兵法，甚至曾和朋友付诸实践，筹划起兵攻取洮西。范仲淹见张载，知其远器，以"儒者自有名教可乐，何事于兵"诲之，并授以亲手抄写的《中庸》。张载"遂幡然志于道，已求诸释、老，乃反求之《六经》"①。范仲淹劝张载放弃研究兵法，建议他研究儒家的学说，要他仔细研读《中庸》。张载在四处寻访佛、道数十年无一所得的情况下，终又回到研究儒家的六经。庆历八年（1048），31 岁的张载与程颢、苏轼、苏辙等人同登进士第。后成为关中士人宗师，世称横渠先生，其学又称关学。

关学与濂学（周濂溪）、洛学（二程）为庆历学统四起之后宋代儒学大盛的标志，此三大学系其实与范仲淹都有关系。范仲淹之学与张载已确然为宋学之一直接谱系。周濂溪（1017—1073）比范仲淹小 28 岁，曾授业二程，其实亦高平之后学。而从周敦颐的《通书》来看，他的学术思想路向也以《易》和《中庸》相贯通。这与周敦颐在鹤林寺读书期间范仲淹的提点不无关联。程伊川（1033—1107）尝游太学，为胡瑗识拔而为"安定门人"②，由此可见，洛学不只源于濂溪，亦启自安定。如此，范仲淹通过安定下启洛学亦成谱系。因此，濂、洛、关学之兴，应该首推范仲淹识拔启导之功。③ 可以说，没有范仲淹就没有"宋初三先生"，没有范仲淹，张载等人就不会有那么大的学术成就。所以，按照学统和师承关系来看，范仲淹对理学重要人物的提携和奖掖确实与其理学先驱的地位相符。

三、范仲淹对儒学精神的复兴

北宋的学术发生了一次重要的转折，使宋代儒学逐渐走上复兴之路。范仲淹被视为这一时期收拾儒门、复兴儒学的第一人。钱穆先生论两宋学术云："宋学精神，厥有两端：一曰革新政令，二曰创通经义，而精神之所寄则在书院。"④《宋元学案》曾载，安定（胡瑗）"以明体达用之学授诸生"，"其教人之法，科条纤悉具备，立经义、治事二斋"。⑤ 此中，创通经义为体，革新政令

① 黄宗羲. 宋元学案·横渠学案上［M］. 全祖望，补修. 北京：中华书局，1982：662.
② 黄宗羲. 宋元学案·伊川学案上［M］. 全祖望，补修. 北京：中华书局，1982：589.
③ 罗义俊. 范仲淹与北宋前期儒学的复兴·收于论史传经［M］. 上海：上海古籍出版社，2004：288.
④ 钱穆. 中国近三百年学术史［M］. 北京：商务印书馆，1997：7.
⑤ 黄宗羲. 宋元学案·安定学案［M］. 全祖望，补修. 北京：中华书局，1982：24.

为用。李存山指出："此种治学精神的确立，以及宋代"书院"的兴起，实是本之于范仲淹。"①

一方面，范仲淹对儒学的复兴在于他革新政令，躬身力行，为儒门士子重新树立了可以践行的儒家人格典范。南宋陈傅良曾说："起建隆，至天圣、明道间，一洗五季之陋，知乡方矣，而守故蹈常之习未化。范子与其徒抗之名节，天下靡然从之，人人耻无以自见也。"② 朱熹也说："本朝惟范文正公振作士大夫之功为多……祖宗以来，名相如李文靖、王文正诸公，只恁地善，亦不得。至范文正时便大厉名节，振作士气，故振作士大夫之功为多。③"另一方面，范仲淹倡导宗儒学之六经，创通经义，不遗余力提点后学、振兴书院教育。范仲淹每到一处，便大兴书院教育、倡导新风。由范仲淹倡导、推行的庆历新政，是王安石熙宁变法的先河；而庆历新政的改革科举、兴办学校，使儒学精神得以复兴，成就了宋元明时期的新儒学。

北宋理学的兴起，最初表现为庆历时期开始出现的一个复兴儒学的思潮。北宋初期的几十年里，正统儒学并不为人所重视。士人学子无非是把儒学当作科场获胜的工具罢了。而儒、释、道三家思想的融合与并行，更是使君主与士大夫们各取所需，为己所用。这一情况也越来越惨淡，收拾不住。程颐在评价当世之学时曾说："今之学者有三弊，溺于文章，牵于训诂，惑于异端。苟无此三者，则将安归？必趋于圣人道矣。"④ 面对内忧外患，统治者和有志的士宦们面临着是否改弦易张的抉择，范仲淹对此亦早有深刻认识。急功近利的"进士场屋之业"与不关注现实的"释、道山林之趣"都被范仲淹视为异端。"明体达用"之学是道学的基础，怎样在此基础上，调和"释、道山林之趣"成为范仲淹在当时思索和要解决的问题。北宋立国以后，因外患不断、内乱迭起，导致经济困顿，朝中重臣多强烈反对佛道二教，以改善窘迫的状况。范仲淹对佛道持理性和包容的态度。范仲淹提出对佛教"止可完旧，勿许创新"，而没有绝对地反对。他客观地看待佛道之利与弊，融会三家思想，形成了以儒家为宗、佛道为用、返本开新的基本学术态度。相比后来的理学家们那种刻意追求道德、言行不一，范仲淹的人格境界与学术创新理念是相统一的。

范仲淹复兴儒学之精神主要是依托庆历新政和执掌睢阳书院来实现的。庆历新政中，范仲淹等人改变了以往只以诗赋取士的风气，实现先策、次论、后

① 李存山．范仲淹与宋代儒学的复兴·哲学研究［J］．2003（10）：40
② 陈傅良．止斋先生文集·卷三十九·温州学田记［M］．北京．商务印书馆，1937.
③ 黎靖德，编．朱子语类·卷一百二十九［M］．北京：中华书局，1986：3086.
④ 程颐，程颢．二程集·河南程氏粹言·卷一［M］．北京：中华书局，1981：1185.

诗赋的方法，并以此准则来推进兴办教育。范仲淹自己曾就学和执教于睢阳书院。前来就读和专意向范仲淹问业的人络绎不绝。睢阳学统所展现出的艰苦砺行、恢复先儒修己治人的道德仁义精神、重视学生的品德操守、明道经世、关注社会的精神对矫正五代以来的文教风俗之弊端起到了关键性作用。睢阳书院的生活对他恢复儒学产生了深刻影响，培养了他学以用世济民和复兴儒家理乐文教的志向及使命感。睢阳之学亦因此得以光大传世。

在《上时相议制举书》一文中，范仲淹明确地提出："夫善国者，莫先育材；育材之方，莫先劝学；劝学之要，莫尚宗经。宗经则道大，道大则才大，才大则功大。"① 可以看到，范仲淹矫正儒学风气的思路：育才——劝学——宗经——道大——功成。所以他强调科举考试要"先之以六经，次之以正史，该之以方略，济之以时务"，从而"使天下贤俊，翕然修经济之业，以教化为心，趋圣人之门，成王佐之器"②。可见，范仲淹恢复儒学传统精神的理念是十分明确的。范仲淹《南京书院题名记》一文谓"廊庙其器，有忧天下之心"③，《岳阳楼记》"先天下之忧而忧，后天下之乐而乐"④，都是他重振儒学精神的真实的内心写照。

范仲淹虽最高官至副宰相，主持了"庆历新政"，但是他一生中在朝时间很短，相加不超过四年，有四进三黜之光荣经历。天圣六年（1028），范仲淹为母服丧结束。经晏殊推荐，他荣升秘阁校理，负责皇家图书典籍的校勘和整理。范仲淹此次在京任职时间较短，没多久他就因直言刘太后干政而遭到贬谪。这次虽然没来得及施展他之前提出"革时弊"的政治主张，却展现了他经世济民、治国安邦的宏图伟愿。范仲淹前三次都是因为耿直言事而被贬出京。但其志始终不改，在其《灵乌赋》中表达了仍然坚持"宁鸣而死，不默而生"的为官准则。他对为民为国、追求圣功从不避讳，因此他被政敌吕夷简等人污蔑为"好奇邀名""务名无实"。对此，他不以为然，光明磊落地作《帝王好尚论》《近名论》《推委臣下论》等论予以反驳。其中《近名论》说："人不爱名，则虽有刑法干戈，不可止其恶也……不使近名，则岂复有忠臣烈士，为国家之用哉?"⑤ 范仲淹鲜明地表达了士人近名是为了尽忠于国家，为国家之所用的观点。庆历三年（1043）的新政虽然如昙花一现，但是以范仲淹为首的此批"名

① 范仲淹．范仲淹全集．范文正公文集·卷十·上时相议制举书［M］．南京：凤凰出版社，2004：208.
② 罗炳良．范仲淹与北宋春秋学［C］//范仲淹研究文集（五）．北京：北京大学出版社，2009：208.
③ 范仲淹．范仲淹全集．范文正公文集·卷八·南京书院题名记［M］．南京：凤凰出版社，2004：165.
④ 范仲淹．范仲淹全集．范文正公文集·卷八·岳阳楼记［M］．南京：凤凰出版社，2004：168.
⑤ 范仲淹．范仲淹全集．范文正公文集·卷七·近名论［M］．南京：凤凰出版社，2004：132.

士”所倡导的复兴儒学的思潮却逐渐蔓延开来。范仲淹的好友滕宗谅亦“所莅州喜建学，而湖州最盛，学者倾江、淮间”。可见当时社会风尚变化之大。从此，“以天下为己任”成了后来士大夫们一种新的道德准则，并且很快就在士林之间得到了巨大的响应。可以说，范仲淹为后来的理学开拓了人在名教中寻找快乐，即名教可乐的问题。

范仲淹对传统儒家精神的倡导与躬行使得北宋中叶以后士大夫的价值观念与人格理念发生了重大变化。一种新的人生价值、人格理想在士大夫群体间悄然形成。他们把关怀社会、心忧天下的儒家核心价值发扬光大，而且区别于晚唐和五代时期的士大夫们，表现出了通过修齐治平成为圣贤的人格理想。宋代士大夫普遍具有“以天下为己任”的社会志向，与君主“统治天下”的政治主体意识得以拓展，且都追求“高尚名节”和“忠义之气”。《宋史·忠义传序》说道：

“（北宋）士大夫忠义之气，至于五季，变化殆尽……真、仁之世，田锡、王禹偁、范仲淹、欧阳修、唐介诸贤，以直言谠论倡与朝，于是众位搢绅知以名节相高、廉耻相尚，尽去五季之陋矣。”①

范仲淹打破释老的“空遁”和“无为”，大胆革新成了救国救民的良方。欧阳修评价他说：“公少有大节，于富贵、贫贱、毁誉、欢戚，不一动其心，而慨然有志于天下。”② 范仲淹高举“以名为教”的旗帜对释、道进行了有力反击，结束了两汉经学居统治地位三百年之后，于佛老的“收拾不住”的局面，重新使儒学思潮成为时代之主流。

四、范仲淹对理学思想上的实际贡献

从朱熹时起，就有对范仲淹在理学史中地位的讨论。朱熹的《伊洛渊源录》虽称周敦颐为道学开山祖，但在谈论关于北宋道学之盛的过程时，他说道“亦有其渐”③，这个“渐”的开创者指的就是范仲淹。之后的程颐，由于与胡瑗有师徒之仪，尤其敬礼胡瑗，故将胡瑗及曾与胡瑗同学的孙复、石介视为宋学之始，并影响到后来的朱熹。全祖望补修的《宋元学案》明显是受到了程朱的影

① 脱脱，等．宋史·卷四百四十六．列传第二百五．忠义一［M］．北京：中华书局，1977：13149.
② 欧阳修．欧阳修全集·卷二十一［M］．李逸安，点校．北京：中华书局，2001：332.
③ 黎靖德，编．朱子语类·卷一百二十九［M］．北京：中华书局，1986：3089.

响，把“宋初三先生”的学案列于卷首，而单列“高平（范仲淹）学案”一节，置于“宋初三先生”之后，专述范仲淹之行迹。至近代，钱穆才将范仲淹拨置于宋学规模的创建者。①

范仲淹虽然没有专门的哲学著作，但他确实为后来大兴的理学构建了框架、铺平了道路。范仲淹是向“孔颜”儒学精神回归的代表人物。《宋史·本传》本传对范仲淹评论道：“仲淹泛通《六经》，长于《易》，学者多从质问，为执经讲解，亡所倦。”② 他着力在儒家经典中发掘出新道理、新精神、新价值，并积极在佛道中汲取养料，丰富儒学。理学的产生，在很大程度上反映了历经唐末五代社会动荡、纲常沦丧的宋代士大夫重整社会道德规范的强烈愿望；也代表着一种试图使儒学重新成为人们最终的精神归宿，进而能重新全面地指导人们社会生活的时代思潮。范仲淹对理学的实际贡献在于他在“知”和“行”两方面都对后来理学的兴起和走向产生了积极的影响。范仲淹在北宋初年由辞章训诂解经之习向自抒胸臆释经之风的学术转型中，起到了引领风气之先的作用。③ 他改变了汉唐以来儒家象数学与注释学的传统，开始了以义理解经的新风气，④ 力图直指孔孟之道统。

范仲淹以《易》《中庸》为中心的哲学思想，为理学的兴起创造了理论条件。当时出现的一批思想家，以批判佛学、复兴儒学为己任。为了回答佛教提出的挑战以重建儒家哲学，他们纷纷从儒典中寻找理论根据，重新进行解释。范仲淹便是这样的先行者。从范仲淹之学及其门人的著作来看，范氏一脉都尊崇《易经》与《中庸》，这与范仲淹先行倡导有很大关联。黄宗羲指出，“范仲淹博通六经，尤精于《易》”⑤，且曾以《中庸》授张载，所以范仲淹与其师戚同文二人之学大概是以《易》与《中庸》为中心的。胡瑗著有《易传》十卷、《周易口义》十二卷及《中庸义》等。⑥ 至泰山的孙氏，据石介所撰《泰山书院记》说：“先生常以谓尽孔子之心者《大易》，尽孔子之用者《春秋》，是二大经，圣人之极笔也，治世之大法也，故作《易说》六十四篇，《春秋尊王发微》十二卷。”⑦ 所以后人多认为这几位学者是以范仲淹为中心的一派学者，其学问

---

① 钱穆．中国近三百年学术史［M］．北京：商务印书馆，1997：7.
② 脱脱，等．宋史·范仲淹传·卷三百一十四．列传第七十［M］．北京：中华书局，1977：10267.
③ 罗炳良．范仲淹与北宋春秋学［C］//范仲淹研究文集（五）．北京：北京大学出版社，2009：162.
④ 蒙培元．范仲淹的哲学与理学的兴起［J］．北京社会科学，1992（4），103.
⑤ 脱脱，等．宋史·范仲淹传·卷三百一十四·列传第七十［M］．北京：中华书局，1977：10267.
⑥ 黄宗羲．全祖望补修．宋元学案·安定学案［M］．北京：中华书局，1982：24.
⑦ 石介．徂徕石先生文集［M］．陈植锷，点校．北京：中华书局，1984：223.

的根本是《易》和《中庸》。这一派也是周敦颐及二程的先导。① 有学者指出，以范仲淹为中心的一派与欧阳修一派有比较大的差别，欧阳修一派以《春秋》为中心，并极其讲究大义名分。范仲淹一派主要以《易》与《中庸》为学问的根本，更注重探求仁心的本源，讲究所谓“穷理尽性”。后来“南宋的朱熹把这二派加以综合，他遂集了宋学的大成”②。

范仲淹先于后辈理学家提出了“理”的问题，成为后辈理学家所发展和探讨的性理之学。性理之学是一种将人的内在本质与事物的外在法则统一起来的哲学思考和学术建构，也就是要沟通“人道”与“天道”。最终确立“理”本体论的是二程。将“理”这个初具本体含义的概念提出来，这在理学发展史上是一个重要的里程碑。朱熹继承了程颐的观点，更加明确地在对“理”与“气”以及万物关系的辨析中确立了“理”的本体地位。在解释天地万物之理“太极”时，朱熹借鉴了唐代高僧永嘉玄觉《证道歌》“月映万川”的思想。朱熹认为：“人人有一太极，物物有一太极。”③ 其实，范仲淹早有对“理”的探讨和论述，他已将后学程颐提出的“理一分殊”从伦理学意义转变成本体论命题。范仲淹对《易传》中多次出现，但尚无明确意义的“理”进行解释，他在其《穷神知化赋》中说道：

> 惟神也感而遂通，惟化也变在其中。究明神而未昧，知至化而无穷。通幽洞微，极万物盛衰之变；钩深致远，明二仪生育之功。……原其不测，识阴阳舒惨之权，察彼无方，得寒暑往来之“理”，莫不广生之谓化，妙用之谓神。视其体则归于无物，得其“理”则谓之圣人。④

在这里他认为，无物之体（乾坤）就是终极实体，而一切“往来之理”都蕴含于这一无物之体之中，同样是宇宙的本原。他还认为“理”不仅是自然万物演化的法则，同时也是融摄人伦之理的法则。范仲淹从本体论上立论，将人道与天道相结合、人文与自然相会通，力图沟通天道之理与人心性命之理。这样“得其理”便有了修身成圣的可行理论支撑，使心性之学逐渐有了形而上的“理”的根据。范仲淹虽未像后来的周敦颐那样明确地说明，但是已经初步为宋

① 范寿康．中国哲学史通论［M］．武汉：武汉大学出版社，2008：257.
② 王毓．二程“圣人气象”说及其理论意义初探［J］．船山学刊，2012（1）：258.
③ 张艳婉．儒家人性论的解释困境［J］．湖南社会科学，2012（1）：50.
④ 范仲淹．范仲淹全集．范文正公文集·卷二·神知化赋［M］．南京：凤凰出版社，2004：433.

明理学的心性修养论构建了一个形而上的理论支点。这不仅把儒学的发展向前推进了一步，而且回应了释、道两家的挑战。

处于思想转型时代的范仲淹还在北宋率先提出“孔颜乐处”的问题，并把对“孔颜乐处”问题的思考引入“心性之学”的探讨之中，这可以说是儒学发展的一个新的路向。范仲淹荐张载读《中庸》。张载明确地提出了“天人合一”思想，为他的“气本论”和“天人合一”之学的建立奠定了基石。范仲淹给予了张载许多重要的启发。范仲淹已经把人的存在的本体上升到与宇宙本体同一的层面，具有“天人合一、会通”的思想。范仲淹把人看作天地万物之核心，把人的心和性看作根本。本书有关心性方面的问题将在后面的章节中进行具体论述。

综上所述，范仲淹为理学开辟了新的理路和旨趣，实为宋代新儒学之先驱。范仲淹的思想中充满了对佛教心性本体论的借鉴，初步有了构建道德形而上体系的痕迹。他的此举调和了历来中国儒学过分重视政治伦理与现实生活中人们情感欲望之间的矛盾，改变了魏晋、隋唐时期儒门收拾不住的局面。慧能的佛学革命确实解决了困顿的中国士大夫们的精神信仰问题，同时也对儒学形成了新的压力。范仲淹深入“六经”求原理，倡“孔颜乐处”，探“古仁人之心”。他的《六经》“天人会同”思想深深地影响着后来的理学家们。“明体达用”精神虽被胡瑗所大倡，但范仲淹确是先行的示范者，他用自己的一生实践了“明体达用”之精神。范仲淹在政治漩涡中收放自如，三黜而出始终不改其心志。他用自己的一生为宋代乃至后来的士大夫们树立了榜样。

第二节 范仲淹对佛学的服膺及与其学术思想上的关联

一、范仲淹与佛禅的渊源

晚唐五代至宋这一时期是文化大交融时期。在这段时期，如果从三教融合、发展的角度来审视，中国文化发展的着重点及民族文化生命的主要流向，就是在吸收佛教、消化佛教。日本学者木田知生指出，在范仲淹的思想层面，儒、佛、道三教融洽无间，互不矛盾，自然而然地形成了范仲淹博大精深的思想结构。① 范仲淹于佛教的看法及态度，对其所处时代的学术与社会环境亦有很大的

① 木田知生．略谈范仲淹的政绩与思想［C］//范仲淹研究文集（五）．北京：北京大学出版社，2009：36.

影响。范仲淹曾深入佛教义理，阅读佛典，参悟佛义，宣述个人所见。“在佛教史上，范仲淹被视为外护，对佛教有奖掖维护之功，是了解宋代复杂的儒释关系不可忽视的人物。”① 范仲淹不懈努力的一生和其“先忧后乐”的精神与大乘佛教的菩萨道精神甚有会通之处。佛教思想是范仲淹一生行善，广开义庄，被叫做大善人的重要思想来源。佛禅的认识论和修身方法等方面对范仲淹都产生了重要影响。范仲淹从小受到母亲的影响，敬礼佛教，一生与佛教结下了不解之缘。范仲淹的母亲谢氏是虔诚的佛教徒，所以范仲淹少即通佛理。范仲淹从小读书十分刻苦，志向超群，15 岁即被举为学究。范仲淹后来有幸得到继父友人的引荐，寄居邹平县长白山醴泉寺读书。他在寺中刻苦攻读，昼夜不倦。在广泛涉猎六经的同时，“佛性向善、普渡众生”的佛学教理对他产生了深刻的影响。

范仲淹一生尊崇佛教三宝，与僧侣们的交往非常多。他每到一地必广游寺院，结交僧徒，建寺度生，崇兴佛法。通过范仲淹的诗文我们就可以了解到早期与他相交的有释文光和广宣大师，此外还有琴中知音真上人、吴僧真、越僧长吉、金山寺识上人、希元上人、元二上人、虎丘长老、四明僧湛公等。范仲淹的足迹遍及江南名刹。天平山白云寺、常熟顶山寺、越州翠峰院、雍熙院、广慈院、睦州乌龙山寺、承天寺、虎丘云岩寺、苏州灵岩寺、杭州白塔寺、饶州黄山寺、镇江甘露寺、南康军落星寺、泰州西溪圣果院等宝刹均有文正公游访的记载。范仲淹镇守西北边关时，他早年寄居读书的醴泉寺遭逢大火，没有办法的老僧只能去向范仲淹求援。此时范仲淹才道出了他早年在寺中读书时偶然发现寺内地窖中埋有一罐金子、一罐银子之事，僧人们果然按照范仲淹信中所言，找到了金银，修复了被火焚烧的寺院。范仲淹寒门不取窖金之事也被传为美谈。范仲淹晚年还有舍宅为寺的善举，“以所居宅，改为天平寺，延浮山远禅师居之（苏州府学亦其所舍）”②。他把自己的府邸改名为“天平寺”，让浮山法远禅师居住，法远禅师入寂后亲自为其撰碑铭，称其“释子之雄，禅林甘泽，法海真龙。寿龄有限，慧命无穷”。范仲淹还为圆寂于天竺山日观庵的善升禅师写塔记，歌颂其德行。足见范仲淹与佛门中人的亲密交往和深厚情谊。

范仲淹曾先后多次问道于琅琊慧觉禅师，道业日进。慧觉禅师，北宋临济宗僧，西洛人，名慧觉。得法于汾阳善昭禅师，后住滁州琅琊山，大振临济宗

① 黄启江．从范仲淹的释教观看北宋真、仁之际的儒释关系［C］//范仲淹研究文集（一）．北京：人民出版社，2003：276.

② 周安士．安士全书［M］．北京：灵光寿敬印，1995：52.

风，世称琅琊慧觉。① 禅宗丛林中，他和宁波雪窦寺的重显禅师名噪江南，被称为“二甘露门”。《禅林宝训》记载，范仲淹在吴中任职时，曾以“千余缗”布施慧觉禅师及其所在的寺院。

> 琅琊和尚，往苏州看范希文。因受信施及千余缗，遂遣人阴计在城诸寺僧数。皆密送钱，同日为众檀设斋。②

琅玡慧觉为感谢范希文特前往苏州，并为众檀设斋，使姑苏道俗悉起信心增深道种。可见范仲淹对慧觉禅师的信施及礼遇，以及他对佛法的尊崇。又有：

> 文正公谓琅玡曰：“去年到此，思得林下人可语者？尝问一吏，诸山有好僧否？”吏称北寺瑞光、希茂二僧为佳……三十年蹈不越阃衣惟布素，声名利养了无所滞，故邦人高其操履而师敬之。若其登座说法代佛扬化机辩自在称善知识者，非顽吏能晓。③

他主动向慧觉禅师寻可语佛法者，可见范仲淹倾心禅法、虚心问禅学法的实际行动。北宋的承古禅师是云门宗青原行思下七世法嗣，世称古塔主。宋仁宗景祐三年（1036）五月，范仲淹受命知饶州，出守鄱阳，范仲淹慕承古禅师道风，屡就问道，并亲自恭请其为荐福院住持，为此范仲淹作请疏文曰：

> 伏以无心为宗，非一毫之可立；有言即病，徒万法之强名。然则病非医而曷求？宗因师而乃证！古师和尚，净行无垢，孤峰绝攀。法鼓一鸣，有闻皆耸；神珠四照，无隐不彰。群愿斯归，正乘可示；大众瞻仰，即同如来。谨疏。龙图阁待制知饶州军州事范仲淹疏。④

承古禅师对范仲淹也颇为敬重和关怀，认为他佛学造诣颇深。此《荐福承古禅师语录》末段“偈颂”有承古禅师《与范文正公》颂云：“丈夫各负冲天气，莫认虚名污自身。撒手直须千圣外，纤毫不尽眼中尘。”范文正公喜欢阅读《古塔主语录》，尝亲为疏，请说法。《五灯会元》《禅林宝训》等本都曾记载范

---

① 释氏稽古略卷四、续传灯录卷三、五灯严统卷十二、禅宗正脉卷十二均有记载，其他生卒事不详。
② 净善集．禅林宝训［M］．北京：大众文艺出版社，2005：99.
③ 净善集．禅林宝训［M］．北京：大众文艺出版社，2005：99.
④ 文智．荐福古禅师语录·卍新纂续藏经·第 73 册 No. 1447：43.

仲淹喜爱与承古禅师讨论禅理。

此外，范仲淹对佛教的接受不仅表现在建寺度僧、亲近高僧等方面，他在政务之余，还经常阅读和研究佛教经典，表达自己对佛教的见解。他曾阅读《金刚经》，得经藏正见，深得个中三昧。他所作的《十六阿罗汉因果识见颂序》就有他阅读《大藏经》和服膺佛学的真切记述。据《居士分灯录》卷上记载，庆历初年，范仲淹奉命宣抚河东，在旅途中偶然得到一失传之佛典《十六罗汉因果识见颂》，四年后为之作序而刊布。《十六阿罗汉因果识见颂》本来是诸阿罗汉诵佛所说善恶因果，识心达本之法。范仲淹在序中认为佛经可以让人“开悟迷途”“识心见性”，并使他有“胸臆豁然”“大有所悟”之感：

> 余尝览释教大藏经，究诸善之理，见诸佛菩萨施广大慈悲力，启利益方便门，大自天地山河，细及昆虫草木，种种善谕，开悟迷途。……皆直指死生之源，深陈心性之法。开定慧真明之宗，除烦恼障毒之苦。济生戒杀，诱善祛邪。立渐法，序四等功德；说顿教，陈不二法门。分顿渐虽殊，合利钝无异。使群魔三恶不起于心，万法诸缘同皈于善。余一句一叹，一颂一悟，以至卷终，胸臆豁然，顿觉世缘大有所悟。倘非世尊以六通万行圆明慧鉴之圣，则无以致此。①

显然，他对佛典十分熟悉，深知佛家真谛。他亲自作序，足见他对此事的重视和对佛教事业的热心。清代济能纂辑《角虎集》收有范仲淹小传，记载了范文正公读《十六阿罗汉因果识见颂》的情况，“公读之，一颂一悟，方知人世有无边圣法，《大藏》遗焉”②。

范仲淹对佛教的态度是十分明确且理性的。范仲淹既护佛又限佛，释家历来视他为外护。天圣五年（1027），范仲淹为母守丧期间作《上执政书》，冒哀越礼上书宰相，倡言改革。在此书中范仲淹曾发表限佛的言论：

> 夫释道之书，以真常为性，以清净为宗，神而明之，存乎其人，智者尚难于言，而况于民乎？君子弗论者，非今理天下之道也。其徒繁秽，不可不约。今后天下童行，可于本贯陈牒，必诘其乡党，苟有罪戾，或父母在，鲜人供养者，勿从其请。如已受度，而父母在，别

① 范仲淹．范仲淹全集．范文正公别集·卷四·十六罗汉因果识见颂序［M］．南京：凤凰出版社，2004：451.

② 济能．角虎集·卍新纂续藏经·第62册 No. 1177：216.

> 无子孙，勿许方游，则民之父母鲜转死沟于壑矣……天下寺观，每建殿塔，蠹民之费动逾数万，止可完旧，勿许创新。斯亦与民阜财之端也。[①]

虽然他对佛理十分服膺，但是在从政和变革过程中涉及国家发展问题时，他会客观地看待佛教的利与弊，他认为佛道不是治理当今天下之正道。尤其是在其提倡新政时期，佛道的消极方面，如“父母鲜人供养”“蠹民之费”等与其精进改革背道而驰的思想都应加以限制。所以他提出对佛教“止可完旧，勿许创新”，而没有绝对反对。范仲淹在其《四民诗》中也有详尽的论述：“可甚佛老徒，不取慈俭书。竭我百家产，崇尔一室居。”[②] 他对佛教的限制正是基于他对当时农、工、商阶层所受的压迫、所处的窘境的理解和同情。正是出于关心民瘼，范仲淹才提出要限制佛教。他提议限制佛道的发展，是为了节俭国费、奉养父母，他反对的是过度浪费民财和破坏社会秩序，而不是要抑制佛道本身。范仲淹在佛禅之中体味人生，收获颇丰。他也“常修净业，以养圣胎”[③]。范仲淹对佛禅的信崇和服膺对其精神世界产生了极其重要的影响。

二、“先忧后乐”与“忧乐圆融”

范仲淹一篇《岳阳楼记》令当年的大宋皇朝一时洛阳纸贵，文人墨客争相传颂。范仲淹以“不以物喜，不以己悲”的旷达胸襟和“先天下之忧而忧，后天下之乐而乐”[④] 的伟大抱负成为士人学习之楷模。范仲淹也被朱熹称为“有史以来天地间第一流人物”[⑤]。“先天下之忧而忧，后天下之乐而乐”是范仲淹在经历几十年宦海沉浮，屡遭挫折情况下发出的赤子般的心声。其时范仲淹已经渐进暮年，这是儒、佛人生观、价值观交融后，范仲淹的心灵独白。他是儒家砥砺人格、为民请命、埋头苦干的代表；同时，也是深谙佛老妙境的智者。此心灵的呼声展现的正是他儒、佛思想交融后，对生死苦乐和生命价值思考所得。这一命题影响了之后千百年士人的精神世界。

美国的汉学家莱特（Arthur F. Wright）曾指出，范仲淹“先忧后乐”的思想是源自大乘佛教的“菩萨行”思想。的确，范仲淹曾被后人称为菩萨，他造

---

① 范仲淹．范仲淹全集．范文正公别集·卷九·上执政书［M］．南京：凤凰出版社，2004：188.
② 范仲淹．范仲淹全集．范文正公别集·卷二·四民诗［M］．南京：凤凰出版社，2004：27.
③ 济能．角虎集·卍新纂续藏经·第62册No. 1177：216.
④ 范仲淹．范仲淹全集．范文正公文集·卷八·岳阳楼记［M］．南京：凤凰出版社，2004：168.
⑤ 黎靖德，编．朱子语类·卷一百二十九［M］．北京：中华书局，1986：3088.

福一方，舍身求法等诸多实际事例足以显示他的大乘菩萨道精神。菩萨未度己，先度人，愿为众生承担一切苦难。莱特先生认为范仲淹的“先忧后乐”精神就是“菩萨行”的俗世翻版。[①] 这种“先忧”“后乐”的秩序与菩萨道精神十分相近。笔者认为这是有一定关联的。范仲淹浸润佛学已经是不争的事实，他理性地爱护佛教，并且对佛理还深有研究。其为《十六罗汉因果识见颂》作的序，就足以见得范仲淹对佛教的服膺和笃信。

孟子曾讨论作为士人责任的“忧患意识”问题，言“生于忧患，死于安乐”[②]。但佛家之菩萨行对“忧患”之担当精神的探讨更加深入。佛家菩萨道乃成佛之正因，成佛乃菩萨道之结果；欲成佛，必先行菩萨道。“菩萨行”是上求佛道、下化众生之教法。此教法要求众生认识世间一切都是无常无我的，提倡自度度他，自他平等，以救度众生为己任。范仲淹一生都表现出舍我为他的精神状貌，实与这种圆满自利利他的菩萨道精神十分接近。

范仲淹“先忧后乐”思想就是他“忧乐圆融”精神的实际体悟和实践方法。他在四进三黜朝堂之后，还能发出“先忧后乐”的人生感叹，这本来就是他思想中“忧乐圆融”精神的体现。范仲淹常拿“忧”和“乐”对比来使用，他在《蔡齐墓志铭》中道：“以进贤为乐，以天下为忧。”[③] 这实际反映的是他自己内心的向往，反映的是他“忧乐圆融”精神与佛教理事圆融、事事圆融之境界的相通。范仲淹护持寺庙、参拜菩萨、交游高僧、挥毫作序，已将佛禅忧乐圆融、荣辱不惊、悟在当下、无修之修、明心见性的人文精神完全融入自己的忧患意识之中。

三、“孔颜乐处”向“心性之学”的转变

处于思想转型时代的范仲淹率先提出“孔颜乐处”的问题，并把对“孔颜乐处”问题的思考引入对“心性之学”的探讨之中，这可以说是儒学发展的一个路向。“孔颜乐处”是宋初思想界讨论的热点问题之一。二程从周敦颐等前人那里继承了对此问题的关注，全面提升了它的内涵，提出“圣人气象”说。儒家一直关注人性与天之间的关系，儒家性与天道的融合从根源上需要从孔子论起。我们知道，在传统儒学中，对于“性”的论述并不多。孔子很少谈“性”，从孟子开始才将心、性的概念放在一起论述。但孟子一派的“心”并不属于本

---

① 参阅方健．范仲淹评传［M］．南京：南京大学出版社，2001：204.

② 杨伯峻．孟子译注·告子下［M］．北京：中华书局，1960：298.

③ 范仲淹．范仲淹全集．范文正公文集·卷十四·户部侍郎赠兵部尚书蔡公墓志铭［M］．南京：凤凰出版社，2004：294.

体论范畴，更偏向于主体范畴。至唐代韩愈提出“道统”说和“性三品”说，已显现出新风气，他的学生李翱受到天台宗止观理论的影响，完善了韩愈的性情论。至公认的理学开山之祖周敦颐讲“诚”，他认为“诚”是人的本性，禀太极之理，纯粹至善。周敦颐常谈论“孔颜乐处”这个命题，引发了儒学从文字训诂章句向心性义理天道的大转折。后来，周敦颐教授二程，二程用心揣度领悟，并使二程对儒家经典的兴趣转向心性义理方向的参悟与阐释，这对理学的集大成者朱熹产生了重要影响。曾受学于范仲淹的张载讲天地之性和气质之性，实际也是在探讨心性问题。张载认为：“太虚无形，气之本体，其聚其散，变化之客形尔。”① 我们追溯北宋一代探讨此问题的源头，当数范仲淹。范仲淹由“师经探道”之思路，将经学转成道学，建立了以道释《易》、以《易》论政的《易》学，又从其《易》学转出“穷理尽性”的观念，从其《春秋》学中转出“尊王黜霸”的观念，为宋儒开出道体大用、内圣外王的方向和规模。

大中祥符七年（1014），范仲淹在其所作的《睢阳学舍书怀》中提道“瓢思颜子心还乐，琴遇钟君恨即销”②。他把此时的自己比作颜回，他认为颜回在贫贱的环境中保持了一种自足的“道义之乐”，同时也抒发了他同颜回一样追求内圣外王的情怀。范仲淹认为，颜回之乐的主旨并不在于贫贱本身有什么可乐之处，而在于不为物欲所困的主体内在之乐，也就是“乐”与“道”的统一。范仲淹极其推崇这种崇高的精神境界，一生多次谈及此乐。以往的士大夫们，站在儒家“有我”的立场上，多缺少佛禅“无我”的可以安情养性的心灵支撑。而范仲淹的“孔颜乐处”问题正是对这一问题的探讨。佛学为新儒学提供了安心立命之道的养料。“孔颜乐处”问题对后辈周敦颐、二程等有很大的启发作用。周敦颐多次在《通书》中探讨“孔颜乐处”问题，并引导二程对此深入思考。之后，“孔颜乐处”问题成为宋明理学中一个重要命题。

《周易》认为人性之初如懵懂之孩童，无好坏之分，纯正无邪的品质应该在后天培养。范仲淹的《蒙以养正赋》依此提出“蒙正相养”，他认为人心性之正本就隐藏于自身内部，这与他论证“明为诚之表，诚乃明之先”是相同理路，在一定程度上影响了后辈理学家对“心”和“理”的讨论。范仲淹在《省试自诚而明谓之性赋》说道：

圣人生禀正命，动由至诚。发圣德而非习，本天性以惟明……岂

① 张载．张载集·正蒙·太和［M］．章锡琛，点校．北京：中华书局，1978：7.

② 范仲淹．范仲淹全集．范文正公文集·卷四·睢阳学舍书怀［M］．南京：凤凰出版社，2004：62.

不以自诚而明者，生而非常；自明而诚者，学而有方。生而德者，实兹睿圣；学而及者，惟彼贤良。颜生则自明而臻，为贤人而可拟；夫子则自诚而至，与天道而弥彰。①

范仲淹认为圣人之德是与生俱来的天性，颜子之乐来自他天性的“明”。余英时先生谓“范仲淹此文全就《中庸》发挥，充分表达了由修身、齐家而建立理想秩序的意识，而且也含有‘内圣’与‘外王’相贯通的观念”。显然，范仲淹是继承《中庸》“自诚明，谓之性；自明诚，谓之数。诚则明矣，明则诚矣”之意，试图寻求天道与人道的合一。“诚”即指天道，“明”即指人道。范仲淹发展了《中庸》的“性本善”的思想，他认为只要人们充分发挥自身本来就具备的“诚”和“善”，再修养其“明”，就可以达到“圣人之性”。可见，范仲淹已经开始深入儒家心性天道的范畴，并初步有了打通“外王”与“内圣”两个领域的意图。这为理学的道德形上之学奠基了基础，也确立了范仲淹在理学思潮兴起中的先驱地位。

赖永海在《佛学与儒学》中指出：“佛教影响儒学最大者是其本体论的思维模式。”② 佛教的心性本体论影响了儒学在此时期的发展。宋代的新儒学建立了中国传统儒学与天道的联系，把“性”作为政治与伦理的根本依据，而在此之前儒学与身心修养、精神归宿基本是无关联的问题。范仲淹的思想有着相当浓重的儒、释、道三家思想融合之意，他试图对心性、性命、天道做出自己的解释。他借鉴了释、道二家的境界与思维方式，完善传统儒家的缺失，理性地接受和对待儒学与佛学，援佛入儒，为理学“心性论”构架了新的思维模式。范仲淹不以贫困为忧、以刻苦向学为乐、忧乐圆融的超越精神，践行了恢复中国儒学社会伦理价值观念，儒家修身、齐家、治国、平天下的最高理想境界。范仲淹从幼年时期开始就受到佛教思想的浸润，作为佛教外护的他提倡合理发展佛教。范仲淹早年寓居醴泉寺，拜寺中住持高僧为师。他在广泛涉猎《六经》的同时，染沐“佛性向善、普渡众生”的佛学教理。范仲淹一生多建寺、度僧的善行，不乏与禅僧讨论禅机的行动。他在回复琅琊慧觉禅师偈语时也说：“连朝共话释疑团，岂谓浮生半日闲。直欲与师闲到老，尽取识性入玄关。”佛教注重主体对本体的体认和证悟，视之二者为一体，即是本觉，亦是心体、性体。大乘佛教把心性论上升为本体论，认为心性是万物的本原。唐以后儒佛交融，

① 范仲淹．范仲淹全集．范文正公文集·卷一·省试自诚而明谓之性赋［M］．南京：凤凰出版社，2004：19.

② 赖永海．佛学与儒学［M］．杭州：浙江人民出版社，1992：25.

佛教之心性向儒家之人性靠拢。这也是范仲淹等士大夫接受佛教心性本体思维模式的重要基础。

范仲淹受佛禅思想影响，率先把“孔颜乐处”引向了对心性本体的思考，把“性”作为政治与伦理的根本依据，其思路和意向已经十分明确。他的这一举动促使后辈理学家们进一步把中国传统伦理与天道建立联系，开启了儒学的新篇章。

第三节 范仲淹受佛禅影响的人格精神

范仲淹《岳阳楼记》中的名句“不以物喜，不以己悲”，这里的“物”不是儒家的传统概念，而是来源于佛教中“外物”（“外境”）的概念；“不以己悲”，更是佛教的概念。“己”“悲”，这两个字儒家用得较少，“悲”字几乎为佛教专用。他认为真理与准则不依赖外部力量所给予，只需向内求，这也体现了佛禅“明心见性”“尽心识性”的思想。佛禅对范仲淹精神境界的影响，概括起来主要有以下三个方面：

一、追求和践行大乘菩萨道“悲心宏愿”的最高境界

大乘菩萨道除了讲求自修自度外，度众生是重要的任务。慈悲心是度众生的动力，普度众生的宏伟愿望是其目标。“慈悲”是建立在佛教缘起论基础上的核心理念，也是佛陀所讲的行事法则和大智慧。南本《涅槃经》卷十四云：“为诸众生除无利益，是名大慈；欲与众生无量利乐，是名大悲。”昙鸾《往生论注》卷下云：“拔苦曰慈，与乐曰悲，依慈故拔一切众生苦，依悲故远离无安众生心。”① 简言之，慈悲就是“拔苦与乐”。范仲淹少时的悲苦身世和他所经历的苦读生活，是他通达之后最能体会民生多艰、人生疾苦的思想体悟。欧阳修为范仲淹所撰碑文述曰：“感泣去之南都，入学舍，扫一室，昼夜讲读，其起居饮食，人所不堪，而公自刻益苦。”②

通达之后的范仲淹没有为自己求安乐之心，有的是使众生脱离苦海之“悲心宏愿”。范仲淹一生政见和改革多围绕“救民弊”。如他在《上执政书》中提出了全面改革的纲领，共分为“救民弊、丰民财、育人才、固国防、防变乱、

① 昙鸾注．往生论注·大正新修大藏经·第40册 No. 1819：842.

② 欧阳修．欧阳修全集·卷二十一［M］．李逸安，点校．北京：中华书局，2001：332.

纳民听”六个方面。这无一项不是与民众的利益相关、解救生民脱离困弊之举。正如《十六阿罗汉因果识见颂》所云：“夫人发善言，不如发善心。发善心者，不如行善事。”范仲淹每到一处为官，必大兴水利，造福当地百姓。嘉兴元年(1022)，他担任“监泰州西溪盐仓”小官时，为民众修缮“秋涛为患”的古堰，使民大受其利，后被称为“范公堤”。明道二年（1033），江淮地区闹虫灾，政府却没有及时赈灾，范仲淹心急如焚，冒杀头之祸，质问宋仁宗为何对此熟视无睹。当他被指派为赈灾专员后，立刻开仓济民，组织当地民众生产自救。回京后他又带回灾民吃的“乌昧草”，以示仁宗及后宫要杜绝奢靡浪费。景祐元年（1034），范仲淹知苏州时，察觉姑苏四郊的水患，组织人力疏通五河，使民众得以丰收。范仲淹心地温善柔软，在西北戍边时，他看到逃跑被捉的士兵要被“黥面”，子孙后代都不得脱离军籍。他体察到了民之苦楚，对此进行了改革，在边寨大开营田，将士可以带家属，并改“黥面”为刺手。他对百姓的“拔苦”也换来了百姓们更多的拥护和支持。

范仲淹一生乐善好施，自奉甚俭。《宋史·本传》述范仲淹“泛爱乐善”“食不重肉，衣不重裘，妻子衣食仅能自充”①。他常拿出自己俸禄资助四方游士，受其举荐的游士、学子达数百人，“尝推其奉以食四方游士，诸子至易衣而出，仲淹晏如也”②。理学的奠基者宋初三先生，石介、胡瑗、孙复等人的闻名都与范仲淹的识拔和举荐有关；晚年，范仲淹捐献毕生大部分的积蓄，在家乡苏州购置良田千余亩，设立义庄，养济族人；他为官每到一处，必造福一方。范仲淹一生的善行义举，不胜枚举。他菩萨般的“爱持众同，乐与人共”和高尚的道德情操更是传为人间佳话。他“先天下之忧而忧，后天下之乐而乐”的慈悲菩萨思想以及“求民疾于一方，分国忧于千里”的行事准则为他赢得了大善人的美誉。范仲淹在其《四德说》中推崇个人“温良”“乐善”“好生”“兼济”“正直”“忠毅”③ 等品质。足以见得他的精神世界里传统儒家仁义精神与悲心宏愿大乘菩萨道牺牲精神的统一。

二、吸收佛禅“无”之境界，诠释“有无之境”的完美统一

佛家追求“常乐我净”的精神境界。“三法印”是小乘佛法的检验标准，其中一个法印就是“诸法无我”。这与《金刚经》中所言“无我相”近似，指

---

① 范仲淹．范仲淹全集·范文正公集续补卷一·范仲淹传［M］．南京：凤凰出版社，2004：1207.

② 范仲淹．范仲淹全集·范文正公集续补卷一·范仲淹传［M］．南京：凤凰出版社，2004：1215.

③ 范仲淹．范仲淹全集·范文正公文集·卷八·四德说［M］．南京：凤凰出版社，2004：162.

的也就是深层的自我意识，也就是人的本性、人性。剔除这些意识，追求本体之心性。禅宗的“见性成佛”，要求的就是这个不带任何感情和意气的性。六祖慧能的《坛经》云：

何期自性本自清净，何期自性本不生灭，何期自性本自具足，何期自性本无动摇，何期自性能生万法。①

不识本心，学法无益。若言下识自本心，见自本性，即名大丈夫。②

范仲淹是识得本心，养内利外的觉者。范仲淹亦是实践佛家“无我”为教，走出“自我”迷执的典型代表。在“悲心宏愿”这种大的目标境界下，范仲淹较好地实现了“有”与“无”这两者完美的统一。“有”是以儒家为代表强调社会关怀与道德义务的境界，“无”是佛老注重内心宁静平和与超越自我的境界。范仲淹从不迷信任何权威，时刻都愿舍我，去实现圣功。他深谙“无我”之境界，理性地看待“有之理性”与“无之智慧”。陈来先生认为：“理学对佛学挑战的回应更在于对人生境界和修养工夫上‘无’的吸收。”③ 范仲淹也正是吸收了佛禅的境界和修行方式，尤其是对“无”的吸收和充分融入，才使得他将“有”与“无”完美结合，达到了圆融的境界，并以此为宋代理学开辟了新的理路，奠定了其理学先驱之地位。

范仲淹一生追求圣功，有志于天下，欲作万人英。早在天圣二年（1024），范仲淹在其《赠张先生》一诗中说道：“有客淳且狂，少小爱功名；非谓钟鼎重，非谓箪瓢轻。”④ 很明显，范仲淹十分强调儒家立场上的“有我”，但此中的“我”绝非个体之“小我”，而是整个宋朝的“大我”，甚至是整个天地之“大我”。其“不以物喜，不以己悲”也是对他早已摆脱“小我”的最好诠释。他对为民为国之圣功方面“有”的追求从不避讳，因此被他的政敌吕夷简等人污蔑为“好奇邀名”“务名无实”⑤。之后，他光明磊落地作《帝王好尚论》《近名论》《推委臣下论》等论，予以反驳。

范仲淹“有”与“无”完美结合的境界多得益于对佛禅思想的深刻领会。

---

① 慧能．坛经校释［M］．郭朋，注．北京：中华书局，1983：20.

② 慧能．坛经校释［M］．郭朋，注．北京：中华书局，1983：20.

③ 陈来．有无之境——王阳明哲学的精神［M］．北京：人民出版社，1991：4.

④ 净善．禅林宝训［M］．北京：大众文艺出版社，2005：29.

⑤ 李焘．续资治通鉴长编·卷一一八·景祐三年五月丙戌纪事［M］．北京：中华书局，1985：2784.

《金刚经·第十品庄严净土分》云："应无所住而生其心。"传统的印度佛学以苦谛为基础，中国化了的禅宗认为要断除烦恼，必须从自我内心出发实现超越。六祖慧能《坛经》的三个总纲就是"无念、无相、无住"，即"三无"境界。"无念""无相""无住"，这里的"无念"不是说要万念除尽，不想任何事物，而是说在与外物接触时，要使内心不受外境的任何影响，即"于念而无念"。"无相"的意思是说在与外界接触时不产生对任何表象的思量计较，以保持本心的虚空寂静，也就是所谓"于相而离相"。"无住"就是不执着，也就是说心不执着在外境上，对任何事物都不思念和留恋它的形色声味。所以不是任何一个动念都是"执"，需要我们去掉的是"妄执""误执"；要留存的"执"是与儒家相通的正确的"执"。禅宗要求人们不必执着，也就是无住。范仲淹二十七岁始入仕，纵观其一生三十多年的为官经历，虽然遭遇多次起落，但其对儒家修身、齐家、治国、平天下的理想始终是坚定不变的。他深受佛禅思想影响，一直以"无我"的境界为官行事。他能够正确、理性地看待佛教"执"与"不执"思想，圆融无碍地面对一切境遇。范仲淹没有"一心求佛"之执。他有的是"一心为国、为民""一心忧君、忧民"的执着。

唐末五代至两宋，从未停止过的民族矛盾和阶级斗争愈演愈烈，这些斗争往往是十分残酷无情的。范仲淹第三次遭到贬谪，到饶州（今江西省鄱阳县）任后吟诗道："三出专城鬓似丝，斋中萧洒过禅师。"萧洒过禅师只是他无奈地自我嘲解罢了，其中透露出的还是一种深深的苦闷之情。为了平衡和抚慰自己痛苦的心灵，范仲淹只能转向佛禅寻找解脱，来与多舛的人生相抗衡。他虽然没有像苏轼一样完全是佛教的境界修养，发出"人生如梦"的感叹，却如苏轼一样，身处逆境中得到了一种随遇而安的平和心境。面对关乎生死的政治角逐，范仲淹却能坦然对待，以清净之心去看待一切，这与他精神世界中的"无我"有很大的关联。佛教"无常"与"无我"观点的提出是以缘起论和五蕴论为思想基础的，是与四圣谛的人生观紧密相连的。佛教认为，人生无常，我的本体也不是永恒存在的。既然世间的一切是无恒常主体的，那么它就不值得人们去执着。世俗之人由于无知，错把"无常"与"无我"的东西当成有常、有我的东西来追求，这就必然陷入痛苦。所以要消除痛苦，就要消除人们的无知，认识到"无常"与"无我"的道理。范仲淹"居庙堂之高则忧其民，处江湖之远则忧其君""先天下之忧而忧，后天下之乐而乐"所展现出的精神境界，都体现出了他对"有我"与"无我"的理性结合。在他第三次遭贬谪后所作的《灵乌赋》中仍然坚持"宁鸣而死，不默而生"的为官准则。他对功业"无我"的追求影响了当时一大批士人。从范仲淹开始以天下为己任已成为士大夫们共同的精神追求。

此外，对“苦”“乐”“无常”与“无我”等佛教特色理论的理性认识，使范仲淹将“乐”与“道”结合在一起，赋予了其道德伦理内容，在宋代率先深入探讨“孔颜乐处”的问题。“孔颜乐处”其中的“乐”最能体现范仲淹“有与无”境界的完美统一。范仲淹认为佛教将人生归结为“苦”与“无常”是过于悲观和消极的。佛教这种对现实世界的悲情意识可以让人们更加认清自身烦恼的根本缘由，最终推动人们自觉地寻求解脱和超越的办法，实现苦与乐的转化，达到心灵的平衡，而不完全是失去信心的逃避。在他自己身上就体现出了佛禅思想的理性精神和意义。大中祥符七年（1014），范仲淹在其所作的《睢阳学舍书怀》中提道“瓢思颜子心还乐，琴遇钟君恨即销”①。他把此时的自己比作颜回，他认为颜回在贫贱的环境中保持了一种自足的“道义之乐”，同时也表达了他同颜回一样追求内圣外王的情怀。范仲淹认为，颜回之乐的主旨并不在于贫贱本身有什么可乐之处，而是不为物欲所困的主体内在之乐。士人如果想要成圣就要像颜渊一样实现圣人之境界与个体心身的和谐，也就是“乐”与“道”的统一。范仲淹极其推崇这种崇高的精神境界，一生多次谈及此乐。此前的士大夫们，站在儒家“有我”的立场上，多缺少佛禅“无我”的可以安情养性的心灵支撑。而范仲淹关于“孔颜乐处”问题的探讨正是对这一问题寻找出路。佛学为新儒学提供了安心立命之道的养料，也只有佛教的理论才能满足这种境界的提升。“孔颜乐处”问题对后辈周敦颐、二程等有很大的启发作用。

三、为后来士人树立“宠辱不惊”的独立人格典范

佛教历来主张我命由我不由天，众生平等。佛教讲求自力、自度，即众生需要靠自己修行的力量实现涅槃，自行解脱。《涅槃经》倡导“一切众生皆有佛性”。大乘佛教还强调“如来即在众生身内”，也就是佛性如来藏思想。虽然这种思想在印度佛教中没有得到充分的发展，而是受到中国传统儒学自力精神的影响，但它所彰显的将人的内在心性作为解脱之道的独特思想，在接触到中国儒、道传统思想沃土之后，便立即生根发芽了，最终成了中国化佛学的主要论调。禅宗五祖弘忍大师《最上乘论》中说道：“夫修道之本体须识，当身心本来清净，不生不灭，无有分别。自性圆满清净之心，此是本师，乃胜念十方诸佛。”② 慧能讲“性净自悟”。《坛经》云：“菩提般若之智，世人本自有之。只

---

① 范仲淹．范仲淹全集·范文正公文集·卷四·咏史五首［M］．南京：凤凰出版社，2004：62.

② 弘忍．最上乘论·大正新修大藏经·第48册 No. 2011：377.

缘心迷，不能自悟。"① 慧能讲般若之法侧重讲心性问题。他说："性含万法是大，万法尽是自性。"② 这种提倡向内的心性思想直指士大夫精神深处，尤其是到了宋代，禅宗倡导的以自力"明心见性"以及平等精神为底层士人的精神世界开辟了新的路向，也对范仲淹的独立人格精神起到了积极的影响作用。

范仲淹早年在应天书院（今河南省商丘市）读书时，真宗皇帝巡幸路过书院，同学们都争先恐后地去瞻仰圣容，唯有范仲淹仍埋头读书。他心中有个坚定的信念，日后再见，为时不晚。果然，范仲淹凭借自己并不突出的天赋但十分惊人的毅力，苦读四年后，终于得中进士，完全靠自己的能力蒙幸圣恩。之后他恢复了自己原来的姓氏，把母亲接到身边赡养，后又依靠自己的力量接济族人，振兴范氏。我们不难想象范仲淹幼年丧父、随母改嫁的际遇，还有他早年寓居醴泉寺划粥而食对身体和精神是何等严酷的考验。他的为官之路也异常坎坷，却能随遇而安、任性自然，这都与范仲淹思想中佛禅的自力精神是分不开的。

范仲淹虽最高官至副宰相，主持了"庆历新政"，但是他居庙堂之高的时间并不长。范仲淹仅于1028—1029年、1033—1034年、1035—1036年、1043—1045年这短短几年之中在朝任职，其他时间则是遭贬谪出外做官或去解决边疆战事。范仲淹确实是宠辱不惊的典范，他不会因为自己所处的境遇不好而屈服，不会因为寄人篱下而自卑自弃。四进三黜的范仲淹从不以外物为自己人生悲喜心境转换的关键。他没有选择逃离仕途官场，而是保持自己内在的独立与超然自适，以及静观自然的生活状态。佛家提倡不生分别心，范仲淹做到了这种不生分别的"尽心"，并识"本性""法性"。内在的"性""识"不为外在的"境"所左右，秉承众生本有的清净自性。对外在事物不动心，不以外在的"乐"为"乐"，不以外在的"悲"为"悲"，正所谓"八风不动"，超越了外物所扰。理学开出的道德形上学的路子，就是强调生命本然的内在超越性，而提倡豁达洒脱的"无念""无住"。范仲淹在《岳阳楼记》中所探求的"古仁人之心"便是这种"不以物喜，不以己悲"的境界。这种自在自得的超然境界也正如他曾给慧觉禅师的偈语中所写："直欲与师闲到老，尽取识性入玄关。"范仲淹受禅宗影响的这种"心性合一"并带有超越性的人格精神成了后来士大夫们的一种新的道德规范，并且很快就在士林之间得到了巨大的响应。范仲淹之后，不畏权势、正直磊落的圣贤气象已然成为士大夫的一种群体行为。同时，范仲淹作为理学先驱，从学理上讲，他也起到了"援佛入儒"，引领风气之先的

① 慧能．坛经校释［M］．郭朋，注．北京：中华书局，1983：24.
② 慧能．坛经校释［M］．郭朋，注．北京：中华书局，1983：24.

作用，如对“心性”问题的探讨等。所以，我们应该全面和正确地看待范仲淹思想中佛禅思想的成分和作用。

小 结

宋朝逐渐完善的科举制度使得“朝为田舍郎，暮登天子堂”成为可能，这对之前贵族的垄断统治有了很大的突破，士的阶层顺势而起。他们与生俱来的使命感促使他们以一种新的言行和精神来对抗皇权。先秦时期，孔子已经指出了士的处世哲学：“邦有道，不废；邦无道，免于刑戮”①，“邦有道，谷；邦无道，谷，耻也”②。孟子也说：“穷则独善其身，达则兼善天下。”③ 但范仲淹觉得这还远远不够。范仲淹认为问题的关键在于人本身，而不在于有道或者无道。他认为内心的自由与独立，才是构建自我人格理想的方法。

作为一个失败了的改革家，范仲淹被其改革同道韩琦评论为：“大忠伟节，充塞宇宙，照耀日月。前不愧于古人，后可师于来哲。”④ 王安石也称他是：“一世之师，由初迄终，名节无疵。”⑤ 儒家精神传统固然是范仲淹思想的基层和主体，但佛禅的精神境界对他提升个人的品德修养方面产生了重要影响。融合儒释思想的范仲淹为后来的士人树立了“宠辱不惊”的独立人格典范。他的一生都在追求和践行大乘菩萨道“悲心宏愿”的最高境界，为世人诠释了“有无之境”的完美统一。范仲淹以其忧乐圆融的超越精神，实现了对中国儒学社会伦理价值观念中修身、齐家、治国、平天下等最高理念的恢复，也达成了他希望通过塑造理想人格来改变社会风貌的治世理想。

① 杨伯峻．论语译注·公冶长第五［M］．北京：中华书局，2006：47.
② 杨伯峻．论语译注·宪问第十四［M］．北京：中华书局，2006：163.
③ 杨伯峻．孟子译注·尽心上［M］．北京：中华书局，1960：304.
④ 范仲淹．范仲淹全集．范文正公褒贤集·卷一［M］．南京：凤凰出版社，2004：956.
⑤ 范仲淹．范仲淹全集．范文正公褒贤集·卷一［M］．南京：凤凰出版社，2004：959.

第六章

周敦颐与佛学

周敦颐（1017—1073）字茂叔，原名惇颐，道州营道（在今湖南省道县西）人，北宋著名思想家、哲学家，学术界公认的理学开山鼻祖。因故乡有溪名“濂溪”，晚年筑室庐山下，名濂溪书堂，后人称他为濂溪先生。周敦颐出生于官宦之家，幼年丧父，从小受到其舅父郑向的照拂。据潘兴嗣《濂溪先生墓志铭》载：“君幼孤，依舅氏龙图阁学士郑向。以君有远器，爱之如子。”[①] 宋仁宗景祐三年（1036），郑向“以叙例应荫子”，周敦颐得到了这个机会，成为“试将作监主簿”。后周敦颐得到赵朴和吕公著的赏识，官至广西东路转运判官。二程的父亲程珦与周敦颐有交情，周敦颐任南安军司理参军时，二程曾问学于周敦颐。

周敦颐在世时，政治地位并不高，一生都担任州县级官僚，历南安军司理参军、桂阳和南昌知县、虔州通判、郴州知县、广东转运判官、提点刑狱、知南康军等职，均属于下层官僚。周敦颐生前学术名望也不显著。南宋初年的胡宏在《通书序略》中把周敦颐的思想看作孔孟的嫡传。直到朱熹时，周敦颐才被尊为道学宗主，他在理学史上的地位逐步攀升，受到了宋以后历代统治者的重视。宋元时期，周敦颐还被追封为汝南伯、道国公。明清时期，他的《太极图说》《通书》还被编进《性理大全》和御纂的《性理精义》之中，成为钦定的教科书。曾文正公的《湖南文徵序》，亦谓宋之周子出于其间，作《太极图说》《通书》，上与《周易》同风，下而百代逸才举莫能越其范围也。[②] 王夫之说：“宋自周子出而始发，点明了圣道之所由，一出于太极阴阳人道生化之终始。”[③]

① 周敦颐. 元公周先生濂溪集·卷八·先生墓志铭［M］. 长沙：岳麓书社，2006：135.

② 李肖聃. 湘学略［M］. 长沙：岳麓书社，1985：123.

③ 王夫之. 张子正蒙注序论［M］. 北京：中华书局，1975：1.

第一节 周敦颐与僧人的交游

周敦颐对佛学有着浓厚的兴趣，尝自称为“穷禅客”。他一生酷爱与僧人交往，与佛教有不解之缘。黄庭坚说：“茂叔虽仕宦三十年，而平生之志，终在丘壑。”① 周敦颐的妻兄浦宗孟所作《周濂溪墓碣铭》中述：“（周敦颐）常乘兴结客，与高僧道人跨松萝，蹑云岭，放肆于山巅水涯，弹琴吟诗，经月不返。”② 据史料记载，周敦颐曾参谒诸多禅师，游心禅学。黄百家的《宋元学案》记载了周敦颐师事鹤林寺僧寿涯及从东林常总禅师习静坐等事。③《居士分灯录》里记载了周敦颐居士一生参谒的僧人主要有以下几位：僧寿涯、黄龙慧南、祖心师弟、佛印了元、东林常总。并且还载有周敦颐参谒祖心师弟、佛印了元、东林常总三位禅师的语录。④

宋仁宗景祐四年（1037）七月，周敦颐母亲去世，他解除官职，从开封扶柩回乡，为母丁忧守制三年。而此前周敦颐的舅舅郑向在杭州任上去世，周敦颐的母亲与舅父都葬于镇江润州丹徒县。居丧期间，他在润州读书，寓居鹤林寺。这一时期的生活对周敦颐思想形成有着极为重要的影响。周敦颐在鹤林寺读书的三年时间里，既受到了佛教思想的熏陶，也接受了范仲淹等儒家士大夫们关于发掘儒学精神和内涵，重振儒学精神治学之风的影响，并由此逐渐形成了自己学术思想的基本框架。据《年谱》记载，周敦颐在鹤林寺读书居丧期间，曾师事鹤林寺寿涯。⑤ 宋人对此多有记述，如晁公武的《郡斋读书记》和张端义的《贵耳集》都有记载。元代胡长孺的《大同论》说：

> 孟子殁一千四百年，道潜统绝，自周子出，然后潜者复续。河南程氏二子得周子之传，周子之传出于北固竹林寺（鹤林寺）寿涯禅师。程子四传得朱氏文公，文公后得张钦夫讲究此道，方觉脱然处。⑥

显然，胡长孺把理学之发端归功于周敦颐，并且认为周敦颐之学出自鹤林

---

① 周敦颐．周子全书·卷十九［M］．上海：商务印书馆，1937：372.

② 蒲宗孟．元周公先生濂溪集·卷八·周敦颐墓碣铭［M］．长沙：岳麓书社，2006：137.

③ 黄宗羲．宋元学案·濂溪学案下［M］．全祖望，补修．北京：中华书局，1982：524.

④ 朱时恩．居士分灯录·卍新纂续藏经·第 86 册 No. 1607：600.

⑤ 度正．周敦颐年谱．周敦颐全书［M］．周文英，主编．南昌：江西教育出版社，1993：9.

⑥ 心泰．佛法金汤篇．卍新纂续藏经·87 册 No. 1628：44.

寺寿涯禅师。后明代僧人心泰所编的《佛法金汤篇》也直接引用此说。周敦颐与寿涯禅师的交往始于景祐四年（1037），在周敦颐为母亲和舅父守丧期间。从景祐四年（1037）年至宝元二年（1039），周敦颐就住在润州的鹤林寺。周敦颐后来的诸多理学思想的发端都与这段时间寓居禅寺读书相关。后人认为周敦颐"得先天地偈于僧寿涯"，并由此创立道学之体系。① 这里暂且不论此偈的确切来源，周敦颐寓居佛寺读书，与寿涯禅师有所往来是有史料记载、没有争议的。

嘉祐六年（1061），周敦颐迁国子监博士，任虔州（今赣州）通判，途经江州（今九江），因喜庐山风景优胜，环境幽静，在莲花峰下筑屋居家，以备作将来归隐之所。周敦颐还将屋前源自莲花峰的小溪以故乡的"濂溪"名之，世人故以此为其号。当时佛印了元正在庐山，地处鸾溪上游，二人往来密切，"相与讲道，为方外交"②。佛印了元（1032—1098），宋代云门宗僧，俗姓林，字觉老，号佛印，饶州浮梁（在今江西省景德镇市）人，家世业儒。佛印少即通儒，读《楞严经》产生出家念头，以诵《法华经》通过了官方的剃度受戒考试。因佛印有意融通三教，学理上甚有包容气度，故乐与同时期的士大夫学者们交游论道。佛印历任淮山斗方寺、庐山开先寺、归宗寺，丹阳的金山寺、焦山寺等寺院，与当时著名的士大夫苏轼、苏辙、周敦颐等来往密切，在士大夫当中有较高的声誉。周敦颐与了元一起，仿效东晋慧远在庐山东林寺结白莲社邀集僧俗信众念佛的事例，重新成立并主持青松社，作为高僧和士大夫们谈禅说法之所。之后，周敦颐在虔州（今江西省赣州市）通判任上时，曾遭到谗告，对此他处之泰然。了元知道后对周敦颐坦然淡泊的心境大加赞赏，特作诗从庐山派人送给他。诗曰：

> 仕路风波尽可惊，唯君心地坦然平，
> 未谈世利眉先皱，才顾云山眼便明。
> 湖宅近分堤柳色，田斋新占石溪声，
> 青松已约为禅社，莫遣归时白发生。③

佛印了元希望周敦颐能够早日归山，与之话禅说法。后来了元又作诗送与周敦颐，诗曰："仙家丹药谁能致，佛国乾坤自可休。况有天池莲社，何时携手

① 《宋元学案》载，晁氏（晁说之）谓元公师事鹤林寺僧寿涯而得"有物先天地，无形本寂寥，能为万象主，不逐四时调"之偈。黄宗羲. 宋元学案［M］. 全祖望，补修. 北京：中华书局，1986：524.

② 朱时恩. 居士分灯录 · 卍新纂续藏经 · 第 86 册 No. 1607：600.

③ 晓莹. 云卧纪谭 · 卷二 · 卍新纂续藏经 · 第 86 册 No. 1610：661.

话峰头?"① 佛印了元向周敦颐宣扬佛教安乐的妙义，盼望能与周敦颐尽快再次相聚。《居士分灯录》把周敦颐归为佛印了元的法嗣。周敦颐不仅受到鹤林寿涯、佛印了元的启发，还与张栻共学于东林常总。《居士分灯录》卷下还记载，周敦颐以前曾向临济宗黄龙派禅僧晦堂祖心（1025—1100）、东林常总（1025—1091）参问过“教外别传之旨”。祖心示意他“只消向你自家屋里打点”；常总劝他在契悟“实理”之“诚”上下功夫，并向他讲华严宗的理法界、事法界及“理事交彻”的道理。这些都对他后来著《太极图说》有直接的影响。

周敦颐虽非佛教徒，但善于将佛教的思想吸收转化，融入理学思想。周敦颐集儒、佛、道三家思想，承汉唐儒道之学，作《太极图说》《通书》等，开启了湖湘学派和宋代儒家道学的先河。周敦颐之所以能成为道学宗主，提出其系列哲学范畴和理论构建，与他同诸位禅师的交往有密切的关系。

第二节 周敦颐理学思想与佛学的联系

周敦颐生前和身后名声都不是很大，直到朱熹推崇他为理学的开山之祖，他的学术地位才被凸显和肯定。《宋元学案》载：“濂溪在当时，人见其政事精绝，则以为宦业过人，见其有山林之志，则以为襟怀洒落，有仙风道气，无有知其学者。”② 而与周敦颐同时的人，也多只谈周子偏好佛、道，还有“孔颜乐处”“襟怀洒落”“周茂叔窗前草不除”等精神境界的问题，很少有人了解他的学说，其中也包括他的弟子二程。牟宗三先生在《心体与性体》一书中说：“吾今只明言，中国文化生命发展到北宋，已届弘扬儒家内圣之学之时，此为历史运会之自然所迫至者。因是历史运会之自然地所迫至，故濂溪之学，虽无师承，而心态相应，出语即合。”③ 又说：“所谓心态相应，生命相应者，实即道德意识之豁醒。道德意识中涵有道德主体之挺立，德性动源之开发，德性人格（德性之体现者）之极致。而周子之默契此义，则自《中庸》（后半部）与《易传》入。”④ 周敦颐自称：“吾此妙心，实启迪于黄龙，发明于佛印。然易理廓达，自非东林开遮，拂拭无由。表里洞然。”⑤

① 晓莹．云卧纪谭·卷二·卍新纂续藏经·第86册No.1610：661.

② 黄宗羲．宋元学案·卷十二·濂溪学案下［M］．全祖望，补修．北京：中华书局，1982：521.

③ 牟宗三．心体与性体［M］．上海：上海古籍出版社，1999，274.

④ 牟宗三．心体与性体［M］．上海：上海古籍出版社，1999，275.

⑤ 朱时恩．居士分灯录·卍新纂续藏经·第86册No.1607：600.

一、周敦颐著作思想的佛教来源考释

《宋史·周敦颐传》认为道学传统在周敦颐之前的一千年以前，经文王、周公、孔子、曾参、子思而传之孟子，孟子之后，就中断大坏了，直到周敦颐作《太极图说》《通书》，才上接孔孟这个道统。“两汉而下，儒学几至大坏。千有余载，至宋中叶，周敦颐出于舂陵，乃得圣贤不传之学，作《太极图说》《通书》，推明阴阳五行之理，明于天而性于人者，了若指掌。”① 黄百家在《宋元学案·濂溪学案上》中也说：

> 孔、孟而后，汉儒止有传经之学，性道微言之绝久矣。元公崛起，二程嗣之，又复横渠诸大儒辈出，圣学大昌。故安定、徂徕卓乎有儒者之矩范，然仅可谓有开之必先。若论阐发心性义理之精微，端数元公之破暗也。②

关于周敦颐著作的记述，我们可以看到最原始的材料是潘兴嗣所作的《墓志铭》。据《墓志铭》记载，周敦颐“深于易学，作《太极图》《易说》《易通》数十篇”③。到了朱熹时，世人看到的就只有《太极图》和《通书》。朱熹认为其中《易说》已佚，《易通》即现在的《通书》，近世学者多赞同朱熹之说。冯友兰分析认为，周敦颐本有多篇讲解《周易》的著作，后人把残存的部分混为一书，总名之为《通书》。故当今学界多认为，周敦颐的著作今存者有《太极图说》及《通书》，另外还有少量的诗文。

近现代很多学者都不太重视《太极图》的学术价值，如孙叔平、方东美等人，甚至认为朱熹为其做的注解更是周子之意的旁出。今人对周敦颐的研究基本集中在《太极图说》和《通书》上。周敦颐的《太极图说》和《通书》用极为精要的语言以“太极”和“诚”贯通了天道与人道，继范仲淹之后奠定了北宋儒学复兴的基础。据《年谱》（邓显鹤本）记载，在润州居丧读书期间，周敦颐曾与范仲淹、胡宿、王安石等名士有往来，并与王安石初次接触。“是岁（宋仁宗景祐四年丁丑）居润州读书鹤林寺。时范文正公（范仲淹）、胡文忠公（胡宿、胡文恭公之误）诸名士与之游，独王荆公少年不可一世，怀刺谒先生，

① 脱脱，等．宋史·道学传·第一百八十六·道学一［M］．北京：中华书局，1985：12710.
② 黄宗羲．宋元学案·濂溪学案上［M］．全祖望，补修．北京：中华书局，1982：482.
③ 周敦颐．元公周先生濂溪集·卷八·先生墓志铭［M］．长沙：岳麓书社，2006：136.

足三及门而不得见。”① 宋仁宗景祐四年（1037），周敦颐二十一岁，范仲淹四十九岁，胡宿四十三岁，王安石十七岁，苏轼这一年刚出生。因周敦颐之父周辅成与范仲淹同为宋真宗大中祥符八年（1015）的进士（范为正奏名，周为特奏名）。因此周敦颐当为范仲淹的晚辈，两人的交往也当是晚辈向前辈的问学和请益。

从周敦颐的《通书》来看，他的学术思想路向也以《中庸》和《易》贯通。周敦颐以《中庸》和《易传》相互诠释的方法和思路，开启了儒家当时十分薄弱的天道观、宇宙论和本体论学说。据余英时先生考证，宋代《中庸》之学最初是由僧人发端的，其后才得到了儒家知识分子的重视。②《中庸》之学从先秦发展到汉唐时期基本上已经中断，宋代由僧人们重新诠释的《中庸》，自然融入了当时的佛学精神元素，这个援入引领了当时学术的一个新时代，也是庆历时期儒家经学转型的一个重要标志。周敦颐和张载的学说都是继此新风气而来的。

周敦颐的治学思路与在鹤林寺读书期间范仲淹的提点不无关联。范仲淹在历史上虽然是以“庆历新政”闻名，但实际其人其学对宋代理学的形成有着深远的影响。这在之前“范仲淹与佛学”的章节中已有论述。我们知道，范仲淹对佛学的态度、对佛学的保护以及对佛理的理解对后辈有诸多影响，使其后辈学人在加深对儒学精神和内涵理解的同时，更加贯通地博采众长。

此外，论周子思想之学统和来源，还不得不提及另一位对周敦颐影响甚重之人，那就是周敦颐的舅父郑向。天圣二年（1024），为父守丧期满后，周敦颐的母亲便携周敦颐与同母异父之兄卢敦文来衡州投靠郑向。郑向爱甥如子，不仅按郑家“敦”字辈为两个外甥取名入籍，还亲自授课督学。周敦颐入仕的机会也是因舅父郑向获准荫补而得来。郑向（？—1038），字公明，开封陈留人。史料对郑向的记载很少，《宋史》为郑向所作的小传不足两百字，传曰：

> 郑向字公明，开封陈留人。举进士中甲科，为大理评事、通判蔡州，累迁尚书屯田员外郎、知濠州，徙蔡州。召试集贤院，未几，除三司户部判官，修起居注。迁度支员外郎，为盐铁判官。出为两浙转运副使，疏润州蒜山漕河抵于江，人以为便。复为盐铁判官，擢知制诰、同勾当三班院。使契丹，再迁兵部郎中、提点诸司库务，以龙图

① 度正．周敦颐年谱．周敦颐全书［M］．周文英，主编．南昌：江西教育出版社，1993：9.

② 参阅余英时．朱熹的历史世界［M］．北京：生活·读书·新知三联书店，2011：76-89.

阁直学士知杭州，卒。

五代乱亡，史册多漏失，向著《开皇纪》三十卷，摭拾遗事，颇有补焉。①

从《宋史·郑向传》中我们可以得知，郑向精通史学，撰有《五代开皇记》三十卷。而周敦颐自八岁起，就跟从舅父读书，在注经读史方面受其舅父影响是必然的。这也是周敦颐一生都难改儒家本色的重要原因。郑向曾为大理评事、通判蔡州，累迁尚书屯田员外郎、知濠州，徙蔡州等地，后以龙图阁直学士知杭州，并在杭州任上去世。舅父的去世对初入仕途的周敦颐来说可谓一个很大的打击。刚刚经历母丧的周敦颐，又失去了对他恩重如山的舅父，这对于一个刚过弱冠之年的青年来说是很难接受的事实。过早体会了连丧至亲的痛苦，不禁令周敦颐对人的性命生死有了更加深刻的认识。这些都是促使周敦颐探究人生真谛和生命本原的重要因素。以上是与周敦颐相关涉的儒家学统的梳理，周敦颐自然是继承此脉而来。但周敦颐的精神世界中呈现出一派“孤风远操，寓怀于尘埃之外，常有高栖远遁之意”②，实与周敦颐好佛老分不开。即便对周敦颐有所指点提携的范仲淹也杂糅有佛家思想，这是不争的事实。郑向对周敦颐传授学问的具体内容已不可考，但其影响是可以肯定的。虽然有关郑向佛学思想的记述语焉不详，但对于整体都浸润在佛学思想中的北宋士大夫而言，又有谁能不受到大环境的影响？

周敦颐曾师从寿涯并无争议。然而寿涯禅师传授的内容均语焉不详。这些内容关系周敦颐思想的来源问题，即“道统”的问题。《宋元学案》载：“晁氏（晁说之）谓元公师事鹤林寺僧寿涯而得‘有物先天地，无形本寂寥，能为万象主，不逐四时凋’。”③ 宋代晁说之认为周敦颐此偈是从寿涯禅师处得来。后来的士大夫学者多有争议，认为周敦颐的“先天地偈”不是得鹤林寺寿涯禅师的“秘传”。经仔细考察发现，虽然这一偈语不是始于僧寿涯，但确为佛门偈语无疑。南朝著名的佛教居士傅翕（傅大士）的语录《善慧大士语录》中就已经有记载，宋代临济宗禅师石霜楚圆（987—1040）、杨岐方会（996—1049）的《语录》中都出现过此偈语，时间都较寿涯早。虽然佛教人士出于主观目的对于周敦颐宇宙观的来源找错了师授源头，但是通过史料我们还是明确地看到“先天地偈语”是来自释家，周敦颐虽不是得寿涯“秘传”，此偈的确与周敦颐“无

① 脱脱，等. 宋史·卷三百一·列传六十·郑向传［M］. 北京：中华书局，1985：9998.

② 蒲宗孟. 元周公先生濂溪集·周敦颐墓碣铭［M］. 长沙：岳麓书社，2006：137.

③ 黄宗羲. 宋元学案·第十二卷·濂溪学案下［M］. 全祖望，补修. 北京：中华书局，1982：524.

极而太极”的宇宙论思想有密切的联系，这一点是无可置疑的。

关于周敦颐《太极图》的来源，后世儒、佛两家的学者和高僧也颇有争论。佛家多认为周敦颐是从僧寿涯处得《太极图》之传。明代宗本《归元直指集》说：

> 国一禅师以道学传于寿涯禅师，涯传麻衣，衣传陈抟，抟传种放，放传穆修，修传李挺之，李传康节邵子也。穆修又以所传《太极图》授于濂溪周子。已而周子扣问东林总禅师《太极图》之深旨，东林为之委曲剖论，周子广东林之语为《太极图说》。①

显然，宗本认为周敦颐的《太极图》《太极图说》是从佛家处得来。清代的黄宗炎、朱彝尊、毛奇龄等人对此都有考证，但仍莫衷一是。张立文先生对《太极图》的来源持三教融合影响之说，认为《太极图》是受到《道藏·太极先天图》的影响，又吸收了禅宗的《阿黎耶识图》，再以陈抟的《无极图》为蓝本制造而出的。这反映了宋代儒、佛、道三教兼容并包的思潮。② 笔者赞同三教会通的背景之说，认为《太极图》必然经历了多个环节才到了周敦颐之手，周敦颐的学说以三家浸润的思想背景，融合前人思想而成，绝非一家思想之体现。

佛家和儒家争论的目的不外乎争夺“道统”，各执一词显然都有几分牵强附会，都是在儒佛交争背景下，带有强烈主观倾向性的论断。但是周敦颐在润州居丧读书期间，潜心问道，有意识地研究佛理，并受到启发是毋庸置疑的。周敦颐编绘的《太极图》，体现了理学以“道体”为立论的基础，也反映了他反对佛教世界虚幻或五蕴非实说之意。《太极图》显示了“天理”创造实在世界的过程。周敦颐的精神世界中，既受到了佛教思想的熏陶，也受到了范仲淹等儒家士大夫关于发掘儒学精神和内涵的影响，并且儒家道统精神仍然是基石和主线。周敦颐以此为出发点，重振儒家治学之风，作《太极图》《太极图说》《通书》，逐渐形成了自己思想学术的基本框架。

我们再来看《太极图说》，关于《太极图说》中的禅学思想，不少学者已经有所论及，认为《太极图说》中以“诚”“理”来阐释“太极”主要来自东林禅师的教诲等。钟泰的《中国哲学史》就认为，《太极图说》杂有二氏之学，

① 宗本．归元直指集·卍新纂续藏经·61册459.

② 参阅张立文．宋明理学研究［M］．北京：人民出版社，2002：641.

体现了周子学术兼容并包、致广大而尽精微的特点。① 据《居士分灯录》载，周敦颐曾扣问东林常总禅师，并与其讨论性理之学要旨：

> 总曰："吾佛谓，实际理地，即真实无妄，诚也。大哉，乾元万物资始，资此实理乾道变化，各正性命，正此实理。"……又尝与总论性及理法界、事法界，至于理事交彻，冷然独会。遂著《太极图说》。语出自东林口诀。②

周敦颐与东林常总讨论的实际都是性理之说，这对周敦颐的思想产生了重要的影响。东林常总（1025—1091），宋代临济宗黄龙派僧，曾参学黄龙慧南，与北宋士大夫交往甚多。他对禅宗的心性之学有较深刻的领悟。由于当时禅宗融会各宗，故华严"理事之论"也是禅宗高僧们探讨的重要内容。显然，周敦颐的《太极图说》与常总的观点极为相似，甚至后来的禅宗史籍认为周敦颐的《太极图说》就是来源于东林常总的"理事之论"。

此外，世人多论及周敦颐受佛禅思想至深，还与周敦颐的名篇《爱莲说》有关。他在庐山濂溪书堂居住时，特意在星子县府署一侧挖了120平方米的池塘，种满莲花，还写下了被后世传颂千载的名篇《爱莲说》。世人多认为周敦颐的《爱莲说》具有深刻的佛学意蕴。莲花与佛教的关系是十分密切的，从某种程度上说，莲花就是佛的象征。印度佛经中说，释迦牟尼佛诞生前的八种祥瑞之象就包括大如车轮的白莲盛开。《法苑珠林》曰："故十方诸佛，同出淤泥之浊；三身正觉，俱坐于莲台之上。"③《百缘经》甚至说释迦牟尼佛就是莲花王子。以莲为喻，与莲相关的词语、经名、典故等，在佛教典籍中比比皆是。《六度集经》卷七："心犹莲花，根茎在水，华合未发为水所覆。三禅之行，其净犹华，去离众恶，身意俱安。"④《华严经》中比照佛陀的"四德"（常、乐、我、净）总结了莲花的"四义"。《华严探玄记》卷三分别以"莲花"四义比附人性本净、常乐我净思想，"如世莲花，在泥不染，譬法界真如，在世不为世法所污。"⑤ 在这些经典中，皆以"莲花"为喻，来阐释深奥的佛理。《三藏法数》还将莲花的美德与菩萨的"十善"相类比。可见，莲花清香洁净的特性与佛教

---

① 钟泰．中国哲学史［M］．北京：东方出版社，2008：190-193.
② 朱时恩．居士分灯录·卍新纂续藏经·第86册 No. 1607：600.
③ 释道世．法苑珠林·大正新修大藏经·第53册 No. 2122，381.
④ 康僧会，译．六度集经·卷七·大正新修大藏经·第3册 No. 0152：39.
⑤ 法藏．华严探玄记·大正新修大藏经·第35册 No. 1733：162.

远离尘垢、清净无染的教义十分契合。佛教的佛性也被周敦颐植入儒家的人性之中，以佛性比附人性。《爱莲说》的佛家意蕴十分明显，这也是周敦颐浸润佛学的重要例证。莲花在佛教中象征佛性，在泥不染，自性清净。周敦颐在这篇只有119字的文章中，通过对莲花“出淤泥而不染，濯清涟而不妖”品性的生动描述，赞美了这种高洁美好的植物，表现了自己洁身自爱的君子人格，同时也是对莲花出自尘世而洁净不染、清香圣洁的佛教境界和智慧的阐述，这也是周敦颐理学思想与佛学的融会贯通之处。

周敦颐存世的诗词不多，仅有三十余篇。其中谈涉佛教的就有近三分之一。这些诗文明确地表现了周敦颐中年以后，对争名逐利的仕宦生活的厌恶之情。周敦颐的《宿崇圣》诗云：

> 公程无暇日，暂得宿清幽。始觉空间客，不生浮世愁。温泉喧古洞，晚磬度危楼。彻晓都忘寐，心疑在沃洲。①

《游山上一道观三佛寺》诗云：

> 琳官金刹接峰峦，一径潜通竹树寒。是处尘劳皆可息，时清终未忍辞官。②

《宿山房》诗云：

> 久厌尘坌乐静元，俸微犹乏买山钱。徘徊真境不能去，且寄云房一榻眠。③

周敦颐的哲学著述和诗作都明显地反映出他亲近佛禅的思想倾向。周敦颐的《太极图说》和《通书》用极为精要的语言以“太极”和“诚”贯通了天道与人道，继范仲淹之后奠定了北宋儒学复兴的基础。周敦颐使得其后辈学人在加深对儒学精神和内涵的理解的同时，更加贯通地博采众长，也奠定了自身学问的基本方向。此中思想都与佛禅有着一定的关联。

---

① 周敦颐．周敦颐集·宿崇圣［M］．尹红，谭松林，整理．长沙：岳麓书社，2002：72.

② 周敦颐．元公周先生濂溪集·卷六·游山上一道观三佛寺［M］．长沙：岳麓书社，2006：106.

③ 周敦颐．元公周先生濂溪集·卷六·题酆都观·宿山房［M］．长沙：岳麓书社，2006：108.

二、“实理之诚”与“理事交彻”

理学之名，在宋代已有。南宋末年的黄震在其《东发日钞》中曰：“言理学者宗伊川。”① 南宋真德秀的《读书记·甲编》中，性、理已同时出现。周敦颐没有明确提出“性即理”，但常言性理，确实始自周敦颐，后至程朱而大发。追溯周敦颐大谈性理之渊源，又必然离不开佛教禅宗。后儒编纂的《弘益纪闻》也记载周敦颐对学生们说其学问的来源：

> 吾此妙心，实得启迪于南老，发明于佛印。易道义理，廓达之学，若不得东林开遮拂拭，断不能表里洞然，该贯弘博矣。②

可见，周敦颐自述是受黄龙慧南之启迪，佛印了元令他通透明达，东林常总的教诲和磨炼使他的学问更加深入并展开，最终才完全融会贯通。浸润佛家之后，周敦颐再去看从小熟读的儒家经典，顿觉句句皆是从自己妙明真心中流出，与佛教禅宗精神非常契合。后周敦颐继承了湮没一千余年之道统，再次深入探讨心性之学。

华严与禅的“理事圆融”，确实对周敦颐的“实理之诚”，即“诚”之本体论思想产生了极大的影响。方东美认为华严宗“理事圆融”思想阐明了宇宙万法统统摄于“一真法界”，统统不过是“一真法界”的分殊表现，所以华严宗可以证明人与“一真法界”相摄相融，人性和佛性相摄相融，或者说佛性渗入人性，人性包含着佛性。《佛祖纲目》记载：“（濂溪）谒常总，论性，语及理法界事法界。至理事交彻，冷然独会，后著《太极图》。语出自东林口诀。”③

《归元直指集》也记载云：

> 濂一日与张子厚等同诣东林论性。总曰：“吾教中多言性，故曰性宗，所谓真如性、法性。性即理也。有理法界、事法界，理事交澈。理外无事，事必有理”。诸子沉吟未决，濂溪毅然出曰：“性体冲漠，唯理而已，何疑耶？”横渠曰：“东林性理之论，唯我茂叔能之。”④

① 黄宗羲. 宋元学案·卷八十六·东发学案［M］. 全祖望，补修. 杭州：浙江古籍出版社，1986：405.
② 宗本. 归元直指集·卍新纂续藏经. 第61册 No. 1556：459.
③ 朱时恩. 佛祖纲目·卍新纂续藏经. 第85册 No. 1594：728.
④ 宗本. 归元直指集·卍新纂续藏经. 第61册 No. 1556：459.

又有濂溪问及太极之理，常总禅师云：

> 易在先天，无形有理，盖太极即易也，无形之理，即无极也。[①]

再有，濂溪问《太极图》之所由。常总禅师先举佛教之理而言之：

> 吾教中，依空立世界，以无为万有为祖，以无为因（无即所依之空），以有为果（有即二气交运）。以真为体（真即一真至理），以假为用（假即万物化生）。故云：无极之真，二五之精，妙合而凝。[②]

可见，周敦颐的“无极而太极”等语，全是东林口诀。《太极图说》中“无极之真，妙合而凝”也与《华严经》法界观有一定的关联。“理”，一真法界之性；“事”，一切世间之相，二者能相遍、相成、相害、相即、相非而圆融无碍。平等之真体为理，有为之形相为事。

当代学者熊琬指出：《太极图说》中，太极（理）与阴阳（气）之关系，全是华严法界的观念。太极的本体就是空性，故曰“无极”，而就其能生阴阳之气而言曰“太极”。此乃实相（实性、理体、法性、自性）无相（空性）无不相（万法）之理。因此太极与无极本源同一，只不过有体用之异，故曰“无极而太极”。我们知道，无论是印度佛教，还是中国化了的佛教，相对儒家来说，都不太关注宇宙论方面的探讨，但其本体论的思维方式的确刺激和影响了儒家学者去建立自己的本体论和基于此的人生论、认识论、工夫论等。

唐末、五代的士风衰败、儒学式微，其根本原因是传统儒家的“内圣外王”思想模式不能再适应社会发展的需要，不能达到治国平天下的目的。因为仅仅是从正面劝谕人们从善是不能起到制约作用的，对不善者也没有办法真正防范。传统儒家只告诉人们“内圣”这个目标，却不能提供良好有效的办法，也没有办法制裁不能“内圣”之昏君和贪官。正是受到佛教思维模式的刺激，周敦颐建立了“诚”之本体论，填补了儒家的缺失，使新儒学有了一套比较完整的宇宙观，并以此为有机的整体，从各个方面与佛、道二家争夺世人的精神领地。周敦颐“实理之诚”的理论，也是他构建“无极而太极”的宇宙本体和“主静立人极”的封建伦理观的核心环节。

---

① 宗本．归元直指集·卍新纂续藏经．第61册 No. 1556：459.

② 宗本．归元直指集·卍新纂续藏经．第61册 No. 1556：459.

周敦颐通过重新阐释《中庸》“诚者，天之道也；思诚者，人之道也”的境界，为人们确立“诚”之至善的本性。“诚”既是“万物资始”的宇宙本体，也是所谓“纯粹至善”的先天本性。周敦颐学说的主要旨趣是建构新的道德本体论，也就是从建构本体论从发，说明道德怎样践行的问题。《通书》中“诚”字出现22次之多。周敦颐把“诚”的思想上升到本体论的角度，认为“诚”是五常之本，百行之源。“诚”是贯穿周敦颐学说始终的一个纲领性概念，“诚”既是最高的道德本体，也是一种修为方法，又是一种与道同一的至高境界。“诚”是一种真实无妄状态的真实显现，人们需要通过虚静、惩忿窒欲、迁善改过、原始反终、乐天知命等工夫才能达到。依“诚”而行，即可得“五常之本，百行之源”①，“乾道变化，各正性命，诚斯立焉”②。按照“诚”之天命规范行动，诚心一立，人极也就立起来了。这一套理论确实与佛禅的本体论、工夫论极为相似。

禅宗讲“明心见性”就是“至诚”。如果说孟子“四端”是下意识提出那种不带任何杂念、纯真的状态，那么，融汇了传统儒道与外来佛教的禅宗才是明确提出如父母未生之时的人的本来面目“至诚”。人不可能永远处于婴儿时期，但是我们可以经过“修身”而使精神回归到婴儿“状态”。周敦颐说的“无欲主静”，具体方法就是把人们对外在物质、情感等方面的欲望降低，通过“克己”的方式来实现。这俨然也是受到佛教传统僧侣主义观念的影响，虽不至于“禁欲”，但对欲望的克制和降低分明是佛教的修为路径。后来有学者甚至称周敦颐的修养方法是一种宗教式的修行。

周敦颐的《太极图说》是对《太极图》自上而下的解释。《太极图说》云：“无极而太极。太极动而生阳，动极而静；静而生阴，静极复动。一动一静，互为其根；分阴分阳，两仪立焉。”③《太极图说》揭示世界的本体是“太极”，这个本体是精神性的，周敦颐把它称为“神”。朱熹在注释时说“无极而太极”是“无形而有理”，即有生于无的观点。《太极图说》建构了宇宙生成的一个逻辑结构图，即无极——太极——阴阳——五行——四时——（男女）万物。宇宙最初只是无极而太极，由太极的动静而生阴阳，阴阳的变化乃生五行，由阴阳五行乃四时顺布而生出万物。宇宙的终极是“无极”，它是这个体系中的出发点和归宿点。它自身寂然不动、独一无二，表示宇宙无边无际、无形无状，但是它能化生“太极”。人是自然万物中的一员，肯定了人在宇宙中的地位。人来

① 周敦颐．元公周先生濂溪集·卷四·通书［M］．长沙：岳麓书社，2006：56.
② 周敦颐．元公周先生濂溪集·卷四·通书［M］．长沙：岳麓书社，2006：55.
③ 周敦颐．元公周先生濂溪集·卷一·太极图说［M］．长沙：岳麓书社，2006：7.

自自然，又是自然中最“灵秀”的。在人是自然的一部分的前提下，强调了人的作用，是宋代对“天人合一”思想的最早阐明。

周敦颐提出了“太极”之理即是“诚”的论题。他认为人的本性就是“诚”，“诚”是至善的。周敦颐此论的目的就是为心性之学找到依据。周敦颐进而又提出了“善恶之几”的问题：“动而未形、有无之间者，几也。”① 他认为“动至未形，有无之间”之“几”是后天之“恶”产生的根源，与外物相接触的“几”会变成各种欲望，使本来“善”的人性发生“恶”的变化。普通人就会变为“恶”的俘虏。而圣人则“诚无为，几善恶。德：爱曰仁，宜曰义，理曰礼，通曰智，守曰信；性焉安焉之谓圣，复焉执焉之谓贤，发微不可见，充周不可穷之谓神”②。

张君劢的《新儒家思想史》也把周敦颐开创的宋代新哲学思想，归结为基于形而上学的观点和方法来解释天道和人道的全部过程，并以此来对抗佛教对中国社会的影响。周敦颐对理学思想的一大贡献，在于他融合儒、佛、道三家思想，阐释了心性义理思想的精微。周敦颐沿寻《中庸》“诚”说的理路，把“诚”作为沟通天道和人道的中心环节，重新建构了以“诚”为本原的宇宙本体论。周敦颐论“诚”，是以“诚”为宇宙本体，他让弟子反复体悟至诚之心，以至诚之心为天地万物之道，这使得儒家的“至诚之道”已经不仅仅是政治伦理的命题了，而是包含了宇宙万物之理。周敦颐进而把“诚”再落实到心性论的层面，《太极图说》的后半部分，周敦颐通过“人极”思想，将人性也上升为宇宙本体，力图论证传统儒家的纲常道德的至上性和永恒性，以及儒家理想道德由心性的内圣开出经世的外王的合理性。他认为“诚”是人伦道德之本，通过“主静”“无欲”“慎动”的修养方式，人们就能够实现至诚无妄的圣人境界，与天地合其德。

三、“窗前草不除”与“无心是道”

周敦颐在庐山筑书堂讲学期间，与佛印了元禅师“相与讲道，为方外交”，交往甚密。并结青松社，从了元问道有悟。周敦颐还向佛印禅师请教“何谓无心是道”的问题：

> 时佛印了元寓鸾溪，颐谒之，相与讲道。问曰：“天命之谓性，率

① 周敦颐．元公周先生濂溪集·卷四·通书［M］．长沙：岳麓书社，2006：57.
② 周敦颐．元公周先生濂溪集·卷四·通书［M］．长沙：岳麓书社，2006：56-57.

性之谓道，禅门何谓无心是道。”元曰：“疑则别参。”颐曰：“参则不无，毕竟以何为道？”元曰：“满目青山，一任看。”颐豁然有省。一日忽见窗前草生，乃曰：“与自家意思一般”。以偈呈元曰：“昔本不迷今不悟，心融境会豁幽潜。草深窗外松当道，尽日令人看不厌。”①

周敦颐“与自家意思一般”一句的意境已经十分接近禅宗的无心是道。此说是禅宗提倡自心、本心说的发展。儒、佛、道三家都讲求消除分别心，佛家尤其强调这一点。

法融禅师（594—657）是继四祖道信之后的禅门奇人。法融早年熟读儒道经典，19 岁剃度出家，入静林凝心默坐，习禅定二十载。因他在南京牛头山幽栖寺北岩下构筑一所茅茨禅室习法，后称其为“牛头法融”禅师。法融主张心性空寂、寂静虚明，提出了“无心合道”说。他不认同道信的念佛心和弘忍的看心守心，认为无心可守、无物可观。无心说认为心是无。他认为道不待求、无可求，不求即是。只有无修而修，才能证入“灭尽生死，冥心入理”的解脱境地，即所谓“无心合道”。这种修行方法十分反对任何计较、分别和执着。法融还提出了“无情成佛”“道遍无情”的观点。“青青翠竹尽是法身，郁郁黄花无非般若”一联就是牛头禅的典型写照。《宗镜录》记载融大师云：

何谓道通？无心应物。缘化万有，水月空华，影像无主。②

无心顿现一切众生心念根欲。心念根欲，并在智中，如海含象。③

镜像本无心。说镜像无心，从无心中说无心。人有心，说人无心，从有心中说无心。④

法融不讲妄念，只讲绝念，亦即无念，提出要“合道”就要“无心”。无心而达一切法本无，就是合道，所以他说：“万事无心道合头，无心始体无心道，体得无心道也休。”⑤ 作为存在之心，是本无。无心不是没有了意识，而是没有了障碍和欲望，自性是没有牵挂和障碍的。可以说无心才是佛心。《绝观论》曰：

---

① 朱时恩．居士分灯录·卍新纂续藏经·第 86 册 No. 1607：600.

② 延寿集．宗镜录·大正新修大藏经第 48 卷，No. 2016：494.

③ 延寿集．宗镜录·大正新修大藏经第 48 卷，No. 2016：535.

④ 延寿集．宗镜录·大正新修大藏经第 48 卷，No. 2016：681.

⑤ 延寿集．宗镜录·大正新修大藏经第 48 卷，No. 2016：444.

问云："何者是心？"答："六根所观，并悉是心。"问："心若为？"答："心寂灭。"问："何者为体？"答："心为体。"问："何者为宗？"答："心为宗。"问："何者为本？"答："心为本。"①

法融的无心绝观等思想对后来慧能的心性思想起到了一定的启发作用。② 慧能在前人的基础上，继续大讲心性，他认为自性本净、见性成佛，性含万法，提出无念、无住、无相的修行方法：

一念恶，报却千年善去；一念善，报却千年恶灭。无常已来，后念善明，为报身。从法身思量，即是化身；念念善，即是报身。自悟自修，即明归依也。③

无念者，于念而不念，无住者，为人本性。念念不住，前念、今念、后念，念念相续，无有断绝；若一念断绝，法身即是离色身。念念时中，于一切法上无住，一念若住，念念即住，名系缚；于一切法上，念念不住，即无缚也。④

其他佛门经典也讲不分别心之无心：

若有欲得如来智，应离一切妄分别。(《华严经》)⑤

无有分别无著无碍，随顺正理不可执取，极静大寂，一切法中无上无等。(《般若蜜多经》)⑥

佛言："大慧，菩萨摩诃萨，依诸圣教，无有分别，独处闲静，观察自觉，不由他悟，离分别见，上上升进，入如来地。如是修行，名自证圣智行相。"(《楞伽经》)⑦

此等众生，虚妄分别，不求佛刹，何免轮回？(《无量寿经》)⑧

---

① 延寿集．宗镜录·大正新修大藏经第48卷，No. 2016：941.
② 延寿集．宗镜录·大正新修大藏经第48卷，No. 2016：941.
③ 慧能．坛经校释［M］．郭朋，校释．北京：中华书局，1983：40.
④ 慧能．坛经校释［M］．郭朋，校释．北京：中华书局，1983：32.
⑤ 实叉难陀译．大方广佛华严经·第三十九·十地品·大正新修大藏经·第10册 No. 0279：205.
⑥ 玄奘译．般若蜜多经·第三十九·十地品·大正新修大藏经·第7册 No. 0220：959.
⑦ 员珂会译．楞伽阿跋多罗宝经会译·卍新纂续藏经·第1册 No. 0008：292.
⑧ 法贤译．佛说大乘无量寿经·大正新修大藏经·第13册 No. 0363：325.

佛禅的无心论对周敦颐的心性思想有较大影响。周敦颐受无心说的影响，一方面重视本心、自性的作用，另一方面倡无心、心寂。周敦颐在把孟子的“性善论”观念发扬光大的同时，又掺入了禅宗“明心见性”的认识方法，“率性而行”成了周敦颐自己的行事原则。冯友兰的《中国哲学简史》认为，宋代的新儒学是佛教禅宗思想的合理发展。禅宗引导人成佛，而新儒学则引导人们成圣，新儒学对于禅宗的发展在于将这种出世的修行重新拉回世间。① 而周敦颐对此采取的具体方法就是以“主静”的方式让人成圣。“主静”“无欲”的工夫和方法都是源自对心本寂、心本空思想的认识。《通书·动静第十六》：“动而无静，静而无动，物也；动而无动，静而无静，神也。动而无动，静而无静，非不动不静也。物则不通，神妙万物。”② 从《通书》来看，在周子的思想中，他所解释的“无欲”与道家的“无为”、禅宗的“无心”意思基本一致，其“无欲”的说法也是为了区别于佛教的出世性质。周敦颐认为，“无欲”则“静虚”，“静虚”则是人心的本然状态，这显然像极了禅宗入定的“明心见性”说。也就是一种去除了私欲的状态，依照这种本然的状态行事即为“动直”，“静虚动直”的情况下的行为和反应是最合乎天地道德境界要求的。

周敦颐认为，佛教中有些道理是与儒学的《易》《论语》中所说道理相合的，它对人们性情修养所发生的作用，与孔子儒家所说的道理没有两样。只要利用得好，可以与儒学互补，起同样的效果。他还认为韩愈对佛教的全面否定是肤浅的，是韩愈根本不懂得佛教理论中所蕴含的精华。在潮州时，周敦颐作的《按部至潮州题大颠堂壁》诗云：“退之自谓如夫子，原道深排佛老非。不识大颠何似者，数书珍重更留衣。”③ 作为道学的先驱，周敦颐更是将佛道心性形上学理论援引到儒学内部，发掘可与佛道相抗衡的理论与经典根据，并据此建立起儒学心性修养的形上学理论体系。

四、“艮卦”与《法华经》

据二程回忆，周敦颐曾以极其洒脱的胸襟和高傲语态对佛教经典《法华经》予以评论总结，云：“一部《法华经》，只消一个艮卦可了。”④ 从周敦颐的论断中，我们可以解读出以下几方面内容：

首先，周敦颐是当时继范仲淹之后，站在儒家立场，试图以《易》等传统

---

① 冯友兰．中国哲学简史［M］．北京：北京大学出版社，1985：10-13.

② 周敦颐．元公周先生濂溪集·卷四·通书［M］．长沙：岳麓书社，2006：62.

③ 周敦颐．元公周先生濂溪集·卷六·按部至潮州题大颠堂壁［M］．长沙：岳麓书社，2006：108.

④ 程颢，程颐．二程集·河南程氏外书·卷十［M］．王孝鱼，点校．北京：中华书局，1981：408.

儒家经典解读来消释佛教经典及其影响力的有力代表。他以《周易》之中的第五十二卦“艮卦”，来诠释涵盖整部大乘佛教经典《法华经》，其目的是证明修儒家之本可胜过佛家。此论断也说明周敦颐对于佛教大乘经典《法华经》十分熟稔，对儒佛的契合点把握得十分透彻。

艮卦，䷳。《周易》中“艮卦”的卦辞为：“艮其背，不获其身，行其庭，不见其人，无咎。”① 艮为山，二山相重，喻静止。高亨认为“艮即见之反文”，有“注意”以及“止”的引申义。②《易传·彖传》曰：“艮，止也。时止则止，时行则行，动静不失其时，其道光明。艮其止，止其所也。上下敌应，不相与也。是以‘不获其身，行其庭不见其人，无咎’也。”③

《法华经》是佛陀释迦牟尼晚年的说教，全称《妙法莲华经》。“妙法”指的是一乘法、不二法；“莲华”比喻“妙”在什么地方，第一是花果同时，第二是出淤泥而不染，第三是内敛不露。《妙法莲华经》的主旨就是宣讲明示不分贫富贵贱，人人皆可成佛。《法华经·方便品》云：

> 云何名诸佛世尊唯以一大事因缘故出现于世？诸佛世尊，欲令众生开佛知见使得清净故出现于世，欲示众生佛之知见故出现于世，欲令众生悟佛知见故出现于世，欲令众生入佛知见道故出现于世。④

全经宗旨和意义就是开佛知见、示佛知见、悟佛知见、入佛知见。曾有法达禅师诵《法华经》七年，却不懂《法华经》宗旨，《六祖坛经》中记载了慧能祖师对他的开示：

> 大师言：“法达！汝听一佛乘，莫求二佛乘，迷却汝性。经中何处是一佛乘？与汝说。经云：‘诸佛世尊，唯以一大事因缘故，出现于世。’此法如何解？此法如何修？汝听吾说：人心不思本源空寂，离却邪见即一大事因缘。内外不迷，即离两边。外迷着相，内迷著空。于相离相，于空离空，即是内外不迷。悟此法，一念心开，出现于世。心开何物？开佛知见。佛犹如觉也，分为四门：开觉知见、示觉知见、悟觉知见、入觉知见。开、示、悟、入，从一处入。即觉知见，见自

① 郭彧，译注．周易［M］．北京：中华书局，2010：222.
② 高亨．周易古经今注［M］．北京：中华书局，1984：311.
③ 郭彧，译注．周易［M］．北京：中华书局，2010：222.
④ 王彬，译注．法华经·方便品第二［M］．北京：中华书局，2010：71.

本性，即得出世。”①

法达闻此开示，涕泪俱下，悲泣大悟。从开示中可见，慧能祖师认为《法华经》的宗旨就是无论何人，无论何种境况，从一处入，见自本性，即可成就佛果。

周敦颐之所以用“艮卦”来代表《法华经》，是因为周敦颐对《法华经》有自己的认识。《法华经》形成不晚于公元一世纪，后秦鸠摩罗什译，相比之前的佛经，《法华经》被称是为成熟之根机而设，以权便之法显真实之意。《法华经》提出了融会“声闻”“缘觉”“菩萨”三乘为一乘，“开权显实”之修行方法。二十八品的经文中处处贯穿着戒定慧三学、空假中三观、衣室座三轨等自行化他的妙法，展现的是法华三乘方便、一乘真实的主旨。

随着历代学者对“艮卦”的解读，至宋代“止”“观”“静”已被纳入哲学的框架中，成了“艮卦”公认的基本特征。《通书·蒙艮第四十章》周敦颐引“艮卦”之象而释之，曰：“艮其背，背非见也。静则止，止非为也。为，不止矣。其道也深乎！”② 朱熹对此注曰：“此章发明二卦，皆所谓圣人之蕴而主静之意矣。”学者们在人们的日用经验之中，观察总结了“艮卦”静—观—止—思—礼的天理之来源过程。周敦颐认为，“艮卦”将人的处世经验与圣贤人格、礼乐教化联系起来，完全可以涵盖《法华经》的主旨大意，即开除权教之执着，显示真实之义。周敦颐《养心亭说》云：“盖寡焉以至于无，无则成立明通”③，也清晰地表明了生存论开启道德的可能性，突出了人的主体性。周敦颐的这种观点，到了陆九渊那里就演化成了“心即理”。

周敦颐一生虽然都仅是下层官吏，但其儒家的入世、担当精神始终不减。纵然一生与佛、老方外人士相交，经常感叹宦海之苦楚，但始终自认“宦情不改旧儒酸”④。他对韩愈“人其人，火其书，庐其居”激进态度不以为然。这其中很重要的原因是，周敦颐有更为高深的排佛方法和理论。那就是“修其本以胜之”，这个“本”指的就是儒家经典本身。周敦颐以“艮卦”来代替《法华经》就是最好的例子。周敦颐生活时代的前后，如范仲淹、李觏、张载、二程等，都认识到这才是反佛以及与佛家争夺精神世界的根本之方。但是，不可否认的是，范仲淹、李觏、周敦颐等发儒家之本，重新回到儒家经典《周易》《中庸》等发掘儒家心性之光，也还是受到了佛教大谈心性之风的启发，去寻找

---

① 慧能．坛经校释［M］．郭朋，校释．北京：中华书局，1983：81-82.
② 周敦颐．元公周先生濂溪集·卷四·通书［M］．长沙：岳麓书社，2006：70.
③ 周敦颐．元公周先生濂溪集·卷六·养心亭说［M］．长沙：岳麓书社，2006：99.
④ 周敦颐．周敦颐集·任所寄乡关故旧［M］．尹红，谭松林，整理．长沙：岳麓书社，2002：82.

“身心性命”之说。稍后的张载、二程等理学家也无一不是在佛教指引的思路和关注点之下，根据儒家经典大谈“身心性命”的。后来的一些著名提法，也是根据这个立场和观点出发的。周敦颐便是提倡此思想理路的先行者。

其次，周敦颐此论反映出了当时以《易》解佛经的一个思想倾向。自禅宗创始人菩提达摩来华创立了适宜中土文化的中国禅宗开始，佛教的中国化倾向就更加明显。禅宗为了适应中华文化的土壤，还经常利用易学来阐述禅理。儒、道两家与《易经》都有着极深的渊源，后入的佛学也借助易学来丰富自己的理论，形成了一部三教融合的发展史。

唐代的华严学者李通玄即是用《易经》解释《华严经》的代表。他创立了方山易学，著《新华严经论》。李通玄把易学的有关概念、规律与《华严经》的教义紧密融合在一起。他根据易学的“太极生两仪，两仪生四象，四象生八卦”的模式，进一步构造了佛学与易学理论相联系的又一结构。李通玄尝试以《易》解释《华严经》，沟通儒佛。李通玄以测字等方术，来肯定孔子和儒家在社会政治伦理中之主导地位，把儒家教化作用视为佛教的一种方便手段，最终把儒家消解于佛教之中。方山易学运用佛家的道理理解易学，让人们了解社会一切法相，使易学与佛学密切结合起来。该流派认为六十四卦、三百八十四爻为有机之整体，对构成人、事、物相的基本因素阳气、阴气的运动变化有精辟的见解。周叔迦先生对李通玄的“方山易学”评论道：“然于梵音名相间有望文穿凿处，亦大醇而小疵也。”①

周敦颐、二程也受到李通玄以艮卦解《华严经》模式的影响。故周敦颐得出“艮卦可了整部《法华经》”的论断，其主要指向就是“谓行止适时”。语本《易·艮》：“《彖》曰：艮，止也。时止则止，时行则行；动静不失其时，其道光明。”② 明黄绾《明道编》卷一：“伏羲、尧、舜以艮止、执中之学相传……《易》之微言，莫要於艮止；《书》之要旨，莫大於执中。”③ 程颢后来也论述道：“艮其止，止其所也。八元有善而举之，四凶有罪而诛之，各止其所也。释氏只曰止，安知止乎?”④ 程颐对“艮止”之义的阐释则是进一步借助佛教“无欲”“忘我”阐述儒家去人欲、存天理的思想。二程以“艮卦”义凌驾佛教“止观”的止，当时李觏、王安石师徒功利主义也被钳制。陆九渊也以“艮卦”来阐释其心学的心灵境界，后来心学一派甚至将“艮卦”的卦义“止”

① 周叔迦．佛学论著集下［M］．北京：中华书局，1991：832.
② 郭彧，译注．周易［M］．北京：中华书局，2010：222.
③ 黄绾．明道编·卷一［M］．刘厚祜，张岂之，标点．北京：中华书局，1959：11.
④ 程颢，程颐．二程集·河南程氏遗书·卷十八［M］．王孝鱼，点校．北京：中华书局，1981：138.

作为学道之法，读《易》之法。

佛教最初在中国传播的时期，也曾以他说来解注己说。为了适应中国的儒道文化，逐渐与儒、道之《易》相互影响、作用，佛教以其宏大高深与易、道之天人境界相融通，逐渐形成了三教合一的特色，也影响了道学家们精神世界。范文澜说："宋学以《周易》来代替佛教的哲学。"① 《妙法莲华经》说一乘圆教，表清净了义，究竟圆满，微妙无上。属于开权显实的圆融教法，大小无异，显密圆融，显示人人皆可成佛之一乘了义。在五时教判中，属于法华、涅槃之最后一时。因经中宣讲内容至高无上，明示不分贫富贵贱、人人皆可成佛，所以《法华经》也誉为"经中之王"。而周敦颐以"艮卦"之"动静适时"来讲人之至诚、成圣的持静涵养工夫，并以此来比拟《法华经》，正是此意。儒、佛两家对于艮卦之义都有所领会、发明，但两家区分在"止"处。佛家最终归于虚静，而儒家更强调止于礼。这种礼是在虚静基础之上的道，并且是依于道的，由时不同而生，观而得。周子云"一部法华经只消一个艮卦可了"，足以见得，他正是在儒佛互动思想背景下，借助佛学和传统儒学重新构建道学的理路。同时，他以《易》解佛经的举动也引领了后辈的效仿，对理学的发展起到了极大的推进作用。

第三节　周敦颐受佛学影响的精神世界

两宋时期，士大夫学者们致力于"明天理之本源，穷万物之始终"之学。受佛禅思想的影响，周子之学不仅带有浓厚的天道本体及人性本体的色彩，其精神世界还具有一种高适远遁、超然物外的气象。吕思勉的《理学纲要》肯定周敦颐开山之地位时说："宋代哲学，至庆历之世，始入精微。周敦颐的哲学，代表一种新的宇宙观和人生观的创立。而北宋诸大儒，如张载、司马光、邵雍，其说皆不如周敦颐之浑融透彻。故二程子最服膺周子，而朱子则最宗周、程，而周子遂称宋学之开山。"② 冯友兰的《中国哲学简史》对周敦颐的宇宙论和精神修养方法进行了论述，他认为周敦颐的宇宙论主要汲取了道家思想的精华，精神修养的方法则受禅宗影响较大，周敦颐的道学是在儒、释、道三教融合的基础上形成的。③ 任继愈主编的《中国哲学史》认为，周敦颐的哲学是在继承

① 范文澜．范文澜历史论文选集［C］．北京：中国社会科学出版社，1979：325.

② 吕思勉．理学纲要［M］．北京：东方出版社，1996：35.

③ 冯友兰．中国哲学简史［M］．北京：北京大学出版社，1985：311.

了历史上佛教、道教以及儒家孟子、董仲舒、韩愈、李翱等人的基础上发展出来的一套完整的宇宙观，而周敦颐宣扬的“无欲主静”的精神修养方法是一种僧侣主义的翻版，更加明确地认为周敦颐在精神修养方面含有佛学因素。

一、“明通公溥”的君子人格

周敦颐的精神世界中具有一种“明通公溥”的君子人格。其遗存的学术著作和诗文均反映出他这种精神追求。《通书》曰：“无欲。则静虚动直。静虚则明，明则通；动直则公，公则溥。‘明通公溥’。庶矣乎！”① “明通公溥”是周敦颐心性论中的一个十分重要的提法，也是他圣学观的核心内涵。“明通公溥”强调明、通、公、溥各个环节的紧密连接。“明”，无疑也。“圣”者，通也。“通”就是要通儒家“天、地、人”三才。“溥”，广博周遍也。“通”者才能去私而“公”，“公”者才能“溥”。

周敦颐追求的“明通公溥”的理想人格，与佛家博爱宏大的天地情感十分近似，是一种追求广博兼济而又孑然独立的人格理想。周敦颐在《爱莲说》中曾描绘“莲”的高洁品格：“莲之出淤泥而不染，濯清涟而不妖，中通外直，不蔓不枝，香远益清，亭亭净植，可远观而不可亵玩焉。”② 其中，莲之不染、不妖、中通、净植、不蔓、不枝、香远、益清的品格与周敦颐“明通公溥”的人格理想十分契合。不染、不妖是“明”，中通、净植是“通”，不蔓、不枝是“公”者，香远、益清则是天下之“溥”。清新隽丽、意境悠远的文字表达了他对洒脱博大人格的向往，显示了周敦颐对“清净香洁”至善、独立人格的追求。

周敦颐的《爱莲说》是对出自尘世而洁净不染的佛教智慧和境界的阐述。这也完全是周敦颐超越世俗、淡泊名利的真实写照。潘兴嗣为周敦颐作的《墓志铭》记载：“在南昌时得疾暴卒，更一日一夜始苏。视其家，服御之物，止一敝箧，钱不满数百，人莫不叹服。此予之亲见也。”③ 与周敦颐同时期的学者任大中也曾多次赞扬周敦颐为官清廉。这样的清贫，周敦颐却能“不生浮世愁”④。足见，周敦颐对佛家视色相世界都是虚妄、“诸法皆空”意蕴的领会，以及他与方外之人共寻“明心见性”精神的通达之处。此外，周敦颐自身具有“出淤泥而不染，濯清涟而不妖”的遗世独立的人格。庆历四年（1044），周敦颐被调任南安军司理参军。当时，南安监狱有一囚犯，法不当死。他的上司王

① 周敦颐．元公周先生濂溪集［M］．长沙：岳麓书社，2006：63.
② 周敦颐．元公周先生濂溪集·卷六·爱莲说［M］．长沙：岳麓书社，2006：99.
③ 周敦颐．元公周先生濂溪集·卷八·先生墓志铭［M］．长沙：岳麓书社，2006：136.
④ 周敦颐．尹红，谭松林整理．周敦颐集·宿崇圣［M］．长沙：岳麓书社，2002：72.

逵欲将该囚犯问成死罪。周敦颐挺身而出，反对将这个囚犯判处死刑。他说："如此尚可仕乎！杀人以媚人，吾不为也。"① 后来他的上司有所感悟，免除了那个囚犯的死刑。

《通书》又说："德：爱曰仁，宜曰义。"② 其中的"爱"与"仁"俨然与佛家的博爱众生有着相同的利他思想倾向。周敦颐宦业精绝，虽长期沉寂下僚，但颇有政绩。在潘兴嗣为周敦颐作的《墓志铭》和蒲宗孟的《墓碣铭》中，都清楚地记载了周敦颐为官恪尽职守，不畏权势，"以洗冤泽物为己任"的人格面貌。《宋史·周敦颐传》载："初事分宁，有狱久不决，敦颐至，一讯立辨。邑人惊曰：'老吏不如也'。"③ 稍加审视就会发现，周敦颐的"去私而公"更有佛教大慈大悲、无我之痕迹。周敦颐的遗诗也足以展现其对君子人格的追求。当周敦颐置身于佛家境地时更是对此深有感触。《游大林寺》诗曰：

> 三月山方暖，林花互照明。路盘层顶上，人在半空行。水色云含白，禽声谷应清。天风拂巾袂，缥缈觉身轻。④

如何能做到"明通公溥"，具备圣人的品性呢？周敦颐认为必须经过学习和修养。《通书·诚上第一》说："一阴一阳之谓道，继之者善，诚之者性也。"⑤ 周敦颐一生都非常重视道德修养，他儒佛道兼修的心性修养，比较好地解决了士大夫们安身立命的问题。《通书》把《易传》《中庸》等儒家经典外在宇宙的东西完全变成内在心灵的演变，心性修养上，吸收佛道，向内在发展。《通书·公明第二十一》：

> 公于己者公于人，未有不公于己而能公于人也。明不至则疑生。明，无疑也。谓能疑为明。何啻千里！⑥

可见，周敦颐是欲将"内圣"与"外王"打通，将天道与性命结合起来，使之有了"诚"之本体和具体的可操作性。周敦颐认为通过后天的学习可以使人至"明通公溥"之境。庆历六年（1046）冬，周敦颐出任郴县县令，整顿治

① 脱脱，等．宋史·道学传·卷四百二十七［M］．北京：中华书局，1985：12711.
② 周敦颐．元公周先生濂溪集·卷四·通书［M］．长沙：岳麓书社，2006：65.
③ 脱脱，等．宋史·道学传·卷四百二十七［M］．北京：中华书局，1985：12711.
④ 周敦颐．元公周先生濂溪集·卷六·游大林寺诗［M］．长沙：岳麓书社，2006：108.
⑤ 周敦颐．元公周先生濂溪集·卷四·通书［M］．长沙：岳麓书社，2006：55.
⑥ 周敦颐．元公周先生濂溪集·卷四·通书［M］．长沙：岳麓书社，2006：64.

安之后，他的另一首要任务就是修建学校，以兴教化。周敦颐在郴州任期间，其学问已经比较成熟，友人同僚多慕其学，《年谱》里记载了一段周敦颐颇为著名的授学之事：

（庆历）八年戊子。先生年三十二。知郴州事职方员外郎。李初平知其贤，不以属吏遇之。尝闻先生论学，叹曰："吾欲读书，何如？"先生曰："公老，无及矣。某请得为公言之。"初平遂日听先生语，逾年，果有得。①

周敦颐通过讲学的形式为李初平弥补了学业上的遗憾，使李初平确有所得。这种从师参学的形式反映了宋代时期佛教禅宗"参学"的影响，已经趋于简单化，摆脱了训诂，直接向受学者指示身心性命之理。据《周敦颐年谱》记述，皇祐元年（1049），周敦颐时年三十三。李初平卒，子幼，先生曰："吾事也。"为护其丧归葬之，往来经纪其家，始终不懈。② 周敦颐坚持不懈地照顾李初平的家庭，其高尚人格和可贵情谊博得当时人们的赞赏："士大夫闻君之风，识与不识，皆指君曰：'是能葬举主者。'"③ 周敦颐"明通公溥"的提法把至高的哲学思想融入实际生活中，既作为自己的人格理想，也对后来的士人产生了一定的指导意义。

二、"孔颜乐处"的境界追求

周敦颐虽然尚"明通公溥"的君子人格，但他更为重视对"孔颜乐处"境界探寻和践行。《宋元学案·濂溪学案》述："周子之学，在于志伊尹之志，学颜子之学，已自明言之矣。"④ 关于"孔颜乐处"精神的整体论述，在前面北宋士人的"圣贤气象"一节中，笔者已经进行了论述。"孔颜乐处"其实就是"明心见性"之后在心灵深处实现的一种高度充实、平静和愉悦之感。"孔颜乐处"是周敦颐的人格理想和精神追求。周敦颐谈"孔颜乐处"问题实也与禅门黄龙祖心等的启迪有关。据《居士分灯录》记载：

初见晦堂心，问教外别传之旨。心谕之曰："只消向你自家屋里打

---

① 度正．周敦颐年谱．周敦颐全书［M］．周文英，主编．南昌：江西教育出版社，1993：11.
② 度正．周敦颐年谱．周敦颐全书［M］．周文英，主编．南昌：江西教育出版社，1993：9.
③ 蒲宗孟．元周公先生濂溪集·卷八·周敦颐墓碣铭［M］．长沙：岳麓书社，2006：137.
④ 黄宗羲．宋元学案·卷十二·濂溪学案下［M］．全祖望，补修．北京：中华书局，1982：523.

点。孔子谓朝闻道，夕死可矣，毕竟以何为道，夕死可耶？颜子不改其乐，所乐何事。但于此究竟，久久自然有个契合处。"①

可见，祖心曾以"孔颜要旨"教诲周敦颐。黄龙祖心（1025—1100），宋代临济宗黄龙派僧，慧南之弟子。周敦颐对"孔颜乐处"问题仔细参究，在后来对二程的教授过程中也主要以"寻孔颜乐处"问题引导年方十四五岁的二程入道学。周敦颐在《通书》中对他与祖心讨论的问题做了部分解答，云：

天地间有至贵至富至爱可求，而异乎彼者，见其大而忘其小焉尔。见其大则心泰，心泰则无不足，无不足则富贵贫贱处之一也。处之一则能化而齐，故颜子亚圣。②

周敦颐思想中的"孔颜乐处"作为一种理想人格、一种精神境界，是以"实理之诚"为理论基础的一种修养论。周敦颐认为孔子和颜回之所以在贫困面前不改其志，还能够保持快乐的心境与和谐的身心状态，主要因为他们具有一种极高的精神境界，这种境界超越了一般的富贵与贫贱，也超越了一般的苦乐观念，是一种超越性的精神之乐。在儒家看来，人生中有着至富至贵、可爱可求乃至比生命还重要的东西，这种境界十分宽宏博大，这就是成圣成贤的理想。周敦颐所说的这种快乐的实质是为贫贱、富贵不动一心的自足之乐。其实这种境界就是佛禅放弃"小我"，追寻"大我"，远离我执、我见，而达自由自在境界之最高之境。《通书》中多次言及此乐：

君子以道充为贵，身安为富，故常泰无不足，而铢视轩冕，尘视金玉，其重无加焉尔。③

乐者，本乎政也。政善民安，则天下之心和。故圣人作乐，以宣畅其和心，达于天地，天地之气感而大和焉。天地和则万物顺，故神只格，鸟兽驯。④

圣人之道，入乎耳，存乎心，蕴之为德行，行之为事业。彼以文

① 朱时恩．居士分灯录·卍新纂续藏经·第 86 册 No. 1607，600.
② 周敦颐．元公周先生濂溪集·卷四·通书［M］．长沙：岳麓书社，2006：64.
③ 周敦颐．元公周先生濂溪集·卷四·通书［M］．长沙：岳麓书社，2006：68.
④ 周敦颐．元公周先生濂溪集·卷四·通书［M］．长沙：岳麓书社，2006：63.

辞而已者，陋矣！①

在《通书·陋第三十四》这一章中，周敦颐把圣人之道归结为心灵的作用，认为圣人“存乎心”才能“蕴之为德行”，只以文辞者被周子视为“陋”。《通书》一文中“心”字出现的频率十分高，竟然有17次之多。这与黄龙祖心对周敦颐的诲谕“向自家屋里打点”的方法十分接近，实际就是佛家禅宗的“明心见性”。“明心见性”就是明本心，见不生不灭的本性。孔颜所乐之快乐、平静的精神境界实与佛教“明心见性”的悟道境界是相同的。

圆悟克勤禅师曾道：“最先是忘我见，使我虚静怡和，任运腾腾，腾腾任运，于一切法，皆无取舍。”于富贵、贫穷都摄心不乱，心才能平静下来，心的平静状态，佛法中称为“止”，通过静、止等修为方法，方可“明心见性”。

《金刚经》云：

是故，须菩提，诸菩萨摩诃萨应如是生清净心，不应住色生心，不应住声、香、味、触、法生心，应无所住而生其心。②

禅宗六祖慧能得法之偈：

菩提本无树，明镜亦非台，佛性常清净，何处有尘埃！③

《坛经》还说：

善知识菩提般若之知，世人本自有之，即缘心迷，不能自悟。须求大善知识示道见性。④

我们知道，周敦颐一生身居下层官宦，个人经济境况并不好，他自称“穷禅客”也是这个原因。但黄庭坚在《濂溪词并序》中对周敦颐的人品做了一个很高的评价：“舂陵周茂叔，人品甚高，胸中洒落，如光风霁月。”⑤ 蒲宗孟的

① 周敦颐．元公周先生濂溪集·卷四·通书［M］．长沙：岳麓书社，2006：69.
② 陈秋平，译注．金刚经·心经［M］．北京：中华书局，2010：46-47.
③ 慧能．郭朋校释．坛经校释［M］．北京：中华书局，1983：16.
④ 慧能．郭朋校释．坛经校释［M］．北京：中华书局，1983：24.
⑤ 黄庭坚．濂溪词并序．周敦颐全书［M］．周文英，主编．南昌：江西教育出版社，1993：303.

《墓碣名》说：

> "（周敦颐）生平襟怀飘洒，有高趣，常以仙翁隐者自许。尤乐佳山水，遇适意处，终日徜徉其间。酷爱庐阜，买田其旁，筑室以居，号曰濂溪书堂。乘兴结客，与高僧道人跨松萝，蹑云岭，放肆于山巅水涯，弹琴吟诗，经月不返。"①

《宋史·道学传》载，周敦颐让受学于他的二程"寻孔颜乐处，所乐何事"②，二程之学亦由此而发源。这里流露出的"法乐""法喜"或"道乐"正是周敦颐所追求的恬静无欲、安和闲适、超然世外、高栖遐遁之乐，即"明心见性"的"孔颜之乐"。此种精神之乐，使周敦颐的儒家济世情感多了一层精神层面的超越性。周敦颐的"孔颜乐处"思想为士大夫个人的身心安顿指明了道路，使"孔颜乐处"真正进入了儒学的精神超越层次。

三、"无欲主静"的修为方法

周敦颐所讲的"静"不是动静的静，而是"无欲"，"无欲故静"。周敦颐的《通书》说："无欲，则静虚动直。虚静则明，明则通。"③ 周敦颐的"无欲主静"说在关涉本体论和心性论之后，又将论证的目标指向了成就理想人格上。"无欲主静"成为实现君子人格和成圣的路径。周敦颐曾从东林常总学禅宗无心之法，"东林教人唯务静胜，濂溪之久不事笔砚，终日端坐，窗前草色同一生意，盖是静中所得"④。

周敦颐认为圣人的人格是最完善的人格，而在周敦颐圣人的理想人格中，"诚"是最重要的内容。他认为"诚"源自自然界"万物姿始"的"乾元"。周敦颐在《诚上》章中主要是阐述"诚以立体"的思想。"诚者，圣人之本。大哉乾元，万物资始，诚之源也。"这里的"诚"和"乾元"也就是《太极图》中所说的"无极"。周敦颐接着又说："乾道变化，各正性命"，阐明了"诚"由天道向人道转化的过程。《诚下》章周敦颐则是在说如何依此体而用，曰：

> 圣，诚而已矣。诚，五常之本，百行之源也。静无而动有，至正

① 蒲宗孟．元周公先生濂溪集·卷八·周敦颐墓碣铭［M］．长沙：岳麓书社，2006：137.

② 脱脱，等．宋史·道学传·卷四百二十七［M］．北京：中华书局，1985：12712.

③ 周敦颐．元周公先生濂溪集·卷四·通书［M］．长沙：岳麓书社，2006：63.

④ 朱时恩．居士分灯录·卍新纂续藏经·第86册 No. 1607，600.

而明达也。五常百行非诚，非也，邪暗塞也。故诚则无事矣。至易而行难，果而确，无难焉。故曰："一日克己复礼，天下归仁焉。"①

周敦颐认为"诚"是世间五常百行的之源。人必须明此理，而去"复性"，如果人们能够依"诚"真正做到复性的工夫，就一定能达到"诚则无事"的境界。而这一目标就是要靠"无欲主静"的修行方法。周敦颐认为："圣，称而已矣。"圣人之所以能达到天人合一的境界，与天地合其德，正是由于声音始终保持着天赋的本然之性——"诚"。所以"诚"是圣人的根本。他还说"诚，五常之本，百行之源也"，认为"诚"是仁义礼智信的根本，是一切道德行为的起源。所以圣人"静无而动有，以正而明达"。

据《性学指要》记载，周敦颐随东林常总游，常总教之以静坐，周敦颐于静中有得，其"主静"之说，即肇端于此。佛教的静是一种无条件的静、绝对的静。"心"和"根"都要静，一切感官，眼、耳、鼻、舌、身等都要保持清净。涅槃四德：常、乐、我、净。"常"的内涵是超越，要超越生死，也要超越烦恼。"乐"的内涵乃是保持一种无忧无惧的安乐心态。"我"是自由、自在，指佛性"真我"而非尘劳"妄我"，"大我"而非"小我"。"净"是清净。《金刚经》说："应如是生清净心，不应住色生心，不应住声、香、味、触、法生心，应无所住而生其心。"② "应无所住而生其心"，心不执着，这样才能成佛。周敦颐的静则是积极的，是有目的性的一种手段。《太极图说》曰："圣人定之以中正仁义而主静，立人极也。"③ 因为"诚静，故明"，必须静才能诚，诚才能明。周敦颐虽然自注"无欲故静"在形式上是对老子"无欲以静"思想的继承，但由于静的目的在"净"，笔者认为这里更加突出反映的是佛教坐禅入定实践对周敦颐思想产生的影响。就像《爱莲说》中"出淤泥而不染"的莲花品格一样，通过静的工夫"灭染成净"，从而显现出至善的本性。故"无欲"不只是儒家的寡欲和老氏的无欲，也是佛教的去染污。

嘉祐五年（1060），周敦颐作《养心亭说》，也明显地表现出了受佛教思想影响的痕迹。文中他述孟子"养心莫善于寡欲"的思想，但周敦颐认为仅仅是"寡欲"还不够，而应该"盖寡焉以至于无"，因为只有"无"才能"诚立明通"，"诚立，贤也；明通，圣也"④。也就是说必须达到"无欲"，才能进入圣

---

① 周敦颐．元公周先生濂溪集·卷四·通书［M］．长沙：岳麓书社，2006：56.
② 陈秋平，译注．金刚经·心经［M］．北京：中华书局．2010：47.
③ 周敦颐．元公周先生濂溪集·卷一·太极图说［M］．长沙：岳麓书社，2006：8.
④ 周敦颐．元公周先生濂溪集·卷六·养心亭说［M］．长沙：岳麓书社，2006：99.

贤的境界。这与孟子提出的“节欲”“寡欲”思想还是有很大不同的。先秦的儒家并没有完全否定人的欲望，而是要求适当节制，或是予以一定引导。而周敦颐的养心之方，则已经十分接近佛家的“虚明空寂”的状态，他认为只有将人的欲望全部消解，即达到“无欲”，才是圣人理想的生存体验。清代的戴东原明确地指出周敦颐的“无欲”说是典型的老庄、释氏之论。① 当代的新儒家学者方东美认为，周敦颐的“无欲”所继承的并不是先秦儒家，周敦颐将整个宋明理学领上了“禅静消极的孤径”。这是有一定道理的。有学者认为周敦颐的这种接近于佛家的“虚明空寂”带有明显的消极色彩。我们且不评论消极与否，仅看其“养心无欲”与“虚明空寂”的思想已经俨然一派佛家意蕴了。

周敦颐生活的北宋前期，儒、释、道三家思想的合流已然成为思想界的主题。周敦颐自然也无法脱离时代思潮的浸染。因此他的思想也随着他不太得意的仕途轨迹而充满了矛盾和复杂。他一方面“志伊尹之所志”，欲“致君尧舜”“博施济众”；另一方面又“始觉空门客”②，欲与“樵渔一路归”。他所到之处都颇有政绩，可谓治绩焕然，但时时又向往着“且寄云房一榻眠”的隐居生活。

嘉祐五年（1060），周敦颐在游览赤水县龙多山时写下《游山上一道观三佛寺》，诗云：“琳宫金刹接峰峦，一径潜通竹树寒。是处尘劳皆可息，时清终未忍辞官。”③ 又有《同友人游罗岩》：“闻有山岩即去寻，亦跻云外入松阴。虽然未是洞中境，且异人间名利心。”周敦颐的诗留存不多，仅有二十余首，但是在诗中表达想要挣脱名利束缚的诗句却不少，可见周敦颐时时向往世外无争无扰的生活。他在《同石守游》诗中写道：“朝事谁知世外游，杉松影里入吟幽。争名逐利千绳缚，度水登山万事休。野鸟不惊如得伴，白云无语似想留。傍人莫笑凭栏久，为恋林居作退谋。”④ 嘉祐五年（1060），他从合州判官任上卸任，东还京师之前，友人铜梁县令吕陶为他送行并作诗相赠，诗前的序言记载了周敦颐的原话：“俯仰不怍，用舍惟道。行将遁去山林，以全吾思。”⑤ 他的这种遁迹山林的念头在其后来的思想及著述中反映出来的即是“主静无欲”，也为整个宋明理学奠定了一层冷寂的色调。

周敦颐认为，圣人主要是依靠主静的工夫，对外物不动心，所以，他提倡：

---

① 戴震．戴震全集·第一册·孟子字义疏证［M］．北京：清华大学出版社，1999：201．

② 周敦颐．周敦颐集·宿崇圣［M］．尹红，谭松林，整理．长沙：岳麓书社，2002：72．

③ 周敦颐．元公周先生濂溪集［M］．长沙：岳麓书社，2006：106．

④ 周敦颐．周敦颐全书［M］．周文英，主编．南昌：江西教育出版社，1993．

⑤ 吕陶．送周茂叔殿丞序并诗．周敦颐全书［M］．周文英，主编．南昌：江西教育出版社，1993：296．

"五性感动而善恶分，万事出矣。圣人定之以中正仁义而主静，立人极焉。"①主静论便是周敦颐宇宙生成论的起点，进而又把主静论与心性修养论联通，最后构建了一种"无欲故静"的人生哲学理论。此论俨然是佛教"动静不二"内容的翻版。周敦颐又说：

> 无欲，则静虚动直。虚静则明，明则通。动直则公，公则溥。明通公溥，庶矣乎！②

周敦颐提倡中道的道德修养，这与佛家的"中观"思想十分接近，也就是"中正"的工夫，也就是主静。"静"才能"明""明"才能"通"。此外，周敦颐认为"静"的同时，还要"思"。《通书》云：

> 无思，本也；思通，用也。几动于彼，诚动于此。匪思而无不通，为圣人。
>
> 不思，则不能通微；不睿，则不能无不通。是则无不通生于通微，通微生于思。③

周敦颐认为善恶之"几"甚微，只有"思"才能通微，这是达到圣人境界的必由之径。六祖慧能说人要想修正本有的真如、佛性，就必须通过对虚妄色法不执着，也就是周敦颐所提倡的无欲而入静的路径。与前者不同的是，周敦颐的"无欲主静"依然是站在儒家立场上的，尽管他否定世间的名利物欲。认为"争名逐利千绳缚"④"爱利爱名心少闲"⑤。但对于现实世界的意义的肯定上，周敦颐仍然是面向世间的，是入世的。周敦颐所要表述的并不是一个与人文价值理想无关的自然世界，而是同"寻孔颜乐处"同一个目的，是一个"名教"与"自然"合而为一的"明通公溥"的人文价值世界。他所展现的精神世界，是一种儒、佛交融的超越境界。周敦颐把儒家政治伦理向天道、天理这样宗教性、哲学性又大大推进了一步，这也是周敦颐成为宗主的主要原因。

---

① 周敦颐．元公周先生濂溪集·太极图说［M］．长沙：岳麓书社，2006：8.
② 周敦颐．元公周先生濂溪集·卷四·通书［M］．长沙：岳麓书社，2006：63.
③ 周敦颐．元公周先生濂溪集·卷四·通书［M］．长沙：岳麓书社，2006：59.
④ 周敦颐．元公周先生濂溪集［M］．长沙：岳麓书社，2006：108.
⑤ 周敦颐．元公周先生濂溪集［M］．长沙：岳麓书社，2006：106.

小　结

周敦颐作为宋明理学的开山祖、二程之师，其思想具有时代的先锋性。在周敦颐生活的时代，理学作为一股时代思潮，尚处于酝酿阶段。理学的主题是将传统儒学由章句训诂的汉唐经学学风转变为重视形而上的一路，即总结和归纳出儒学中蕴含的独特精神价值，从而在社会层面减少佛老的影响，为社会政治和道德风尚的全面转化奠定思想基础。此时，以范仲淹、周敦颐等为代表的儒家知识分子，一方面对汉唐经学遗产进行重新诠释，另一方面吸收佛教、道家在宇宙论、心性论等形上层面的成就，从而促成了新儒学的产生。

周敦颐开创、构建新儒学的宇宙论和心性论是从本体论角度出发的，这使得传统儒学在本体论层面上有了回应佛教挑战的根基。实际周子的思想还是对之前学人成果的继承。周敦颐继承了儒家《易传》和《中庸》思想，吸纳佛、道的理论和思维模式，建立了一套比较完备的新儒学体系。他提出的一系列哲学范畴，如“无极”“太极”“理”“性”“命”等，都成为后学共同探讨的话题和范畴，为理学构建了基本的构架。周敦颐自己也承认：“吾此妙心实启迪于黄龙，发明于佛印。然义理豁达，自非东林开遮，拂拭无由，表里洞然。”① 周敦颐一生的学术思想都是致力于解决如何与“佛道争夺人们的精神世界”问题，但他自己又何尝不是受佛道思想的浸润、援用佛学思想构建新儒学体系的代表。

① 朱时恩．居士分灯录·卍新纂续藏经·第86册 No. 1607：600.

第七章

二程与佛学

程颢、程颐兄弟，北宋理学家、教育家，世称“二程”。二人共创“洛学”，在整个中国思想史上都占有非常重要的地位。

程颢（1032—1085），字伯淳，世称明道先生。程颢与其弟程颐皆为理学大师，早年曾共师周敦颐。宋仁宗嘉祐二年（1057）进士，历任官鄠县主簿、上元县主簿、泽州晋城令、太子中允、监察御史、监汝州酒税、镇宁军节度判官、宗宁寺丞等职。程颢一生任官十五六年，官职都不高，一生大部分时间是读书和讲学授徒。《宋史·道学传》载：“（程颢）遇事优为，虽当仓卒，不动声色。自十五六时，与弟颐闻汝南周敦颐论学，遂厌科举之习，慨然有求道之志。泛滥于诸家，出入于老、释者几十年，返求诸《六经》而后得之。”①

程颐（1033—1107），字正叔，世称伊川先生。世居中山，后从开封徙河南（今河南省洛阳市）②，为程颢之胞弟。历任汝州团练推官、西京国子监教授等职。元祐元年（1086）除秘书省校书郎，授崇政殿说书。程颐主要哲学著作有《周易程氏传》《遗书》《文集》《经说》等，被后人辑录为《程颐文集》。明代后期与程颢的著作合编为《二程全书》。

二程出生在世代仕宦之家，幼承家学熏陶，其政治思想颇受父亲的影响。在政治上，二程追随司马光，反对王安石的新政。在学术思想上，二程师事周敦颐虽然不足一年时间，却对二程影响很大。二程的一生都致力于复兴儒学，与佛老相抗。他们虽然积极反对佛教，但其理学思想又深受佛学理论与思维方式的影响。二程是北宋士大夫中既用佛又反佛的突出代表，二人批判佛教的理论十分系统、详尽。冯友兰认为：“明道乃以后心学之先驱，而伊川乃以后理学之先驱也。兄弟二人开一代思想之两大派，亦可谓罕有者矣。”③

---

① 脱脱，等．宋史·道学传·卷四百二十七［M］．北京：中华书局，1985：12716.

② 脱脱，等．宋史·道学传·卷四百二十七［M］．北京：中华书局，1985：12713.

③ 冯友兰．中国哲学史［M］．上海：华东师范大学出版社，2000：876.

第一节　二程对佛学的双重态度

二程生活的时代，佛学已至“人人谈之，弥漫滔天”之态势。唐代的李翱已将孟子之心性与佛教之“见性成佛”结合起来，其“去情复性”的主张俨然已深受佛教的影响，为儒学的本体化、哲理化奠定了基础。程颢、程颐二人是北宋士大夫对佛禅持矛盾态度的典型代表。在他们身上真实地体现了北宋士大夫学者一面是儒家卫道士和辟佛者的模样，一面又不禁表现出对佛教、禅宗大加赞誉、服膺和模仿的态度。这两面的并存被视为中国思想史上既奇特又有十分有趣的现象。

二程认为禅家出世，背弃人伦、忘绝忠孝、隐迹山林，只注重自我感受，是十分偏激和荒唐的。二程对当时佛学之蔓延充满担忧地说：“惟佛学，今则人人谈之，弥漫滔天，其害无涯。”① 二程还说：

> 其术，大概且是绝伦类，世上不容有此理。又其言待要出世，出那里去？又其迹须要出家，然则家者，不过君臣、父子、夫妇、兄弟，此等事，皆以为寄寓，故其为忠孝仁义者，皆以为不得已尔。又要脱世网，至愚迷者也。毕竟学之者，不过至似佛。佛者，一黠胡尔！他是个自私独善、枯槁山林，自适而已。若只如是，不过世上少这一个人。却又要周遍，谓既得本，则不患不周遍。要之，决无此理。②

从二程的此番论述中我们可以看出，他们认为佛教脱世网之理论和体系是完全不能成立，绝无此理的。他们认为佛教“成坏为无常”是何其陋也！佛教这样万物幻妄的主张一定会导致行恶事、丧天性童真、绝人伦、害道等消极的结果，是非常不可取的。二程还从物、道的关系方面批判佛教“世事为幻”的观念：

> 道之外无物，物之外无道。是天地之间无适而非道也。③

① 程颢，程颐．二程集·河南程氏遗书·卷一［M］．王孝鱼，点校．北京：中华书局，1981：3.
② 程颢，程颐．二程集·河南程氏遗书·卷二上［M］．王孝鱼，点校．北京：中华书局，1981：24.
③ 程颢，程颐．二程集·河南程氏遗书·卷四［M］．王孝鱼，点校．北京：中华书局，1981：73.

二程不仅详尽地分析了佛教“世事为幻”的观念表现和原因，还痛批此观念的危害性。显然，二程对佛教的出家、出世的理念和做法十分反感，佛教背离儒家伦理、消极厌世的人生价值取向不能为他们所接受。他们认为，当今的士大夫受君主的恩典，应该尽忠职守，更何况是生养自己的父母。对自己父母不尽孝道是最不能被容许的。二程还认为佛教的生死观是极其自私的观点：

> 佛学只是以生死恐动人。可怪两千年来，无一人觉此，是被他恐动也。……佛之学为怕死生，故只管说不休。下俗人之固多惧，易以利动。①
>
> 天地之间，有生便有死，有乐便有哀。释氏所在便须觅一个纤。奸打讹处，言免死生，齐烦恼，卒归乎自私。②

二程认为人生和万物如草木“生息于春夏，及至秋冬便都变坏”③，只是生命之自然的客观实在，绝不是佛教推理得出的幻妄，二程认为佛教以自然之象的“无常”而得出世界为“幻”的结论是不符合事实的。二程认为“心”与“事”是同一的，不可分裂的。程颐曰：

> 学佛者多要忘是非，是非安可忘得？自有许多道理，何事忘为？夫事外无心，心外无事，世人只被为物所役，便觉苦事多；若物各付物，便役物也。世人只为一齐在那昏惑迷暗海中，拘滞执泥坑里，便事事转动不得，没着身处。④

二程通过对佛教的危害及原因的分析，提出了远离佛教、抑制佛教的策略，其主要方法就是复兴儒学，来对抗佛学的挑战。二程还说：

> 学者于释氏之说，直须如淫声美色以远之，不尔，则骎骎然入于其中矣。颜渊问为邦，孔子既告之以五帝、三王之事，而复戒以“放郑声，远佞人”，曰“郑声淫，佞人殆”。彼佞人者，是它一边佞耳，

---

① 程颢，程颐．二程集·河南程氏遗书·卷一［M］．王孝鱼，点校．北京：中华书局，1981：3.
② 程颢，程颐．二程集·河南程氏遗书·卷十五［M］．王孝鱼，点校．北京：中华书局，1981：152.
③ 程颢，程颐．二程集·河南程氏遗书·卷一［M］．王孝鱼，点校．北京：中华书局，1981：4.
④ 程颢，程颐．二程集·河南程氏遗书·卷十九［M］．王孝鱼，点校．北京：中华书局，1981：263-264.

然而于己则危，只是能使人移，故危也。至于禹之言曰："何畏乎巧言令色？"巧言令色直消言畏，只是须着如此戒慎，犹恐不免。释氏之学，更不消言，常戒到自家自信后，便不能乱得。①

可见，二程把佛教视同"淫声美色"一般，呼吁人们要远离之，否则将会沉寂沦丧于其中。二程还以孔子告诫颜渊要"放郑声，远佞人"的为政之方来做比拟，告诫世人一定要防患释氏移人心志。并且，二程把佛家之言论视为比巧言令色还难以令人戒慎的祸乱，强调世人一定要严格提防。

当然，今日看来，二程对佛教的过激之判断主要是源自二程对佛理的误读和二人态度的偏执。但是，二程在治儒与反佛的过程中，还是脱离不了时代的思潮，不可避免地浸润佛禅，并且在内心还是为佛禅留有重要的一席之地。譬如，在修养观方面，二程对佛教还是持一定的肯定态度。只是他们认为，无论是内圣，还是外王，佛教都是"不识道体""内外不贯"，显得不足。二程说："（释氏）唯务上达而无下学，然则其上达处，岂有是也？"② 程颢还认为："释氏无实"，佛教虽然有尽心识性之意，却不讲存养，故没有"存心养性"之工夫。二程曰："禅家出世之说，如闭目不见鼻，然鼻自在！"③

尽管如此批判佛教，二程却把佛学的地位看得很高，曾有人问他："庄周与佛如何？"程颐回答说："周安得比他佛！佛说直有高妙处，庄周气象大，都浅近。"④ 不仅如此，和佛教的经典比起来，儒家的经典都显得无用了，"今僧家读一卷经，便要一卷经中道理受用；儒者读书，却只闲了都无用处"⑤。程颐出入佛家几十年，埋头研读佛经，最终发现了佛教的合理之处。他彻底辟佛的观念也有所转变，对佛教的评论也趋于公允："释氏之学，又不可道他不知，亦尽极乎高深。"⑥ 二程还说："佛、老其言近理。"⑦ 常以儒家卫道士自居的程颢，居然说"虽尧、舜事业，亦只如太虚空中一点浮云过目！"⑧ 而对于佛陀，程颐

① 程颢，程颐．二程集·河南程氏遗书·卷二上［M］．王孝鱼，点校．北京：中华书局，1981：25-26.
② 程颢，程颐．二程集·河南程氏遗书·卷十三［M］．王孝鱼，点校．北京：中华书局，1981：139.
③ 程颢，程颐．二程集·河南程氏遗书·卷三［M］．王孝鱼，点校．北京：中华书局，1981：64.
④ 程颢，程颐．二程集·河南程氏外书·卷十二［M］．王孝鱼，点校．北京：中华书局，1981：425.
⑤ 程颢，程颐．二程集·河南程氏外书·卷十二［M］．王孝鱼，点校．北京：中华书局，1981：443.
⑥ 程颢，程颐．二程集·河南程氏遗书·卷十五［M］．王孝鱼，点校．北京：中华书局，1981：152.
⑦ 程颢，程颐．二程集·河南程氏遗书·卷十三［M］．王孝鱼，点校．北京：中华书局，1981：138.
⑧ 黄宗羲．宋元学案·卷一三·明道学案上·语录［M］．全祖望，补修．北京：中华书局，1982：562.

还说："佛亦是胡人之贤者，安可慢也?"① "佛亦是西方贤者，方外山林之士"②，足见二人对佛陀智慧之尊崇。

朱熹也说："佛氏最有精微动得人处。"③ 朱熹认为，当今的士大夫学人之所以还不是禅学者，只是因为还没有入得那么深，一旦到了深处，一定都会滑入佛禅里去的。而程颐早就得出了这样的论断，他认为："今之学释氏者，往往皆高明之人。"④ 二程还感触颇深地说："今人不学则已，如学焉，未有不归于禅也!"⑤ 可见，二程和朱熹都认为佛的境界很高，高明的人才学得、入得。

二程与佛禅思想有着深厚的渊源。有学者评价二程的哲学像极了禅宗，他们还经常模仿禅僧的腔调来谈"理"、说"道"，甚至他们的语言、文风都尽量地模仿禅宗。⑥ 二程说：

> 尝喻以心知天，犹居京师往长安，但知出西门便可到长安。此犹是言作两处。若要诚实，只在京师，便是到长安，更不可别求长安。只心便是天，尽之便知性，知性便知天，当处便识取，更不可外求。⑦

二程想要通过心来知天，极力地夸大心的神奇妙用，使之无限膨胀。只依靠"心"便可以实现不用动身就能到达长安。这样的论述显然是借鉴了《坛经》里慧能的表述：

> 六祖言：慧能与使君移西方刹那间，目前便见，使君愿见否?⑧

这里慧能大师说，他和使君要去西方净土，刹那间便可以实现。究竟是怎么实现的呢? 靠的就是"心净"，只要"心净"，东方、西方是毫无差异的。二程所说的"诚实"和慧能的"心净"完全是一个意思，是他们从慧能那里"偷"来的。若要"诚实"，汴梁就是长安!"更不可别求长安，只心便是"，更

---

① 程颢，程颐．二程集·河南程氏遗书·卷十八［M］．王孝鱼，点校．北京：中华书局，1981：216.
② 程颢，程颐．二程集·河南程氏遗书·卷二十二上［M］．王孝鱼，点校．北京：中华书局，1981：292.
③ 黎靖德，编．朱子语类·第二十四·论语六·为政篇下［M］．北京：中华书局，1986：587.
④ 程颢，程颐．二程集·河南程氏遗书·卷十八［M］．王孝鱼，点校．北京：中华书局，1981：196.
⑤ 程颢，程颐．二程集·河南程氏遗书·卷十八［M］．王孝鱼，点校．北京：中华书局，1981：196.
⑥ 郭朋．从程朱理学的几个主要观点看程朱理学同佛教禅宗的关系·中国佛学论文集［C］．西安：陕西人民出版社，1984：148.
⑦ 程颢，程颐．二程集·河南程氏遗书·卷二上［M］．王孝鱼，点校．北京：中华书局，1981：15.
⑧ 慧能．郭朋校释．坛经校释［M］．北京：中华书局，1983：66.

是和慧能“佛是自性作，莫向身外求”一模一样。二程模仿慧能，把心上升到了真如、佛性的程度。朱熹也评价二程此番论述像极了佛教的“真如”。二程又说：“只心便是天，尽之便之性，知性便知天，当处便认取，更不可外求。”①这俨然就是禅宗的论调。

如上所述，我们知道二程对佛教持的是既批判又有所肯定的双重态度。程颢、程颐对佛教的生死观、价值观、伦理观等都持否定和批判的态度，但在二人构建自己的哲学体系时，又不免大量吸纳禅宗、华严宗的本体论、心性论思想。程颢援引禅宗的佛性等本体论和心性论模式，程颐则借用华严宗理事三观的本体论、心性论来构建自己的理本论。

第二节　二程理学对佛学思想的吸收

审视二程的理学思想理路，其理学奠基人的功绩主要体现在两方面：“一是为孔孟儒家伦理学说寻求哲学根据，并论证了它的合理性、永恒性；二是寻求践履或完成孔孟儒家伦理学说的方法和途径。”② 这两方面与佛禅思想的影响都有着十分紧密的联系。二程兄弟的哲学思想可以用“大同小异”一词来说明，在对佛教的态度上亦是如此。前面在论述二程对佛教的双重态度时，二人的论断已经多有提及。可见，二人对佛教“无下学”“形而上”“不理事”“识道”“自私”“绝人伦”“生死观”等问题的认识都是基本一致的。他们认为佛教无下学、不理事，且是自私和绝人伦、执着于生死的。③ 所以，二程在批判、排斥佛教方面也是基本一致的。但二程在吸纳佛教方面，还是略有不同。

一、二程“理之本体”与佛学之“理”本体论

二程受佛学影响最突出的表现之一就是其本体论思维模式。二程以“理”为最高范畴和世界本原。在其“天理二字却是自家体贴出来”④ 的本体论思维模式基础上，二程建立了一整套完整的认识论、工夫论、伦理学说等说教体系。其实，二程哲学的最高范畴“理”，很大程度上是受佛教，特别是禅宗的影响。隋唐时期的佛教华严宗已经提出“理事”范畴，使之上升到本体论的层面。北

① 程颢，程颐．二程集·河南程氏遗书·卷二上［M］．王孝鱼，点校．北京：中华书局，1981：15.
② 卢连章，著．程颢，程颐评传［M］．南京：南京大学出版社，2001：113.
③ 参阅李承贵．儒士视域中的佛教［M］．北京：宗教文化出版社，2007：180-182.
④ 程颢，程颐．二程集·河南程氏外书·卷十二［M］．王孝鱼，点校．北京：中华书局，1981：424.

宋时期，作为本体范畴的“理”已经成为整个理学大厦的基石，影响了后来诸多的理学家。

中国先秦时期的诸子已经提到“理”，如《孟子·告子上》篇中说：“心之所同然者何也？谓理也。”① 荀子也说：“凡以知，人之性也；可以知，物之理也。”② 庄子也有“天地之理”“万物之理”的表述。但是先秦诸子们的表述并没有把“理”看作宇宙万物的本体。直到中国儒学在式微的情况下，受到佛教，特别是禅宗思想的影响，才把“理”上升为他们思想体系中的最高哲学范畴，成为其本体论的基础。佛教中最早把“理”作为独立的哲学范畴使用的是华严宗。

华严宗的“四法界”包括：事法界、理法界、理事无碍法界、事事无碍法界。这里的“理”，指的是“真如”“佛性”“真空”等，也就是华严宗所持的本体论。澄观的《华严法界玄镜》卷上解释“理”说：“故理法名界。界即性义。无尽事法同一性故。无碍法界具性分义。”③ 东晋竺道生也常“当理为佛”，曰：“从理故成佛果，理为佛因也。”④ 竺道生的学说中的理是“中道实相”的抽象本体的代称。慧能的《坛经》也说过：“（梁）武帝不识正理，非祖大师有过”⑤，也就是“真如”“真理”之义。唐代禅僧玄觉在他的《禅宗永嘉集》中单独著有《理事不二》一章，专门来阐述“事理之体元真”⑥。沩山灵祐也说：“以思无思之妙，返思灵焰之无穷，思尽还源，性相常住。事理不二，真佛如如。”⑦ 可见，佛僧们早已把“理”作为哲学范畴和一种本体的思维模式使用了。

二程耳濡目染，把佛教之“理”进行加工利用，使之成为他们思想体系中最核心的概念和内容。为了强调本体“理”的至上性和普遍性，二程把理称为“天理”。这个天理是永恒的，不为尧存，不为桀亡。他们把“理”作为宇宙本体，从“理”的高度来解释一切。二程曰：

> 所以能穷者，只为万物皆是一理。至如一物一事，虽小，皆有

① 杨伯峻．孟子译注·告子上［M］．北京：中华书局，1960：261.
② 王先谦．荀子·卷十五·解蔽篇第二十一［M］．沈啸寰，王星贤，点校．北京：中华书局，1988：406.
③ 澄观．华严法界玄镜·大正新修大藏经第45册No.1883，672.
④ 宝亮等集．大般涅槃经集解·大正新修大藏经·第37册No.1763，547.
⑤ 慧能．坛经校释［M］．郭朋，校释．北京：中华书局，1983：65.
⑥ 玄觉．禅宗永嘉集·事理不二第八·大正新修大藏经·第48册No.2013，393.
⑦ 普济．五灯会元·卷九［M］．苏渊雷，点校．北京：中华书局，1984：527.

是理。①

事也，凡事上穷极其理，则无不通。②

天下只有一个理。③

凡眼前无非是物，物物皆有理。如火之所以热，水之所以寒，至于君臣父子间皆是理。④

动物有知，植物无知，其性自异，但赋形于天地，其理则一。⑤

性即理也，所谓理，性是也。⑥

二程认为天地万物之间，只有一个“理”，这个“理”就是天地万物的唯一本体。华严宗认为：“界即性义，无尽事理同一性故。”龙树的《中论》说：“众因缘生法，我说即是空，亦为是假名，亦是中道义。”⑦ 程颐理一元本体论主要是借鉴了华严宗的理事说，华严之“理”即是“性”，“事”就是“相”“诸法”。华严宗的“理事无碍”思想，以及禅宗的“理事不二”思想都与二程的说法极其相似。二程把华严此说演绎为“至显莫如事，至微莫如理；而事理一致也，微显一源也”⑧。

华严三祖法藏云：“观尘无体，一切皆空，唯理所现，无复异体。是无差别。又此理性随缘成一切法。非无分齐。是即差别。”⑨ 法藏认为，理遍布于万事万物之中，事是有差别的，本体的理是无差别的。这其实就是后来二程的“理一分殊”理论的原型。华严四祖澄观提出四法界观：“法界之相，总具四种：一事法界，二理法界，三理事无碍法界，四事事无碍法界。”二程还说“一草一木皆有理”⑩。这与天台宗“一色一香，无非中道”，还有禅宗“青青翠竹，尽是法身”的说法如出一辙。二程根据张载的《西铭》提出“理一分殊”的命题。“理一分殊”意思就是，天地万物的本体——“理”，是唯一的，而天地万物却以这个唯一的“理”衍射出千差万别的个体之理。此说法完全是模仿华严

① 程颢，程颐．二程集·河南程氏遗书·卷十五［M］．王孝鱼，点校．北京：中华书局，1981：157.

② 程颢，程颐．二程集·河南程氏遗书·卷十五［M］．王孝鱼，点校．北京：中华书局，1981：143.

③ 程颢，程颐．二程集·河南程氏遗书·卷十八［M］．王孝鱼，点校．北京：中华书局，1981：196.

④ 程颢，程颐．二程集·河南程氏遗书·卷十九［M］．王孝鱼，点校．北京：中华书局，1981：247.

⑤ 程颢，程颐．二程集·河南程氏遗书·卷二十四［M］．王孝鱼，点校．北京：中华书局，1981：315.

⑥ 程颢，程颐．二程集·河南程氏遗书·卷二十二上［M］．王孝鱼，点校．北京：中华书局，1981：292.

⑦ 鸠摩罗什译．中论·大正新修大藏经·第30册 No. 1564，33.

⑧ 程颢，程颐．二程集·河南程氏粹言·论事篇［M］．王孝鱼，点校．北京：中华书局，1981：1222.

⑨ 法藏．华严经义海百门卷一·大正新修大藏经·第45册 No. 1875，629.

⑩ 程颢，程颐．二程集·河南程氏遗书·卷十八［M］．王孝鱼，点校．北京：中华书局，1981：193.

宗“事法界”“理法界”的关系而得出。澄观的《华严法界玄镜》卷上：

> 然事法名界，界则分义，无尽差别之分齐故。理法名界，界即性义，无尽事理同一性故。①

玄觉的《永嘉证道歌》云：

> 一性圆通一切性，一法遍含一切法；一月普现一切水，一切水月一月摄。②

在其他佛教经典里，最后两句也作：“一月能映千江水，千江水月一月摄。”此“一多相摄”理论对理学家们产生了极深的影响，经常被转引沿用。《黄劈山断际禅师传心法要》说：“真实法身，从古至今，与佛祖一般，何处欠少一毫毛！”③ 这里的“真实法身”指的就是实相、真如、佛性，也就是二程所谓的自家体贴出来的“天理”。断际禅师已经明确说到，“真如”即“天理”，何时何地何处都没有欠一毫毛。二程的“天理具备，元无欠少”④ 简直就是此禅语的翻版，可谓对禅语的“述而不作”。

二、二程对佛学心、性、情论的批判与吸收

佛教的心性论受到儒家心性论的影响，逐渐成熟后又影响了理学的心性思想。二程的心性思想就是在继承先秦孟子传统儒家心性思想的基础上，吸收和改造佛教的心性说形成的。以前的学者普遍认为，二程受佛教影响的心性论主要集中在心性的修养方法上面，其实不然，他们在心、性的释义和范畴上的界定方面都体现出对佛教心性论的借鉴。

首先，二程的心性说虽然是接承孟子而来，但他们把心性合一而论的模式是受佛教的影响。天台智者大师说“自性清净心”，华严三祖法藏突出“心无自性”，慧能则提出“明心见性”，到了二程这里，便讲“尽心知性”“心性合一”。慧能说：

---

① 澄观．华严法界玄镜·大正新修大藏经·第45册 No. 1883，672.

② 玄觉．永嘉证道歌·大正新修大藏经·第48册 No. 2014：369.

③ 裴休．黄檗断际禅师传法心要·大正新修大藏经·第48册 No. 2012A，383.

④ 程颢，程颐．二程集·河南程氏遗书·卷二上［M］. 王孝鱼，点校．北京：中华书局，1981：43.

心即是地，性即是王，性在王在，性去王无。性在，身心存；性去，身心坏。佛是自性作，莫向身求。自性迷，佛即众生；自性悟，众生即是佛。①

二程则把禅宗“心地性王”的体用一源之思维模式引入儒家心性论。他们把心提高到宇宙万物的核心地位，以心性本体论填补了儒家原有心性论之缺漏，使之上升到本体论的高度。

关于心、性、理的定义，《中庸》说：“天命之谓性，率性之谓道，修道之谓教。”② 二程认为心、性、命虽然叫法不同，但其实都是一个东西。二程曰：

在天曰命，在人曰性。③

性即是理，理则自尧、舜至于涂人，一也。④

大抵禀于天曰性，而所主在心。⑤

性之本谓之命，性之自然者谓之天，性之有形者谓之心，性之有动者谓之情，凡此数者，皆一也。⑥

二程提出“心即性”的思想，也是明显吸收了佛教的“真心即性说”。程颐认为：“心即性也。在天为命，在人为性，论其所主为心，其实只是一个道。”⑦ 程颢也说：“在天为命，在义为理，在人为性，主于身为心，其实一也。”⑧ 二程又说：

性与天道，一也。天道降而在人，故谓之性。性者，生生之所固有也。⑨

---

① 慧能．坛经校释［M］．郭朋，校释．北京：中华书局，1983：66.

② 朱熹．四书章句集注·中庸章句［M］．北京：中华书局，1983：17.

③ 程颢，程颐．二程集·河南程氏遗书·卷二十四［M］．王孝鱼，点校．北京：中华书局，1981：315.

④ 程颢，程颐．二程集·河南程氏遗书·卷十八［M］．王孝鱼，点校．北京：中华书局，1981：204.

⑤ 程颢，程颐．二程集·河南程氏遗书·卷十八［M］．王孝鱼，点校．北京：中华书局，1981：208.

⑥ 程颢，程颐．二程集·河南程氏遗书·卷二十五［M］．王孝鱼，点校．北京：中华书局，1981：318.

⑦ 黄宗羲．宋元学案·卷一五·伊川学案上·语录［M］．全祖望，补修．北京：中华书局，1986：615.

⑧ 黄宗羲．宋元学案·卷一三·明道学案上·语录［M］．全祖望，补修．北京：中华书局，1986：551.

⑨ 程颢，程颐．二程集·河南程氏经说·卷八［M］．王孝鱼，点校．北京：中华书局，1981：1152.

理也，性也，命也，三者未尝有异。①

自理言之谓之天，自禀受言之谓性，自存诸人言之谓之心。②

此外，中国化的佛教大谈心性，更加突出“心”的作用，甚至把心同“性”“理”一样，视为本体，进而影响了理学的心性理论。禅宗认为“心性不异，即性即心”。《黄檗断际禅师宛陵录》云：“心性不异，即性即心。心不异性，名之为祖。”③ 二程的心性也是不加区分的，所以心、性同样具有主观知觉。这很明显是受佛教心性理论的影响。蔡方鹿认为，二程把心性与伦理结合起来，把本体论引进心性论，也是对佛教哲学的借用。二程发展了旧儒学的心性论，确立了宋代新儒学道德理性的主导地位，使儒家伦理有了本体论的哲学依据。④ 佛教各宗的经典曰：

三界无别法，唯是一心作。⑤（天台宗）

应知佛与心，体性皆无尽，若人知心行，普造诸世间，是人则见佛，了佛真实性。心不住于身，身亦不住心，而能作佛事，自在未曾有。三世一切佛。应观法界性，一切唯心造。⑥（华严宗）

但识众生，即能见佛；若不识众生，觅佛万劫不得见也。吾今教汝识众生见佛，更留见真佛解脱颂，迷即不见佛，悟者即见法。⑦（禅宗）

心即是地，性即是王，性在王在，性去王无。性在，身心存；性去，身心坏。佛是自性作，莫向身外求。⑧（禅宗）

隋唐时期，佛教首次把“心”提到本体的高度，“心体说”形成。天台智者大师指出，“自性清净心”即是无杂念、无欲望的本体心，也就是心体、性体。华严宗法藏提出的“心无自性”，把缘起之心与本体之心区别开来；禅宗慧

---

① 程颢，程颐．二程集·河南程氏遗书·卷二十一下［M］．王孝鱼，点校．北京：中华书局，1981：274.

② 程颢，程颐．二程集·河南程氏遗书·卷二十二上［M］．王孝鱼，点校．北京：中华书局，1981：296.

③ 裴休编．黄檗断际禅师宛陵录·大正新修大藏经·第48册No.2012B，384.

④ 蔡方鹿．宋明理学心性论［M］．成都：巴蜀书社，2009：94.

⑤ 智顗．妙法莲华玄义·卷二上·大正新修大藏经·第48册No.2012B，685.

⑥ 实叉难陀译．大方广佛华严经·大正新修大藏经·第10册No.0279，102.

⑦ 慧能．坛经校释［M］．郭朋，校释．北京：中华书局，1983：108.

⑧ 慧能．坛经校释［M］．郭朋，校释．北京：中华书局，1983：66.

能的“心地性王”作为其“明心见性”修行工夫的理论基础，明确地把体与用合而为一，这种心性主体的突出使佛教心性学说达到了一个新高峰。二程受此影响，把“心体”视为成圣的依据。只不过二程以“理”为性，讲“性即理”。程颐说：“性即理也，所谓理，性是也。天下之理，原其所自，未有不善。喜怒哀乐未发，何尝不善？发而中节，则无往而不善。”① 朱熹对程颐的“性即理”推崇备至，曰：“伊川‘性即理也’，自孔孟后，无人见得到此。亦是从古无人敢如此道。”② 程颐曰：“性即理，理，则自尧舜至于途人，一也。”③ 二程认为，天下更无性外之物，人人同此理，所以人人可以为尧舜。这种心性观点同禅宗“人人皆可成佛”的佛性论几乎一模一样，二程的“人性”论几乎成了“佛性”论。

尽管二程也讲气质之性，但根本点还是在“本然之性”。二程把“心”也作区分，分为“物欲之心”“义理之心”（良心）。最后其后学便把这“良心”也升华到如佛教“真如”一样的高度。二程说：“此心即与天地无异，不可小了他。”④“一人之心即天地之心。”⑤ 二程认为，此”心”是无限量的、“至灵”的。朱子也认为“理遍在天地万物之间，而心则管之”⑥。朱熹在注疏《孟子》和《大学》中都有对至灵之心遭受蒙蔽、昏而不知的论述：“此心至灵细入毫芒纤芥之间，便知便觉，六合之大，莫不在此。……若此念才发，便也到那里。这个神明不测，至虚至灵，是甚次第！然人莫不有此心，多是但知有利欲，被利欲将这个心包了。”⑦ 这与《坛经》所述的“世人性净，妄念浮云盖覆，自性不能明”的理论模式几乎一样。

此外，关于性与情的关系，二程把已发的“善”与“不善”标准归结为是否“中”，只要做到中，已发的“善”与“不善”都可被视为善。又说“发而中节，是亦中也”⑧。“中”就是不偏，而这种“未发”的主观情感到“已发”的客观行为，都是“理”之使然。二程说：“理善莫过于中。中则无不正，而正未必得中也。”⑨ 二程批判佛教灭情复性、不讲儒家伦理的思想。二程说：“耳

---

① 程颢，程颐．二程集·河南程氏遗书·卷二十二上［M］．王孝鱼，点校．北京：中华书局，1981：292.
② 黎靖德，编．朱子语类·卷五十九·孟子九·告子上［M］．北京：中华书局，1986：1387.
③ 程颢，程颐．二程集·河南程氏遗书·卷十八［M］．王孝鱼，点校．北京：中华书局，1981：204.
④ 程颢，程颐．二程集·河南程氏遗书·卷二上［M］．王孝鱼，点校．北京：中华书局，1981：22.
⑤ 程颢，程颐．二程集·河南程氏遗书·卷二上［M］．王孝鱼，点校．北京：中华书局，1981：13.
⑥ 黎靖德，编．朱子语类·卷十八·大学五·或问下［M］．北京：中华书局，1986：416.
⑦ 黎靖德，编．朱子语类·卷十八·大学五·或问下［M］．北京：中华书局，1986：404.
⑧ 程颢，程颐．二程集·河南程氏粹言·卷一［M］．王孝鱼，点校．北京：中华书局，1981：1176.
⑨ 程颢，程颐．二程集·河南程氏粹言·卷一［M］．王孝鱼，点校．北京：中华书局，1981：1175.

闻目见，饮食男女之欲，喜怒哀乐之变，皆其性之自然。今其言曰：‘必尽绝是，然后得天真。’吾多见其丧天真矣。学者戒之谨之，至于自信。然后彼不能乱矣。”① 二程还主张通过心性修养以存理去欲，其“存天理，灭人欲”“崇性抑情”的理论也与佛教有诸多相似。

其次，二程以儒学为本位，深入探究佛学的心性思想，通过注经、发明义理等形式，大量吸取佛教心性论的思辨成果，“气质”说就是一例。张载说：

> 形而后有气质之性，善反之则天地之性存焉。故气质之性君子有弗性者焉。人之刚柔、缓急、有才与不才，气之偏也。②

二程继承张载的气质说。二程也认为“性”有“天命之性”和“生之谓性”的区别。“天命之性”本体“理”在“性”中的体现，是善；“生之谓性”是从“气”上说的有善有恶。二程还说：

> “生之谓性”，性即气，气即性，生之谓也。人生气禀，理有善恶，然不是性中元有此两物相对而生也。有自幼而善，有自幼而恶，是气禀有然也。善固性也，然恶亦不可不谓之性也。③

孟子曾提出尽心知性知天，只是汉唐后儒因循章句之学，未能继续发明心性。此时的佛学大谈心性。二程对此也称甚有“高妙处”。朱熹的一段话足以证明二程援用佛学，以补充儒学之状貌。朱子曰：

> 天命之性，非气质则无所寓。然人之气禀有清浊偏正之殊，故天命之正，亦有浅深厚薄之异，要亦不可不谓之性。旧见病翁云：“伊川言气质之性，正犹佛书所谓水中盐味，色里胶清。”④

“水中盐味，色里胶清”，是佛教的常用语。朱熹转述伊川拿佛教的用语来解释“气质之性”，意思是说，“天地之性”与“气质之性”的关系，如水中盐、色中胶，取不出也。又如，佛教禅宗主张性本清净说，认为“一切法尽在

---

① 程颢，程颐．二程集·河南程氏粹言·卷一［M］．王孝鱼，点校．北京：中华书局，1981：1180.
② 张载．张载集·正蒙·诚明篇［M］．章锡琛，点校．北京：中华书局，1978：23.
③ 程颢，程颐．二程集·河南程氏遗书·卷一［M］．王孝鱼，点校．北京：中华书局，1981：10.
④ 黎靖德编．朱子语类·卷四［M］．北京：中华书局，1986：67.

自性，自性常清净，日月常明，只为云覆盖而，上明下暗，不能了见日月星辰。忽遇惠风，吹散卷尽云雾，万像森罗，一时皆现”①。唯识宗、三论宗等都认为人性本然清净，且也常用“云蔽日，风拂去云重现光明”的例子来说明心性善恶之理。佛教认为人们所表现出来的善恶都是后天受污染和蒙蔽的结果。这显然是张载、二程的“天地之性”和“气质之性”说的原版。二程曰：

> 盖“生之谓性”“人生而静”以上不容说，才说性时，便已不是性也。凡人说性，只是说“继之者善”也，孟子言人性善是也。夫所谓“继之者善”也者，犹水流而就下也。皆水也，有流而至海，终无所污，此何烦人力之为也？有流而未远，固已渐浊。有出而甚远，方有所浊。有浊之多者，有浊之少者。清浊虽不同，然不可以浊者不为水也。如此，则人不可以不加澄治之功。故用力敏勇则疾清，用力缓怠则迟清，及其清也，则却只是元初水也。亦不是将清来换却浊，亦不是取出浊来置在一隅也。水之清，则性善之谓也。故不是善与恶在性中为两物相对，各自出来。②

二程还认为“性”不可一概而论，“生之谓性”与“天命之性”是不相同的。进而，二程继承张载的观点把性又进行了具体划分，分为“天命本然之性”和“气质之性”。这种“天命本然之性”，讲的是性之理本，是本体“理”在“性”中的体现，这种“性”是“无不善”的；“生之谓性”是后天禀受训化而来的。这种“生之谓性”也就是说“气质之性”表现出的昏明、开塞、刚柔、强弱都是生来如此，气是禀受清浊而来的，这种性是有善有恶的。所以，二程提倡“性”“气”要并重。程颐说：“论性，不论气，不备；论气，不论性，不明。”③ 二程认为这种“天命之性”是至善的，是因为受到了“气质之性”的障蔽，才不明，才有了不善的。所以，程颐说：“‘人性本明，因何有蔽？’曰：‘此须索理会也。’”④ 这里程颐不讲“人性本善”的儒家传统心性观念，而是用“心性本明”代之，表达自己的观点。此“善”与“明”的差别还是较大的。儒家历来都是讲“心性本善”的，从不用“明”表达。只到了北宋士大夫学者这里开始多讲“心性本明”，这显然是受到了禅宗“明心见性”“自性本

① 慧能．坛经校释［M］．郭朋，校释．北京：中华书局，1983：39-40.
② 程颢，程颐．二程集·河南程氏遗书·卷一［M］．王孝鱼，点校．北京：中华书局，1981：10-11.
③ 程颢，程颐．二程集·河南程氏遗书·卷六［M］．王孝鱼，点校．北京：中华书局，1981：81.
④ 程颢，程颐．二程集·河南程氏遗书·卷十八［M］．王孝鱼，点校．北京：中华书局，1981：204.

明”等说法的影响：

> 人性本净，为妄念故，盖覆真如，离妄念，本性净。①
> 妄念浮云盖覆，自性不能明。②

最后，在心性的修养方法上，二程认为，传统孔孟的修身养性的方法只是儒家道德的反向求证和一种自责的心理，如忠恕之道、推己及人等。单纯地强调在人与人在相处的关系中，要讲求仁爱，这并没有本体论和认识论的依据。之前逐渐发展形成的佛教心性论恰好被二程所利用，填补了这个空白。他们用佛教思辨哲学的概念充实儒家传统的心性学说，并上升到本体论的高度，也就是把“心”“性”同“理”一样，上升为宇宙的本体。“推己及人”自然就不仅仅是人际关系问题，而是触及宇宙的本体。这也就为世人成圣的具体修为方法开辟了路径。程颐说：“圣人致公，心尽天地万物之理，各当其分。”③ 关于具体如何恢复此“心”的“至灵”的修养方法，程颢说：

> 非传圣人之道，传圣人之心也；非传圣人之心，传己之心也。己之心无异圣人之心，广大无垠，万善皆备。欲传圣人之道，扩充此心焉耳。④

二程说：“论性不论气，不备；论气不论性，不明。”⑤ 但二程在心性一元论方面存在分歧。程颢主张“性即气，气即性”“性外无道，道外无性”的性一元论，强调天人一本。程颐则持有“性即理是形上的本体，气禀之性是心理体现”的理论，认为性为心之体，情为心之用。性静而情动。可见，二程的“体用一源”“心性合一”的思想与佛教不无关联。

除此之外，二程所说的“洒扫应对”与禅宗的“搬柴运水”工夫之理也十分相似。二程说：“洒扫应对，便是形而上者，理无大小故也。”⑥ 二程认为，无论是“洒扫”还是“应对”，无论大小，都是形而上之“理”。这简直就是禅

---

① 慧能．坛经校释［M］．郭朋，校释．北京：中华书局，1983：36.
② 慧能．坛经校释［M］．郭朋，校释．北京：中华书局，1983：40.
③ 程颢，程颐．二程集·河南程氏遗书·卷十四［M］．王孝鱼，点校．北京：中华书局，1981：142.
④ 黄宗羲．宋元学案·卷一三·明道学案上·语录［M］．全祖望，补修．杭州：浙江古籍出版社，1986：676.
⑤ 程颢，程颐．二程集·河南程氏遗书·卷六［M］．王孝鱼，点校．北京：中华书局，1981：81.
⑥ 程颢，程颐．二程集·河南程氏遗书·卷十三［M］．王孝鱼，点校．北京：中华书局，1981：139.

宗“搬柴运水，无非佛事”的翻版。《宋元学案》记述程颐说：“己与理一。”[①]认为“己”与“理”是一元的。朱熹也认为“理”是人本来就有的，又说“一则无己”。这更是佛教“无我”思想影响程颐的真切表现。二程还说：“心所感通，只是理也。”[②] 孟子说“万物皆备于我”，二程讲“万物皆只是一个天理”。[③]《坛经》则云：

> 如是一切法，尽在自性。……于自性中，万法皆现。[④]
>
> 虚空能含日月星辰、大地山河，一切草木、恶人善人、恶法善法、天堂地狱，尽在空中。世人性空，亦复如是。性含万法是大，万法尽是自性。[⑤]
>
> 闻其顿教，不假外修，但于自心，令自本性常起正见，烦恼尘劳众生，当时尽悟，犹如大海，纳于众流，小水大水，合为一体，即是见性。内外不住，来去自由，能除执心，通达无碍。[⑥]

由上可见，二程大量的心、性、情理论来自对佛禅思想的批判和利用。

三、二程受佛禅影响的“识敬存之”“涵养须用敬”的修养工夫

二程都主张“敬”的修养方法。二程重视静心休养，但为了与佛老的清净寂灭之“静”的修养方式有所区别，二人主张用《周易》的“敬以直内”的“敬”来说明自家的修养工夫。二程说：“今日且只道敬”[⑦]“如天理底意思，诚只是诚此者也，敬只是敬此者也，非是别有一个诚，更有一个敬也”[⑧]。

二程把气禀之性分为三个等级，上等人性是流而至海终无所污，中等人性是出而甚远方有所浊，下等人性是流而未远固已渐浊。此三等人可以通过心性的修养实现转化。二程认为通过“加澄治之功”，通过伦理之功用，可以净其性。具体的工夫方法就是“格物致知”。但在此问题上，二程的主张还是有所区

---

① 黄宗羲. 宋元学案·卷一五·伊川学案上·语录［M］. 全祖望，补修. 杭州：浙江古籍出版社，1986：743.

② 程颢，程颐. 二程集·河南程氏遗书·卷二下［M］. 王孝鱼，点校. 北京：中华书局，1981：56.

③ 程颢，程颐. 二程集·河南程氏遗书·卷二上［M］. 王孝鱼，点校. 北京：中华书局，1981：30.

④ 慧能. 坛经校释［M］. 郭朋，校释. 北京：中华书局，1983：39.

⑤ 慧能. 坛经校释［M］. 郭朋，校释. 北京：中华书局，1983：49-50.

⑥ 慧能. 坛经校释［M］. 郭朋，校释. 北京：中华书局，1983：56-57.

⑦ 程颢，程颐. 二程集·河南程氏遗书·卷二上［M］. 王孝鱼，点校. 北京：中华书局，1981：34.

⑧ 程颢，程颐. 二程集·河南程氏遗书·卷二上［M］. 王孝鱼，点校. 北京：中华书局，1981：31.

别。程颢认为只通过“今日格一物，明日格一物”的方法，是不可能实现最终整体认识的目的。程颢认为诚和敬是修养的方法，同时也是道德之本体，彼此之间基本无太大的区别，两者是相互贯通的、并用的。所以他主张从体认本体开始，也就是其《识仁篇》中所谓“学者须先识仁”：

> 学者须先识仁。仁者，浑然与物同体。义、礼、知、信，皆仁也。识得此理，以诚敬存之而已，不须防检，不须穷索。若心懈则有防。心苟不懈，何防之有？理有未得，故须穷索。存久自明，安待穷索？此道与物无对，大不足以明之，天地之用皆我之用。①

《识仁篇》是程颢为回答吕大临（1046—1092）关于工夫修养问题而作的。“识仁”指的就是体认本体。学者如果能在仁体流行处当下识得此心此理，则只需在心地上下工夫，即“以诚敬存之”，就不须防检，也不须穷索，此道与万物是同一体的。程颢认为“识仁”不只是体认本体，体认本体和修身工夫本身就是合而为一的。也就是说能够“诚敬存之”，必然是“识得此理”的。程颢曰：“诚者天之道，敬者人事之本。敬者用也。敬则诚。”② 程颢把“诚”和“敬”都当作修养的方法，同时亦是天理之本体。他在“敬”与“诚”中间树立一个“仁”，把诚和敬连用。所以程颢说：“学在诚知诚养。”③“敬则无间断，体物而不可遗者，诚敬而已矣，不诚则无物也。”④ 可见，他主张的是本心超越内外，进入物我无对立、无分别的境界。

程颢的涵养工夫近似禅宗的顿悟，由积习到贯通之修为方法。佛学对修为路径的顿、渐之辩最早始于南朝时期。之后晋、宋时期竺道生的“顿悟说”得到了认可。道生主张的顿悟成佛，其实是主张渐修顿悟的。在平时修集种种资粮，达到究竟时，一悟永悟，一了百了。后来道生的“顿悟说”还是被归为了渐修。到了慧能时，提倡“明心见性”法门，他的顿悟则是直下顿悟。慧能主张自悟本来清净之心，直指佛性，一旦廓然大悟，即参学事毕。

在修养工夫切入点方面，慧能认为人的本心就是佛性的本体，识得本心主要靠自悟。慧能曰：

---

① 程颢，程颐．二程集·河南程氏遗书·卷二上［M］．王孝鱼，点校．北京：中华书局，1981：16-17.

② 程颢，程颐．二程集·河南程氏遗书·卷十一［M］．王孝鱼，点校．北京：中华书局，1981：127.

③ 程颢，程颐．二程集·河南程氏遗书·卷十一［M］．王孝鱼，点校．北京：中华书局，1981：119.

④ 程颢，程颐．二程集·河南程氏遗书·卷十一［M］．王孝鱼，点校．北京：中华书局，1981：118.

三世诸佛，十二部经，亦在人性中本自具有。不能自悟，须得善知识示道见性；若自悟者，不假外善知识。若取外求善知识，望得解脱，无有是处。识自心内善知识，即得解。若自心邪迷，妄念颠倒，外善知识即有教授，救不可得。汝若不得自悟，当起般若观照，刹那间，妄念俱灭，即是自真正善知识，一悟即知佛也。①

慧能认为向外求不能识得本心。同样，程颢也说："只心便是天，尽心便知性，知性便知天，当处便认取，更不可外求。"② 程颢"知心便知天"的心性本体论，明显是受到了禅宗六祖慧能"明心见性"说的影响。慧能此说不仅对程颢产生了较大的影响，也开启了之后的陆王心学一派。程颢立足于心之本体，把天道与人道都纳入一心之中的观点，可以说是上承禅宗之顿教法门，下启宋明陆王心学之先导。③ 有学者认为陆王一派是继程颢而来，实际的源头应该追溯至禅宗。慧能认为，心是本体，他否认客观世界，心就是性，性就是心。慧能说：

如是一切法尽在自性。自性常清净，日月常明，只为云覆盖，上明下暗，不能了见日月星辰，忽遇惠风吹散卷尽云雾，万像森罗，一时皆现。世人性净，犹如青天，惠如日，智如月，知惠常明。故遇善知识开真法，吹却迷妄，内外明彻，于自性中，万法皆现。一切法在自性，名为清净法身。④

程颢的"知心便知天"的理论与慧能的"明心见性"很接近。程颢认为，万物皆只是一个天理，与万物同流。二程的天理与慧能的心性本体论都是一种无形的精神实体。天地间的万物都是同一本体，是永恒存在的，即佛教所说的常住不迁之道。慧能认为烦恼、菩提"无二无别"。程颢说天理没有"存之加减"。

相比程颢注重"上达"的工夫，程颐在工夫方面基本上只讲"主敬"。他对"敬"和"诚"有严格且明确的区分。程颐认为诚是目的，是要达到的状态和境界。程颐说：

---

① 慧能．坛经校释［M］．郭朋，校释．北京：中华书局，1983：60.
② 程颢，程颐．二程集·河南程氏遗书·卷二上［M］．王孝鱼，点校．北京：中华书局，1981：15.
③ 卢连章．二程理学与佛学思想［J］．中州学刊，2004（1）：128.
④ 慧能．坛经校释［M］．郭朋，校释．北京：中华书局，1983：39-40.

凡一物上有一理，便是穷致其理。穷理亦多端：或读书，讲明义理；或论古今人物，别其是非；或应接事物而处其当，皆穷理也。①

或问："学必穷理。物散万殊，何由而穷尽其理?"子曰："诵诗、书，考古今，察物情，揆人事。反复研究而思索之，求止于至善，盖非一端而已也。②

可见程颐更注重外求，由用及体。程颐说："涵养须用敬，进学则在致知。"③ 认为只有主敬、静思和致知才是工夫的真正门径和进修之术。程颐说："诚然后能敬，未及诚时，却须而后能诚。"④ 只有"积习既多，则脱然自有该贯"⑤。朱子曾谓："程氏之有功于后学，最是主敬得力。"⑥ "涵养须用敬"的工夫也与佛家之"静"有着一定的关联。二程"主敬"的思想分明是对儒家之"敬"与"佛道"之静的整合。

早在先秦时期，"敬"已经是儒家思想的重要范畴，敬既是礼和仁的内在要求，也是修身、治国之目的。至宋明理学，"敬"的内涵和功能已经发生重大的变化。二程的"敬"吸收了佛教"静坐""静虑"等修行方法。他们将"禅定"与"诚"结合，使之成了"明理存诚"的根本方法。二程曾从学于周茂叔。周敦颐讲"无欲主静"，他把佛老的"静"引入儒家之"敬"，提出了"圣人定之以中正仁义而主静，立人极焉"⑦。张载也将"静"视为成仁的主要因素，认为"敦笃虚静是为仁之本"⑧。敦笃就是不轻率妄动，不被外物束缚和烦扰，"敬"就是实现此目的的根本途径。二程的"敬"与周敦颐、张载的"敬"有一定的关联，但溯其二家之源头，仍然是禅宗静修的禅定方法。

佛教的"静"指的是修行中一种禅定的心理状态。佛教强调通过静坐进入禅定，去除种种无明烦恼与障蔽，令清净自性得以彰显。二程吸纳了此方法，更加明确地以"佛之静"入"儒之敬"。相比张载未能解决的"主静"致"虚静"的进路问题，他们巧妙地避开"静"这一争议概念，绝口不提，明确指出

① 程颢，程颐．二程集·河南程氏遗书·卷十八［M］．王孝鱼，点校．北京：中华书局，1981：188.
② 程颢，程颐．二程集·河南程氏粹言·卷一［M］．王孝鱼，点校．北京：中华书局，1981：1191.
③ 程颢，程颐．二程集·河南程氏遗书·卷十八［M］．王孝鱼，点校．北京：中华书局，1981：188.
④ 程颢，程颐．二程集·河南程氏遗书·卷六［M］．王孝鱼，点校．北京：中华书局，1981：92.
⑤ 程颢，程颐．二程集·河南程氏粹言·卷一［M］．王孝鱼，点校．北京：中华书局，1981：1191.
⑥ 熊赐履．学统·卷八·程伊川先生［M］．上海：商务印书馆，1937：171.
⑦ 周敦颐．元公周先生濂溪集·太极图说［M］．长沙：岳麓书社，2006：8.
⑧ 张载．张载集·张子语录·后录下［M］．章锡琛，点校．北京：中华书局，1978：348.

“敬”就是重要的修养工夫和明理存诚的法门，只是赋予了“敬”更加丰富的内涵。“敬”就是专心致志于体认天道——“诚”，佛教的“静”与之很相近，就是“心不妄动”。先秦的荀子虽然也说“虚一而静”，但真正将此说得清晰明白的还是佛教。

其次，在具体如何涵养用敬方面，为了区别于佛教，二程认为虚静不是空无一物，而是以“诚”为根本实在，也就是天理、天道。“主敬”可以让内心宁静，可以更好地体认天理和至诚。虽然二人坚决回避佛教之“静”，用“敬”代之，但若稍加注意，就会发现其“涵养须用敬”与佛教的静坐、静虑进入禅定，体认清净本心是一个路径。不同于禅定的就是他们不主张万物皆空，而始终追求天理和至诚。二程父亲程珦也提倡静修的修养方法。据记载，程珦“居常默坐”，且告诫二程说：“游山之乐，犹不如静坐。”① 二程当也受到其父亲的影响。为了区别于佛教，二程还把“敬”与礼、仁直接等同起来。孔子曾说“克己复礼”，二程则进一步认为：“敬即便是礼，无己可克。”② 在二程看来，敬既是人内心的一种状态，也是体认天理的方法和手段，既是目的，又是途径。如果“用敬”，则自然致仁、致礼。

总之，二程把整合了的“敬”作为修身养性的根本途径。二程“敬”的思想影响了谢良佐、杨时等，后被朱熹吸收，成为程朱理学穷理尽性的重要方法。朱熹认为程颐的“涵养须用敬，进学在致知”两者是相辅相成、缺一不可的。朱熹把“涵养须用敬”的修养方法发扬光大。所以，二程援佛入儒，以“静”充“敬”，来丰富儒学的涵养工夫，对抗佛老的思路已经十分明晰了。

第三节　二程受佛禅影响的精神世界

虽然二程对佛教心存芥蒂，导致二人对佛教教义细致研习不多。但如前所述，二人不自觉受到佛教熏染而形成的“天理”本体论、心性论和“涵养须用敬”的工夫论思想都带有浓厚的佛教色彩，二人的精神气象也呈现出了受佛教影响之印记。

一、程颢浸润佛学之精神境界

程颢追求与天地万物一体的人生境界。“仁者浑然与物同体”的理想境界是

---

① 程颢，程颐．二程集·河南程氏文集·卷十二［M］．王孝鱼，点校．北京：中华书局，1981：652.
② 程颢，程颐．二程集·河南程氏遗书·卷十五［M］．王孝鱼，点校．北京：中华书局，1981：143.

程颢融通三家思想的结晶。大程子之德性修养论，着重于反思先天存于人心的全体之仁，诚敬存养，自然涵泳，由此推扩至物我、天人一体的自由至乐境界。程颢受佛教熏染展现出了“圆融洒脱”“内外两忘”的精神境界。他反对不自然的过分恭敬和矜持，讲究自然而然的本心之状貌。据程颐作《明道先生形状》载：“（程颢）遂厌科举之业，慨然有求道之志。”① “（程颢）接物，辨而不间，感而能通。教人而人易从，怒人而人不怨。”②

程颢“圆融洒脱”“内外两忘”的人格确实具有“教人而人易从，怒人而人不怨”的魅力，有两个例子最能说明他的此种魅力。一个是熙宁期间，他在担任御史时，宋神宗十分喜欢与程颢探讨治国之道。程颢每次都向宋神宗讲述君道以至诚仁爱为本。据《宋史》记载：“神宗素知其名，每召见，从容咨访。将退，则曰：‘卿可频来求对，欲常相见耳。’一日，议论甚久，日官报午正，先生始退。中人相谓曰：‘御史不知上未食邪？’”③ 程颢尝劝帝防未萌之欲，及勿轻天下士，帝俯躬曰：“当为卿戒之。”可见，宋神宗对程颢其人其学的尊敬。另一个就是程颢与王安石的关系。程颢在京任御史期间，恰逢王安石在全国推行“熙宁变法”，朝野上下反对声一片。翰林学士、右谏议大夫司马光与王安石，可谓势同水火，不共戴天。程颢虽然也十分反对王安石，但在态度上却显得温柔敦厚得多。当他面对王安石与大臣们讨论变法事宜思想不合，就声色俱厉，暴跳如雷，表现出还要摘人家官帽的情态时，还是有礼有节，不动真气，以诚恳的态度陈述自己的观点，向王安石指出不可变法的理由。见劝说无效，便最后说了一句：“自古兴治立事，未有中外人情交谓不可而能有成者。”王安石对程颢也是与一般反对者不同，虽然他比程颢还要年长十一岁，但对程颢却一直是异乎寻常地尊敬。面对程颢对变法的反对，他只是“为之愧屈”，而不是刚烈火爆。可见，程颢“天下事非一家私议，愿平气以听”的劝诫还是起到了一定的作用。我们姑且不论变法之长短、好坏，仅程颢敦厚的君子之风令王安石这样的政敌都倍感尊敬，足以让世人感叹这位大儒的人格力量。

二程的学生谢良佐也称赞程颢的这种精神状态。《程氏外书》卷十二记载了谢良佐的原话：“明道先生坐如泥塑人，接人则浑是一团和气。”④《程氏外书》还记载：“明道先生每与门人讲论，有不合者，则曰：‘更有商量’伊川则直曰：

---

① 程颢，程颐．二程集·河南程氏文集·卷十一［M］．北京：中华书局．1981：638.
② 程颢，程颐．二程集·河南程氏文集·卷十一［M］．王孝鱼，点校．北京：中华书局，1981：638.
③ 脱脱，等．宋史·卷四二七·道学传·程颢传［M］．北京：中华书局，1985：12713
④ 程颢，程颐．二程集·程氏外书·卷十一［M］．王孝鱼，点校．北京：中华书局，1981：426.

‘不然’。”① 足见程颢巍巍然之圆融洒脱之貌。不同于程颐的呆板和严谨，甚至程颢有时犹有谑语出。《程氏外书·震译语录》载：“明道犹有谑语，若伊川则全无。问：‘如何谑语？’曰：‘明道闻司马温公解《中庸》，至人莫不饮食，鲜能知味，有疑遂止。’笑曰：‘我将谓从天命之谓性便疑了。伊川直是谨严，坐间无问尊卑长幼，莫不肃然。’”② 程颢之和气顿显温文敦雅，而在伊川看来与学生说笑是不可取的，尊卑长幼都应是肃然之貌。

宋神宗熙宁三年（1070），程颢辞去监察御史之职后，先任镇宁军节度判官，后任汝州酒务，都是负责监督酒税征收的小官，但他并没有为个人降职而感到苦恼，依然勤恳地做好本职工作，并继续传播道学。朱光庭这一时期就跟从先生求学。朱光庭跟从程颢学习了三个月，回去后别人问他对程先生的印象，他说：“我在春风中坐了三个月。”别人问怎么这样讲？他说：“先生终日端坐如泥塑人，而接人浑然是一团和气，和气而春风也。”③ 程颢的《秋日偶成》诗也反映了他圆融乐道、无忧无虑的精神状貌：

> 闲来无事不从容，睡觉东窗日已红。万物静观皆自得，四时佳兴与人同。道通天地有形外，思入风云变态中。富贵不淫贫贱乐，男儿到此是豪雄。④

另一首《偶成》诗曰：

> 云淡风轻近午天，望花随柳过前川。旁人不识予心乐，将谓偷闲学少年。⑤

程颢这两首诗中所乐之“道”，俨然有佛家之妙。程颢所乐是一种“识道”之后“内外两忘”的精神境界。道家虽然也讲万物一齐、不生分别心，但程颢的“内外两忘”的境界融入了更多“识体”之性的本体寻求，这显然是受到佛教悟入本体思维模式的影响。《楞伽经》曰：

---

① 程颢，程颐. 二程集·程氏外书卷·卷十一［M］. 王孝鱼，点校. 北京：中华书局，1981：416.
② 程颢，程颐. 二程集·程氏外书卷·卷十一［M］. 王孝鱼，点校. 北京：中华书局，1981：442.
③ 朱熹. 伊洛渊源录·卷四［M］. 北京：中华书局，1985：37.
④ 程颢，程颐. 二程集·河南程氏文集·卷三［M］. 王孝鱼，点校. 北京：中华书局，1981：482.
⑤ 程颢，程颐. 二程集·河南程氏文集·卷三［M］. 王孝鱼，点校. 北京：中华书局，1981：476.

佛言："大慧，菩萨摩诃萨，依诸圣教，无有分别，独处闲静，观察自觉，不由他悟，离分别见，上上升进，入如来地。入世修行，名自证圣智行相。"①

程颢的《答横渠张子厚先生定性书》曰：

所谓定者，动亦定，静亦定，无将迎，无内外。苟以外物为外，牵己而从之，是以己性为有内外也。且以己性为随物于外，则当其在外时，何者为在内？是有意于绝外诱，而不知性之无内外也。即以内外为二本，则又乌可遽语定哉？②

程颢的《定性书》虽然是答张载之作，却是程颢阐述他道学思想的代表作。张载以性为内，以物为外，以内为外，以内外为二物，没能做到"合内外"。程颢则认为"动亦定，静亦定"，只要"中心如自固"，即"定性"，与外物接触也能做到"无将通，无内外"，性是不会随外物改变的。没有了心物对象性关系的区别也就忘记内外的根本区别，即"不若内外之两忘"。

程颢的修养主张是不要执着保持内心虚静，而是主张"识体"来超越内外之分。这种自然顺应、超越自我的修养方法是情顺万物，以物之当喜怒而喜怒，这样就能达到内外两忘境界。有学者认为佛教的这种由功利境界直接进入天地境界的方法比儒、道两家的路径更为直截了当。③ 程颢的此种修为方法和精神境界对后来的心学一派学者陆九渊等多有影响。

二、程颐出入佛学之精神气象

小程子突出"致知"在为学修养工夫中的先在性意义，其德性修养论，略重在主一用敬，格物穷理，循随事观理、格物致知的途径以反躬内求吾心之天理。二程的德性修养论虽各有侧重，但殊途同归，共同构成了儒学教化精神的重要内容。相比被学生称为"如坐春风"的程颢而言，程颐则是"烈日秋霜"，讲究师道尊严。程颐主张整齐肃敬，专注于存敬，存敬则天理自然明。程颐认

① 大乘入楞伽经·卷三·集一切法品第二之三·大周实叉难陀译·大正新修大藏经·第十六册，第607.

② 程颢，程颐．二程集·河南程氏文集·卷二［M］．王孝鱼，点校．北京：中华书局，1981：460.

③ 参阅俞昌达．心性之学述要——探索儒道佛学问的实质［M］．杭州：浙江大学出版社，2013：176

为人生应遵循“理”，“君子循理，故常泰；小人役于物，故多忧戚”[①]。胡安国曾把二程的学术思想和个人行迹详细地记述在他的著作《雅言》一书中。“程门立雪”的故事，就是《雅言》中记述程门弟子杨时、游酢，虚心向程颐求学的经历：

> 杨时字中立……一日见颐，颐偶瞑坐，时与游酢侍立不去，颐既觉，则门外雪深一尺矣。[②]

杨时先拜程颢为师学理学，程颢死后又赴河南拜访程颐，杨时年已四十。一天杨时与游酢同时往见程颐，程颐正闭目而坐，二人不敢惊动老师，侍立门外。等程颐发觉，门外积雪已深达一尺，遂有了“程门立雪”之典故。后来，杨时学成南归，在南方传授道学。这才有了清代乾隆皇帝手书“道南正脉”匾额，以表彰岳麓书院弦歌不绝，为理学正统一脉之缘由。这则故事也被《二程集·河南程氏外书》和《宋史·杨时传》记述，根据程颐的处世作风判断，应当确有其事。

这则故事像极了在佛教中广为流传的“立雪断臂”的故事。传说神光初遇禅宗初祖达摩法师时，傲气十足，极不谦虚，因想向达摩求教，便跟随达摩九年之久，尽心服侍。后他随达摩下五乳峰回到寺院。时值寒冬，达摩于亭中坐禅，神光则矗立亭外守候，不一会儿，积雪逾尺，神光的双膝已被大雪淹没。第二天早晨，达摩开定，问神光为何在此？神光说想要向佛祖求法。因神光最初的傲气，达摩想试其决心，便说：“除非天降红雪，我才会传法于你。”神光闻此毫不犹豫地抽出随身携带的戒刀，向左臂砍去，顿时胳膊断落，鲜血飞溅，染红了积雪和自己的衣衫。达摩见他已克服骄傲，如此虔诚，遂传衣钵、法器予神光，并取法名“慧可”。[③]

二程认为骄傲对人有巨大的危害，“以富贵骄人者，固不美矣；以学问骄人者，其害岂小哉?”[④] 所以他们对学生的要求首先是要戒骄。程颐对杨时和游酢的考验就是出于此。程颐虽然对佛教口诛笔伐，但自己却模仿禅宗初祖传法二祖的经历来考验自己学生求学的虔诚之心。可见，佛教在他心中“拿来用之”的态度。另外，还有关于二程的非常著名的一桩公案记载，反映了二程精神气

① 程颢，程颐．二程集·河南程氏粹言·卷二［M］．王孝鱼，点校．北京：中华书局，1981：1263

② 脱脱，等．宋史·卷四二七·道学传二［M］．北京：中华书局，1985：12738.

③ 参阅普济．五灯会元·卷一·二祖慧可大祖禅师［M］．苏渊雷，点校．北京：中华书局，1984：47

④ 程颢，程颐．二程集·河南程氏粹言·卷一［M］．王孝鱼，点校．北京：中华书局，1981：1190.

象之差异。明人冯梦龙《古今谭概》记载：

> 两程夫子赴一士夫宴，有妓侑觞。伊川拂衣起，明道尽欢而罢。次日，伊川过明道斋中，愠犹未解。明道曰："昨日座中有妓，吾心中却无妓；今日斋中无妓，汝心中却有妓。"伊川自谓不及。[①]

《古今谭概》虽然是冯梦龙写的笔记小说，可信度不高，却足以看出后人对二程性格、人格方面认识的差异。《上蔡语录》《二程遗书》《朱子语类》中有大量关于二程性格差异的文字记载："二程之性情才质，各有不同。大约明道较宽宏，伊川较严毅。"[②] 程颐也承认其兄程颢的境界较自己高些。

程颐对"理"与"欲"问题较程颢关注探讨的多。儒家早期肯定人的欲望，认为合天道之"欲"是被允许的。先秦时期的儒道两家就有纵欲、无欲和节欲等主张，当时与"欲"对立的观念是"道"。"理"与"欲"的对立，最早见于《礼记·乐记》一书：

> 好恶无节于内，知诱于外，不能反躬，天理灭矣，夫物之感人无穷，而人之好恶无节，则是物至而人化物也。人化物也者，灭天理而穷人欲者也。[③]

给"天理"赋予特别重要的意义，并且把"理"与"欲"作为道德修养中的基本对立，则是由二程首先提出来的。二程认为，气聚合为人，天理就形成了人的本性。由于气质之性阻碍了天理的正常发挥，以致出现了恶，这就是人欲。与人欲相对，天理是纯粹的善。放纵人欲，就必然掩盖天理；要保存天理，就必须去掉人欲。他们认为，一个儒者，应该彻底地去掉人欲，使心中全是天理，达到圣人的水平。这就是所谓"存天理、灭人欲"。程颐对此论述较多，如：

> 人心私欲，故危殆。道心天理，故精微。灭私欲则天理明矣。[④]

---

① 张万钧．古今谭概·迂腐［M］．天津：天津人民出版社，1995：37.

② 参阅管道中．二程研究［M］．上海：中华书局，1937：53.

③ 阮元．十三经注疏·礼记正义·乐记第十九［M］．上海：上海古籍出版社，2008：1459.

④ 程颢，程颐．二程集·河南程氏遗书·卷二十四［M］．王孝鱼，点校．北京：中华书局，1981：312

二程之所以大谈“理”与“欲”的问题，自然也是受到佛教的影响。隋唐时期的佛教大讲“无欲主静”是与人性问题相关联的，这与中国儒家经典《周易》讲“动”是明显不同的。佛道两家都主静，宋儒正是把佛道主静的修身工夫引入儒家的修身方法之中。故周敦颐说：“动而正曰道，用而和曰德。匪仁，匪义，匪礼，匪智，匪信，悉邪也！邪动，辱也。甚焉，害也。故君子慎动。”①张载受佛教影响，把理欲问题同人性问题联系起来，认为天地之性是天理的体现，气质之性是人欲的表现，他把天理与人欲对立起来，主张返天理，反对徇人欲。

二程循此而来，但避不用“净”“静”，而用“敬”代之。二程具体引佛教之静、净入而成其“敬”的修养工夫的路径在前面的章节已经予以论述，这里不再赘述。程颢、程颐又把理欲问题与所谓古圣贤相传的“道心”“人心”联系起来，认为“道心”是天理、善的根源，“人心”是人欲、恶的渊薮。程颐则认为“理”与“欲”二者是绝对对立、不可并存的。这一点的认识上，程颐要比程颢的思想更加绝对。他明确地指出，天理就是封建社会的仁义礼智，就是三纲五常。所以他要求人们“革尽人欲，复尽天理”。程颐说：“人心私欲，故危殆；道心天理，故精微，灭私欲则天理明矣。”② 程颐将天理与人欲相对立，认为“无人欲即皆天理”“人之不为善，欲诱之也”。有欲望，目则欲色，耳则欲声，鼻则欲香，口则欲味，体则欲安。这些人欲、私欲的诱惑使人丧失人性。如何使人变善，就要灭私欲，改恶从善，“存天理，灭人欲”。正是这样的一套学问体系，致使程颐表现出来的是一派严肃、庄重的精神气象。

小　结

佛禅思想对二程的影响是全面而深刻的。二程以儒学为标尺检讨佛教、否定佛教的态度导致了其后学的效仿。他们对佛学的态度势必造成其学派对佛教经典的远离，对佛教的轻慢。二程对佛教的态度也影响了后来的新儒家们讨论儒佛关系的范式与构架。事实上，二程把儒学主体化、根基化、本位化，把佛教边缘化，已经昭显了北宋时期士大夫学者对待儒佛关系的答案。如牟宗三《心体与性体》一书说，宋明儒者之所以能与先秦儒家的智慧方向相呼应，故能

① 周敦颐．元公周先生濂溪集·卷四·通书［M］．长沙：岳麓书社，2006：57.

② 程颢，程颐．二程集·河南程氏遗书·卷二十四［M］．王孝鱼，点校．北京：中华书局，1981：312.

通而一之也。这与佛、老并无太大关联，可以说是“本有者若是矣”！只是秦汉以后无人理解此经典，被淡忘了罢了。而宋儒相应而契悟，经历了长久的昏蔽，所以人们才归功于佛老。牟宗三先生还认为，道学家是受到佛教刺激的说法尚且说得过去，但如果说，道学的内容是阳儒阴释，或者儒释混杂，那就大错特错了。他认为，二程对儒佛关系的预制，只是一种“儒体佛用”的关系。①

① 参阅牟宗三．心体与性体［M］．上海：上海古籍出版社，1999：32.

第八章

苏轼与佛学

苏轼（1037—1101），字子瞻，号东坡居士，四川眉山人，北宋时期文学家。苏轼在诗词文赋、书法绘画方面的造诣都极高，被视为中国文化史上罕见的通才、全才。苏轼与其父苏洵、弟苏辙并称“三苏”。苏轼是历代文人士大夫中与佛教关系最为密切的代表之一。苏轼少负才名，博通经史，仁宗嘉祐元年（1056）与弟弟苏辙同时举进士。嘉祐二年（1057），苏轼顺利通过殿试，步入仕途，授大理评事、凤翔府签判，后官至礼部尚书、翰林学士等职。宋神宗熙宁五年（1072），苏轼反对王安石变法，因身陷新旧党争之故，屡遭贬抑，先后出任杭州、密州、徐州、湖州等地方官。元丰二年（1079）又因作诗“讪谤朝政”，遭“乌台诗案”入狱，险些丧命。出狱后贬黄州，此后几经起落，再贬惠州，后又远放到儋州（今海南省儋州市）。元符三年（1100），宋徽宗即位，苏轼遇赦北归。建中靖国元年（1101）七月，病逝于常州。

世人多称苏轼之学为“杂家”。《宋元学案》云：“苏氏出于纵横之学而亦杂于禅。”①《居士分灯录》把苏轼列为东林常总禅师的法嗣。② 苏氏在学术方面，立足儒家，大量吸纳佛、道之长以充儒学。苏氏蜀学在这方面的表现尤为突出。“三苏”在儒家经学方面、心性义理方面均有很高的造诣，亦自成体系。苏轼好言性命之说，曾奏神宗曰：“性命之说，自子贡不得闻，而今之学者，耻不言性命，读其文，浩然无当而不可穷；观其貌，超然无著而不可挹，此岂真能然哉。”③ 苏洵遗有《易传》未成，苏轼继其父志完成《易传》，复作《论语说》。苏轼被贬谪海南时，作《书传》。

---

① 黄宗羲．宋元学案·荆公新学略．全祖望，补修·杭州：浙江古籍出版社，1986：792.

② 朱时恩．居士分灯录·卍新纂续藏经·第 86 册 No. 1607，596.

③ 脱脱，等．宋史·卷三百三十八·苏轼传［M］．北京：中华书局，1985：10812.

第一节 苏轼与佛教的因缘

历来提及苏东坡先生，我们想到的就是他旷达乐观的人格精神和豪迈的文风。“一蓑烟雨任平生”的旷达确实是我们给这位千古文豪定制的标签，但是我们不能因为他所表现出来的积极乐观，就忽视他人生以及诗词中展露出来的苦楚悲凉。苏轼一生颠沛流离，晚年更甚，一生苍茫，三起三落，总是转折之处被击溃，满满一肚子的不合时宜。我们不得不想到他自号“东坡居士”的缘由。他所遭遇的人生疾苦需要度化，佛禅思想就成了他修心养神、排遣苦楚的良方。从“大江东去浪淘尽”到“一蓑烟雨任平生”，从“诗酒趁年华”到“人生如逆旅，我亦是行人”，太多的经历让他对人生的思考更加深刻，深邃的哲思总能跃然纸上。苏轼一生受儒、释、道三家思想影响都较深。苏辙所作《亡兄子瞻端明墓志铭》曰：

> （苏轼）初好贾谊、陆贽书，论古今治乱，不为空言。既而读《庄子》，喟然叹曰：“吾昔有见于中，口未能言，今见《庄子》，得吾心矣。”……后读释氏书，深悟实相，参之孔、老，博辩无碍，浩然不见其涯也。①

面对年少的壮志再难酬，成年的抱负无处可施，妻亡父死、功业难成，苏轼自觉地向佛教寻求心灵的慰藉。佛教的超脱和静心在他身上体现得淋漓尽致。这是一种进退无忧，得之欣喜、失之泰然的洒脱。佛教的一切皆空、物我两忘，一切因缘有法、有度，使他在困顿中得到解脱与顿悟。可以说是佛教给政治不顺的他以安慰，他在失意中经常借助佛教来待人处事。苏轼每至一处，都要与高僧共游，参禅学佛。苏轼还十分尊崇佛教之仪轨。《佛祖统记》卷四十六载：“（轼）及在儋，得蜀人张氏画十八阿罗汉，遂为之赞。”② 苏轼如此崇信佛教，主要原因有以下三个方面：

一是家庭熏染和社会风气的影响。苏轼的外祖父、父亲、母亲、三位妻子以及弟弟苏辙都信奉佛教。苏轼的外祖父程公年轻时出游，遭遇蜀乱，没有路

---

① 苏辙．栾城集［M］．曾枣庄，马德富，校点．上海：上海古籍出版社，1987：1421.

② 志磐撰．佛祖统记·卷四十六·法运通塞志·大正新修大藏经·第49册No. 2035，418.

费回家，得到十六位僧人的救济才得以回到家乡。程公后寻访不到恩人，就一直认为是阿罗汉救了自己，便在家中供十六罗汉祭拜。所以程氏和苏氏家中都供奉罗汉。苏轼出生的家庭，虽不算名门望族却颇有文化底蕴。苏轼的母亲也崇信佛教。苏轼从小跟从母亲程氏读书。母亲程氏回忆说，自己怀苏轼之时，夜梦僧人来到他家。苏轼七八岁时，常梦见自己身披袈裟。他认为自己前世是出家人，所以后来苏轼感叹说："我本修行人，三世积精炼。中间一念失，受此百年谴。"① 苏轼的父亲苏洵，与云门宗名僧圆通居讷和宝月大师惟简相交甚笃，苏洵被列为居讷的法嗣。苏轼、苏辙青少年时期即跟从父亲去拜谒这两位禅师。兄弟二人也常常畅谈佛法。苏洵一生酷爱收藏名画，去世后令苏轼将其父生平所爱的门板画等遗物尽施于佛寺。苏辙一生也好修禅学佛，后被灯录列为上蓝顺禅师法嗣。"手披禅册渐忘情"②"老去在家同出家，楞枷四卷即生涯"是苏辙一生好佛的真实写照。苏轼的妻子王弗、继配王闰之、侍妾朝云都潜心学佛，朝云还拜泗上比丘门下学禅。苏轼的同僚、朋友、挚友也大多好佛。苏轼真正开始参佛也与其友王大年的引导有关。苏轼在《王大年哀词》中说：

> 嘉祐末，予从事岐下，而太原王君讳彭，字大年，监府诸军。……予始未知佛法，君为言大略，皆推见至隐以自证耳，使人不疑。予之喜佛书，盖自君发之。③

此时，苏轼初入仕途任凤翔签判，王大年是他的朋友，亦是同僚。他的《凤翔八观》中第一次有了他论佛、崇佛的言论。此后的苏轼开始更加关注佛教。其实这也显示出当时社会的崇佛风气，令士大夫们不自觉浸染其中。

苏轼生活的时期正是禅宗大盛时期，其中又以云门、临济、曹洞的影响最广。苏轼与云门宗、临济宗的禅僧交往都非常多，灯录里也把苏轼列为临济宗黄龙派慧能弟子东林常总的法嗣。苏轼闻名天下之后，曾作《成都大悲阁记》一文，记述了苏轼家乡成都佛事的繁盛和佛教造像之壮美，记云：

> 成都，西南大都会也。佛事最胜，而大悲之像，未睹其杰。……乃以大旃檀作菩萨像。庄严妙丽，具慈愍性。手臂错出，开合捧执，

---

① 苏轼．苏轼诗集·卷三十八·南华寺［M］．孔凡礼，点校．北京：中华书局，1982：2061.

② 苏辙．栾城集·卷十一·次韵子瞻与安节夜坐三首［M］．曾枣庄，马德富，校点．上海：上海古籍出版社，1987：264.

③ 苏轼．苏轼文集·卷六十三·王大年哀词［M］．孔凡礼，点校．北京：中华书局，1982：1965.

> 指弹摩拊，千态具备。手各有目，无妄举者。复作大阁以覆菩萨，雄伟状峙，工与像称。都人作礼，因敬生悟。余游于四方二十余年，虽未得归，而想见其处。敏行使其徒法震乞文，为道其所以然者。①

宋代之时，四川成都已有大藏经刊刻流行，我国第一部官版大藏经，中国官方和民间以及高丽、日本刻藏所依据的所谓“蜀版”大藏经，就是北宋初期在益州（今四川省成都市）刊刻的。苏轼的家乡眉州，寺院林立，世人参佛之风浓郁。《眉州属志》记载的寺庙就有三十五个之多。眉州离佛教圣地峨眉山也非常近，这都是苏轼从小受到佛教熏染的原因。后来苏轼任职的杭州佛教更为兴盛，寺院林立，名僧辈出。他闲暇之余，有相当一部分时间用来游历佛寺，参谒高僧。此外，苏轼生活的北宋时期，禅宗已经完成了由慧能的“无字禅”向“有字禅”的演变，更加趋于世俗化、大众化。禅宗以讲禅理代替了讲哲理，以含蓄朦胧代替了直接清晰。这样的变革无疑更加适合士大夫的心理和情趣，所以居士思想非常繁盛。苏轼曾云：

> 近岁学者各宗其师，务从简便，得一句一偈，自谓了证。至使妇人孺子，抵掌嬉笑，争谈禅悦，高者为名，下者为利，余波末流，无所不至，而佛法微矣。②

参禅学佛在当时是文人标榜高雅之风尚。这些社会和家庭的主客观因素都是苏轼浸润佛学的重要原因。

二是与大量的僧人交往，自觉接受佛教义理。与之前讨论的范仲淹、周敦颐、二程相比，苏轼与僧人交游论佛的确切记载最多。据僧道释《付僧惠诚游吴中代书忆十二》记载，与苏轼交游的僧人确切可考的有：怀琏大觉禅师、径山维琳、道潜、了元佛印、南华重辩、龙井辩才、海月慧辩等。他们之间的交往形式也非常丰富，如同游佛教圣地、一同寻访名僧、书信画作酬赠、共同探讨佛门义理等。

苏轼的佛禅思想从无到有，由浅到深，与他和僧人们的交往息息相关。苏轼从嘉祐六年（1061）入仕以来，至建中靖国元年（1101）去世，四十年的仕宦生涯跌宕坎坷，命运多舛。苏轼一生足迹遍及大江南北、海角天涯，每至一

---

① 苏轼．苏轼文集·卷十二·成都大悲阁记［M］．孔凡礼，点校．北京：中华书局，1986：395.

② 苏轼．苏轼文集·卷六十六·书楞伽经后［M］．孔凡礼，点校．北京：中华书局，1982：2085.

处苏轼必参访名僧，以诗文酬赠。苏轼入仕之后，于1061—1064年、1066—1069年两次回乡分别为母亲和父亲丁忧。神宗熙宁二年（1069）还京，历任监官告院，兼判尚书祠部。从熙宁四年（1071）通判杭州到元丰二年（1079）"乌台诗案"发，贬居黄州前，苏轼的仕途都较为顺利，在京城、杭州、密州、徐州、湖州任时，苏轼都愿闻佛禅，但此时他还没有真正修习禅定。苏轼正式学佛习禅是从他被贬谪到黄州开始的。

熙宁四年（1071），苏轼通判杭州。杭州自吴越以来就是佛教兴盛之地，一大批具有较高知识水平的高僧也乐于与苏轼这样的人物交往。苏轼曾说："吴越多名僧，与予善者常十九。"苏辙亦有诗为证："昔年苏夫子，杖履无不之。三百六十寺，处处题清诗。麋鹿尽相识，况乃比丘师。"① 此间与苏轼相交比较著名的高僧有明教契嵩、大觉怀琏、圆照宗本等。苏轼在《祭龙井辩才文》中说："我初适吴，尚见五公。讲有辩、臻，禅有琏、嵩。"② 苏轼与大觉怀琏（1009—1090）最早交往始于嘉祐六年（1061），苏轼诗文中提及大觉怀琏禅师多达二十多处。苏轼为怀琏所在的宸奎阁撰并书《宸奎阁碑》③，赞扬怀琏人品高尚、佛法超绝。皇祐年间，怀琏奉诏入净因禅院，苏轼"屡亲法筵"④，多次亲自去听怀琏禅师说法。怀琏后于治平二年（1065）离京都南归，苏轼就一直与怀琏以书信的形式继续交往。苏轼的父亲苏洵去世后，苏轼将苏洵喜爱的"禅月罗汉"像施舍与怀琏。⑤ 元祐五年（1090），怀琏为小人的诬陷所困，苏轼还请友人代为关照。第二年，怀琏圆寂。苏轼非常悲痛，"涕泗哽咽"作祭文悼念怀琏"⑥，足见二人感情之深厚。苏轼与怀琏的弟子维琳（生卒年不详）还有交往，在与维琳往来的书信中，苏轼曾表达了他晚年时期对佛教的虔诚向往。苏轼晚年与维琳来往甚密，去世之前，还在与维琳探讨信佛之事。

苏轼与怀琏法嗣道潜交往也甚为深厚。道潜（生卒年不详），号参寥子，获赐"妙总禅师"。熙宁七年（1074），苏轼初次访问道潜未遇到。后于徐州任上

① 苏辙．栾城集·卷十三·偶游大愚见余杭明雅照师旧识子瞻能言西湖旧游将行赋诗送之［M］．曾枣庄，马德富，校点．上海：上海古籍出版社，1987：307.
② 苏轼．苏轼文集·第六十三卷·祭龙井辩才文［M］．孔凡礼，点校．北京：中华书局，1986：1961.
③ 苏轼．苏轼文集·第六十一卷·苏轼与大觉禅师三首［M］．孔凡礼，点校．北京：中华书局，1986：1880.
④ 苏轼．苏轼文集·第六十三卷·苏轼祭大觉禅师文［M］．孔凡礼，点校．北京：中华书局，1986：1960.
⑤ 苏轼．苏轼文集·第六十一卷·苏轼与大觉禅师三首［M］．孔凡礼，点校．北京：中华书局，1986：1879.
⑥ 苏轼．苏轼文集·第六十三卷·祭大觉禅师文［M］．孔凡礼，点校．北京：中华书局，1986：1961.

时，元丰元年（1078），二人初次相见。[①] 此后便多诗文往来。元丰二年（1079），无事与道潜、秦少游等同游惠山（今无锡市）。道潜返回杭州后，两人仍有大量诗文、书简往来。元丰二年（1079），发生“乌台诗案”，苏轼的政敌对苏轼的诗文捕风捉影，诬告苏轼讽刺朝廷。苏轼因此被捕入狱，饱受折磨和屈辱，险些丧命。元丰三年（1080），苏轼被贬居黄州。这成为他人生道路的转折点和逆境的开始。如果说之前苏轼对佛教的接触、与高僧们的交往是出于感性的高风雅趣，那么在经历了“乌台诗案”的生死考验和寄居贬所之苦闷后，苏轼对佛理的追求则进入更深的层次。他确实是发自内心想要从佛教的理论中寻找精神安慰和解脱之方。

苏轼被贬谪黄州后，道潜不仅写信安慰苏轼，还于元丰六年（1083）四月至元丰七年（1084）五月，自杭州不远千里来贬所陪苏轼年余。在此期间两人同游名山秀景，访寺寻友，题诗留记。苏轼著名的《记游定惠院》就是与道潜同游后而作。二人还登慧日寺、朱砂峰等，并都题字、题名。元祐四年（1089），苏轼第二次在杭州与道潜相会，甚至连苏轼的儿子等都与道潜相互酬赠诗词。他们的交往一直持续到苏轼晚年。由于与苏轼友情甚密，苏轼在绍圣三年（1096）最后一次被贬往海南时，道潜也受到牵连，以莫须有的罪名被流放还俗，直到苏轼遇赦前，道潜才得以复服落发。

佛印了元（1032—1098）是苏轼后半生中与其交往甚笃的另一位禅僧。这位高僧在宋代士大夫们参禅学佛的过程中留下了自己深厚的印记。他不仅与理学开山祖周敦颐相交甚笃，还与苏轼、黄庭坚等文人士大夫交往酬酢甚繁。佛印禅师能诗文，善言辩，长于书法。苏轼与佛印禅师相识于元丰二年（1079），苏轼第二次过金山时（被贬黄州期间），佛印禅师住庐山，正在黄州对岸，酬酢文字较多。二人时常在一起游山玩水，品茶作诗。苏轼与佛印的交往充满了趣味性，两人性情相投，答赠多戏谑之作，故后来《灯录》里关于二人趣闻的记载演绎，层出不穷。《五灯全书》记载：

> 师一日与学徒入室次，适东坡居士到面前。师曰：“此间无坐榻，居士来此作甚么？”士曰：“暂借佛印四大为坐榻。”师曰：“山僧有一问，居士若道得即请坐，道不得即输腰下玉带子。”士欣然曰：“便请。”师曰：“居士适来道，‘暂借山僧四大为坐榻’，只如山僧四大本空、五阴非有。居士向甚么处坐？”士不能答，遂留玉带。师却赠以云

① 参阅孔凡礼. 苏轼年谱［M］. 北京：中华书局，1998：283-284.

山衲衣，士乃作偈曰："百千灯作一灯光，尽是恒沙妙法王。是故东坡不敢惜，借君四大作禅床。病骨难堪玉带围，钝根仍落箭锋机，会当乞食歌姬院，夺得云山旧衲衣。此带阅人如传舍，流传到我亦悠哉，锦袍错落犹相称，乞与佯狂老万回。"①

苏轼自己也作诗记述了他施舍玉带与佛印，佛印却报以衲裙之事。《续灯录》还记载了苏轼与佛印广为人知的"稽首天中天，毫光照大千，八风吹不动，端坐紫金莲"的故事等。南宋时出现题为苏轼撰的《东坡问答录》（又名《东坡居士佛印禅师语录问答》），所记皆为苏轼与佛印禅师往复之语。

与苏轼交往较多的云门宗禅师还有慧林宗本（1020—1099）及其法嗣净慈善本、法云善本、本觉法真，以及法云善本的两大弟子寿圣省聪、净慈楚明等。云门宗还有法云法秀（1027—1090）、栖贤智迁、大愚如照等都与苏轼有过往来。持儒、释、道三教调和论的北宋著名僧人契嵩（1007—1072），也与苏轼相识。但由于两人年纪差异较大，还未及深交，契嵩便去世了。两人的交往在《书南华长老重辩逸事》里有所提及。②

苏轼与临济宗佛僧交往较多的有黄龙慧南一系、浮山法远一系，以及南岳下十世的金山昙颖（989—1060）等禅师。黄龙慧南（1002—1069）的弟子东林常总（1025—1091）于元丰七年（1084）前后与苏轼有过一段较为亲密的交往。此时苏轼在黄州贬所期间，曾宿东林寺听常总说法，获得开悟后作有《赠东林总长老》诗③。苏轼进入仕途后，与早年结识的惟度、维简禅师仍有书简往来。苏轼还与天台宗的龙井辩才（1011—1091）、海月慧辩（1014—1073）等佛僧有往来。

北宋时期寺院林立，名僧众多。此时的禅师"能文善诗及歌词，学行皆高"，这也是他们与苏轼成为至友并惺惺相惜的原因。此时的禅僧多注重对"顿悟"的追求，而不在乎形式和戒律。他们身上体现出了自得其乐和超然物外的境界。他们于现实中寻求心里的淡泊、平衡，已经使此时的佛教逐渐偏离了原始佛教对彼岸世界的关注，更多的是寻求现世的"明心见性"。这对苏轼的精神境界产生了深远的影响。随着与大量高僧的交往和对佛教义理理解的加深，苏轼对佛教更加情有独钟，诗文中多反映出对佛禅思想的看法。苏轼应时任南华寺主持的辩才长老邀请题写的《卓锡泉铭》曰：

---

① 超永，编．五灯全书・卍新纂续藏经・第82册NO.1571，5.

② 参阅陈中浙．苏轼与佛僧交往考［C］//哲学宗教与人文．北京：商务印书馆，2004：519-523.

③ 苏轼．苏轼诗集・卷二十三・赠东林总长老［M］．孔凡礼，点校．北京：中华书局，1982：1218.

> 六祖初往曹溪，卓锡泉涌，清凉滑甘，赡足大众，逮今数百年矣。或时小竭，则众汲于山下。今长老辩公住山四岁，泉日涌溢，闻之嗟异。为作铭曰：
>
> 祖师无心，心外无学。有来叩者，云涌泉落。问何从来，初无所从。若有从处，来则有穷。祖住南华，集众浈水。水性融会，岂有无理。引锡指石，寒泉自冽。众渴得饮，如我说法。云何至今，有溢有枯。泉无溢枯，盖其人乎。辩来四年，泉水洋洋。烹煮灌溉，饮及牛羊。手不病汲，肩不病负。匏勺瓦盂，莫知其故。我不求水，水则许我。讯于祖师，有何不同。①

苏东坡的《卓锡泉铭》歌颂了六祖卓锡泉造福后世的功绩善德，苏轼对此嗟异称奇。文中还表露了苏轼对禅宗思想的看法，认为六祖慧能空似无心，空心之外再无所学。苏辙《亡兄子瞻墓志铭》中说："坐相对，时闻一言，则百忧冰解，形神俱泰。"② 可知他结交高僧的状貌与心态。与苏轼往来的僧人还有很多，这里就不再赘述。通过以上的分析和整理，可以看出苏轼与佛僧的关系极为密切，这是苏轼一生都与佛教有着深厚因缘的重要表现。

三是勤学大乘经典，笃信佛理。苏轼偏嗜读佛经，对佛家经典十分熟稔。苏轼少年时就喜欢佛书，"后读释氏书，深悟实相，参之孔、老，博辩无碍，浩然不见其涯也"③。后来甚至到了"惟佛经以遣日"④ 的爱好程度。苏轼的诗文中谈涉相关佛经主要有《维摩经》《楞严经》《法华经》《圆觉经》《心经》《金刚经》等。

苏轼喜读《维摩诘经》，十分尊崇书中的主人公维摩诘居士。苏轼一生多次提到维摩诘，他诗文中多次出现的"天女散花""降伏魔王波旬"的事例和典故就是出自《维摩诘经》。《维摩诘经》是大乘佛教的早期经典之一，维摩诘居士运用不可思议的不二法门，消解一切矛盾，成为古印度大乘佛教中著名的在家菩萨。苏轼在凤翔天柱寺观古代维摩的塑像时作诗曰："当其在时或问法，俯首无言心自知……见之使人每自失，谁能与诘无言师。"⑤ 诗歌不仅表现了苏轼对维摩居士的

---

① 苏轼．苏轼文集·第十九卷·卓锡泉铭［M］．孔凡礼，点校．北京：中华书局，1986：566.

② 苏辙．栾城后集·卷二十二·亡兄子瞻端明墓志铭［M］．曾枣庄，马德富，校点．上海：上海古籍出版社，1987：1421.

③ 苏辙．栾城后集·卷二十二·亡兄子瞻端明墓志铭［M］．曾枣庄，马德富，校点．上海：上海古籍出版社，1987：1422.

④ 苏轼．苏轼文集·第四十九卷·与张子厚参政书二首其一［M］．孔凡礼，点校．北京：中华书局，1986：1141.

⑤ 苏轼．苏轼诗集·卷三·维摩像唐杨惠之塑在天柱寺［M］．孔凡礼，点校．北京：中华书局，1982：111.

敬佩与向往，还体现出了苏轼对维摩诘“语默不二”法门的服膺。苏轼去世前几个月所作的《次韵阳行先》诗亦云：“室空惟法喜，心定有天游。摩诘原无病，须洹不入流。”① 意为维摩诘菩萨本来没有病，其病是来自于“人伤我痛，人苦我悲”的大悲心，众生的苦痛，就是菩萨的苦痛。摩诘以“不二法门”作为处世接机的态度与方法，泯灭一切对立，从而获得了生命自由的无限超越。

苏轼对《楞严经》也十分推崇，不仅多次引用其中的事典，还多次称赞其义理之精妙。《跋柳闳楞严经后》云：“楞严者，房融笔受，其文雅丽，于书生学佛者为宜。”② 苏轼著名的哲理诗《题沈君琴》：“若言琴上有琴声，放在匣中何不鸣？若言声在指头上，何不于君指上听。”③ 对乐器与手指关系的比喻也是由《楞严经》中而来。苏轼晚年在海南时，“《楞严》在床头，妙偈时仰读”④，足见苏轼对《楞严经》的钟爱。苏轼还对《楞伽经》甚有研究，认为《楞伽经》是“心品祖师”，一语道破此经的真谛，尽得要旨。

此外，苏轼还喜读《华严经》《圆觉经》《金光明经》《心经》《金刚经》等佛教典籍，并且还以篆刻、书法等其他形式学佛。他还曾想手抄《华严经》，但终因《华严经》七十卷的浩繁篇幅而未能实现。苏轼还常读禅宗《六祖坛经》《景德传灯录》等，对大乘佛教的空义、中观、心性空寂清净等思想和禅宗要义比较了解。苏轼曰：“近读《六祖坛经》，指说法、报、化三身，使人心开目明。”⑤ 苏轼对佛教的这些经典均能会其要、通其旨，并运用之以证自己的哲学思想。苏轼熟悉的佛典还不止以上列出的这些。苏轼对佛经尽力研习，深刻感悟到宇宙人生之本然之理，故令他文章磅礴大气，思想上更是圆融无碍。

第二节　苏轼思想上与佛学的关联

一、苏轼受佛教影响的轮回说和鬼神观

苏轼一生与佛僧交游甚密，大乘经典熟稔于心，与佛教有着深厚的因缘。所以无论是苏轼的诗文画作，还是他的人格气象、学术思想、修养方法，都反

① 苏轼．苏轼诗集·卷四十五·次韵阳行先［M］．孔凡礼，点校．北京：中华书局，1982：2431.
② 苏轼．苏轼文集·第六十六卷［M］．孔凡礼，点校．北京：中华书局，1986：2065.
③ 苏轼．苏轼诗集·卷四十七·题沈君琴［M］．孔凡礼，点校．北京：中华书局，1982：2534.
④ 苏轼．苏轼诗集·卷四十二·次韵子由浴罢［M］．孔凡礼，点校．北京：中华书局，1982：2302.
⑤ 苏轼．苏轼文集·卷六十六·论六祖坛经［M］．孔凡礼，点校．北京：中华书局，1982：2082.

映出了佛禅思想对苏轼的影响以及他对佛学的服膺。

苏轼是北宋士大夫中比较“迷信”的一位，他既认同传统儒家的鬼神说，也崇信佛教的报应说和神鬼说。儒家对鬼神一直持谨慎的态度。《论语·八佾》：“祭如在，祭神如神在。”① 孔子在回答子贡的问话时还说：“未能事人，焉能事鬼?”② 李申《中国儒教史》认为，传统儒家重人事是为了履行辅相上帝的义务，三纲五常、仁义礼智都是上天的意志，儒者不反对上帝的存在，尤其不反对鬼神的存在。③《礼记·祭义》记载：

> 宰我曰：“吾闻鬼神之名，而不知其所谓。”子曰：“气也者，神之盛也；魄者也，鬼之盛也；合鬼与神，教之至也。众生必死，死必归土，此之谓鬼。骨肉毙于下，阴为野土，其气发扬于上，为昭明，焄蒿，凄怆，此百物之精也，神之著也。因物之精制为之极，明命鬼神，以为黔首则，百物以畏，万民以服。”④

子思认为人只有“诚”，才能感通鬼神。儒家虽没有报应说，但认为人死为鬼，身躯归于野土，但“气”还存在，死后仍然可以发挥特殊的作用。《中庸》第十六章曰：

> 子曰，鬼神之为德，其盛矣乎！视之而弗见，听之而弗闻，体物而不可遗。使天下之人齐明盛服，以承祭祀。洋洋乎！如在其上，如在其左右。诗曰：“神之格思，不可度思，矧可射思！夫微之显，诚之不可掩如此夫。”⑤

佛教的世界是一个由佛、菩萨、罗汉构成的广博而有机的复杂系统。鬼神众多，职能特性各异。佛教以“因果报应，生死轮回”说为基石。在佛教看来，鬼神是六道众生中的生命，和人类一样都是生命现象。佛教自传入中国以来，把因果论和业报说结合，形成了一套完备的轮回转世说和报应说。佛教认为人完全是依靠个人所积累的善恶业力承受福报。中国佛教的鬼神观受到了儒家和

---

① 杨伯峻．论语译注·八佾篇第三［M］．北京：中华书局，2006：29.
② 杨伯峻．论语译注·先进篇第十一［M］．北京：中华书局，2006：129.
③ 参阅李申．中国儒教史［M］．上海：上海人民出版社，2000：910.
④ 阮元．十三经注疏·礼记正义·祭义［M］．上海：上海古籍出版社，2008：1832.
⑤ 朱熹．四书章句集注·中庸章句［M］．北京：中华书局，1983：25.

道家以及民间传统鬼神信念的同化，认为人的灵魂可以在肉体死亡之后独立存在，逐渐成为具有中国特色的鬼神信仰。

中国儒、佛之间第一次大论战就是由讨论轮回与形神关系问题引发的。南朝刘宋时期，以何承天、范缜为首的儒家士大夫对佛教灵魂不死的观点予以驳斥。范缜以“利刃之喻”来反击佛教“火传异薪”观念，在当时产生了较大的影响。同时，范缜主张的“人死无鬼”说也是对《论语》《礼记》等儒家经典的“人死有鬼”思想的颠覆。唐代的儒者们仍然试图解释好人获恶报而恶人获善报的事实。但随着辩论的深入，佛教在轮回说方面很少再讨论轮回的主体和承担者，而是多讲造业。同样的问题仍然困扰着宋代的士大夫，还是有很多士大夫相信佛教的轮回报应说和鬼神观念。此时佛教的报应说和鬼神观念已经与中国儒、道固有的鬼神思想融合，并已经成为宋代士大夫神鬼、报应思想的一个重要的源头。苏东坡父子对《周易・系辞传》中的“精气为物，游魂为变，是故知鬼神之情状”注道：

> 物，鬼也；变，神也。鬼常与体魄俱，故谓之物；神无适而不可，故谓之变。精气为魄，魄为鬼；志气为魂，魂为神。故《礼》曰：“体魄则降，知气在上。”郑子产曰：“其用物也弘矣，其取精也多矣。”古之达者，已知此矣。
>
> 一人而有二知，无是道也。然而有魄者，有魂者，何也？众人之志，不出于饮食男女之间与凡养生之资。其资厚者，其气强；其资约者，其气微；故气胜志而为魄。圣贤则不然，以志一气，清明在躬，志气如神，虽录之天下，穷至匹夫，无所损益也。故志胜气而为魂。众人之死为鬼，而圣人为神，非有二知也，志之所在者异也。①

苏轼父子认为人死是有知的，魂魄是存在的。林语堂作的《苏东坡传》记述了苏轼替触怒了山神而中邪发狂的士兵祷告的传说。《苏东坡传》中还引有宋人关于苏轼相信鬼神存在的另一则记载。苏轼在京城为官时，他的二儿媳产后“中邪”，晚上似老妪乱说冤死为鬼的胡话，苏轼向“女鬼”讲述了佛教阴魂转世的道理，劝其老实走开，并许诺明晚会为她向佛爷祷告。女鬼合掌道谢后，苏轼的儿媳豁然而愈。翌日，苏轼果然为这个女鬼向佛祖写了一篇祈祷的文告，

---

① 苏轼．东坡易传・卷七［M］．龙吟，注评．长春：吉林文史出版社，2002：294.

并焚香上供，为其祷告，把女鬼送走。[1] 苏轼对邪妇讲述“佛教对阴魂的道理”，还“向佛爷祷告”，给“佛爷写祷告文”，足以证明他对佛教鬼神说的信奉。

苏轼在为杭州盐官县安国寺作的《盐官县安国寺大悲阁记》中，记载了安国寺大和尚居则向佛祖祷告祈愿的故事。居则病重即将不治之时，对佛祖立下誓愿，愿终身尊佛，并建造千手千眼观世音像，将菩萨的名字念诵千万遍。后他果真病愈，节衣缩食三十多年，终于建成佛像，并建造了四重高的阁楼供奉此像。苏轼把这件事讲给了东南一带的士子们听，宣扬居则的精神。[2] 此段的记述中，我们看到了苏轼对居则虔诚地向佛祖祷告的赞赏，显示了苏轼对菩萨神性一面的信奉。此类的记述在苏轼的文章中还有很多。

此外，苏轼一直暗示自己的身世有涉佛教之神怪与轮回说。苏轼说他母亲在怀孕之时，经常梦见有禅师来其家求宿，这个禅师就是云门宗五祖戒禅师。自己稍微长大了之后，苏轼也经常梦见自己就是五祖戒禅师，所以苏轼自己经常穿僧衣。《居士分灯录》记载了苏轼认为自己前生为五祖戒和尚的典故：

> 初母程氏方娠。梦一僧至门，瘠而眇。后弟辙官高安时，真净文圣寿聪时时相过从。一夕，三人同梦迎五祖戒。俄而轼至。理梦事。轼曰：“某年七八岁。尝梦身是僧。往来陕右”。真净曰：“戒禅师陕右人也。暮年弃五祖。来游高安，终于大愚。逆数盖五十年，而轼时年四十九。”又戒眇一目，乃悟，轼前身即戒和尚云。[3]

苏轼认为戒禅师就是自己的前生。据《春渚纪闻》记载，元祐四年(1089)，苏轼去拜访杭州智果寺的道潜，苏轼说他对此寺庙非常熟悉，连寺内台阶的总数他都能说得出来，认为自己前世可能就在此寺修行，现在寺中的佛僧都是他的法属。苏轼还希望自己死后能够成为寺中的一部分。后来道潜遵照苏轼的意愿，果真在寺里塑了苏轼的像，并在壁廊间留有偈。[4] 苏轼不但相信自己的前生之说，对于别人的前生传说，也十分相信。《王晋卿前生图偈》云：

---

① 参阅林语堂．苏东坡传［M］．张振玉，译．西安：陕西师范大学出版社，2006：59.

② 苏轼．苏轼文集·第十二卷·盐官县安国寺大悲阁记［M］．孔凡礼，点校．北京：中华书局，1986：387.

③ 朱时恩．居士分灯录·卍新纂续藏经·第86册No.1607，596.

④ 何薳．春渚纪闻·寺认法属黑子如星［M］．北京：中华书局，1983：93.

“前梦后梦真是一，彼幻此幻非有二。正好长松水流间，更忆前生后生事。”① 苏轼对自己的来世，也向往佛之净土。据苏辙为其兄所作的《墓志铭》记载，宋徽宗建中靖国元年（1101）七月二十八日，苏轼病重，逝世前，他对儿子们说：“吾生无恶，死必不坠，慎无哭泣以怛化。”② 苏轼极其相信佛教之神灵说，苏轼的人格中有诸多不与世俗同流的另辟蹊径。显然，苏轼的这些思想都是受到了佛教神鬼观念和投胎转世说的影响。

苏轼虽然与王安石的变法政见不合，但在鬼神问题上却与王安石的见解相同。苏轼认为“福善祸淫”都是天道。虽然北宋士大夫仍然讲不清“天为何会让恶人得福，却让好人遭祸”的问题，但他们坚信尽管有这种不公的情况存在，但“福善祸淫”的天道观仍然是不容置疑的，君子只应积善修德，不能心存侥幸。张载、二程等士大夫与苏轼的鬼神思想也基本相近。王安石也认为普通人死为鬼，而圣人死后为神。后来的朱熹也说：“鬼神只是二气屈伸往来。在人事，如福善祸淫，亦可见鬼神道理。”③ 朱熹认为一个人光明正大，存浩然之正气，就可以得到鬼神的保佑，相反会有一定惩罚。可见，佛教的福报观和鬼神思想对苏轼等宋代士大夫的精神世界有较深的影响。

二、圆融无碍与苏轼的“立朝大节”

无论苏轼与他的政敌意见有多么不合，肚子中有多少的不合时宜，苏轼的“立朝大节”在当时是受到一致肯定的。司马光的门人、朔党人物刘安世说：

> 士大夫只看立朝大节如何，若大节一亏，则虽有细行，不足赎也。东坡立朝大节极可观，才高意广，惟己之是信，在元丰则不容于元丰，人欲杀之，在元祐则虽与老先生议论，亦有不合处，非随时上下人也。④

由于刘安世是朔党人物，曾遭新党的迫害，又谨遵其师司马光“不妄言”的训导，故后人都十分相信他对苏轼评价的客观性，多引刘安世评价苏轼的

① 苏轼．苏轼文集·第二十二卷·王晋卿前生图偈［M］．孔凡礼，点校．北京：中华书局，1986：649.

② 苏辙．栾城集·后集·卷二十二·亡兄子瞻端明墓志铭［M］．曾枣庄，马德富，校点．上海：上海古籍出版社，1987：1421.

③ 黎靖德，编．朱子语类·卷三十九·论语二十一［M］．北京：中华书局，1986：1013.

④ 马永卿．元城语录卷上·四库全书本。“老先生”指刘安世的老师司马光。

“立朝大节”之说。苏轼“惟己之信”，从不“随时上下”的政治人格正是苏轼所追求的：“无以仰报天地生成之德，惟有独立不倚，知无不言。”①

在苏轼生活的时代，这种高尚的政治人格多表现为对君主和人民的“忠义”。但苏轼的“忠义”俨然还有更深层次和更广泛的意义，这只是苏轼所言“天下之大节”的一个表现方面。此大节来自“全其大”的器量，来自对“道”之“大全”的理解和遵循。② 这里的“道”是儒、释、道三家精神之融合。而其中佛家的“大道”当是发展到了北宋时期的圆融佛境。《宗镜录》云：

> 一切障碍，即究竟觉；得念失念，无非解脱；成法破法，皆名涅槃；智慧愚痴，通为般若；菩萨外道所成就法，皆是菩提；无明真如，无异境界；诸戒定慧及淫怒痴，俱是梵行；众生国土，同一法性；地狱天官，皆为净土；有性无性，齐成佛道；一切烦恼，毕竟解脱；法界海慧，照了诸相，犹如虚空。③

方立天在阐释中国佛教哲学的最高境界时认为，与人格理想密切相关的是解脱的真境，即成就佛果的最高境界问题，也就是各宗所描述的佛境问题。如天台宗“一念三千”学说，是一种整体地把握宇宙万有为觉悟的境界，反映了传统整体思维对中国佛教哲人的深刻影响，体现了中国佛教哲人极其广阔的视野；华严宗以津津乐道的现象与本体、现象与现象相资相存、相即相入、圆融无碍的境界为佛的悟境，构成了典型的圆融哲学和境界哲学。④ 禅宗洪州宗总结彻悟境界的三种德性：一是主观的般若智慧，二是客观的法身显现，三是主客观交涉的结果为解脱自在。⑤ 其实，无论是天台宗从大处整体把握宇宙之万有，还是华严宗的圆融无碍，或是禅宗的“即心即佛”都是把彼岸世界移至自我心中，由外在超越变为内在超越的一种对超大境界的追求，都是一种圆融佛境。笔者认为北宋时期最能代表佛教的，就是佛教的圆融佛境，这种圆融佛境亦可用“大”来概括。

此种“大”境、圆融之境在苏轼一生仕宦生涯中体现得极为明显。任何人、任何事都阻碍不了苏轼对天道、正道精神的追求。他不执于私我，不执于外物，

---

① 苏轼．苏轼文集·第三十二卷·杭州召还乞郡状［M］．孔凡礼，点校．北京：中华书局，1986：915.

② 王水照，朱刚．苏轼评传［M］．南京：南京大学出版社，2011：415.

③ 道原．景德传灯录·大正新修大藏经·第48册No. 2016：868.

④ 参阅方立天．中国佛教哲学要义［M］．北京：中国人民大学出版社，2005：58.

⑤ 方立天．中国佛教哲学要义［M］．北京：中国人民大学出版社，2005：494.

只尊崇于内心天地之本然。从苏轼对熙宁变法这一北宋大事件中，就可以看出苏轼境界之圆融、广大。苏轼不赞同王安石的新法，他认为王安石进行的租税、差役、兵役方面的改革是在与小民争利，新法势必会掠夺于民，也并不会带来真正意义上的国富。后来司马光等新政的反对派重新执政，欲全面废除王安石之新法，重新恢复旧法。苏轼这时又站了出来，提倡保留部分对百姓有益的募役法内容。苏轼以通变应不变的主张，又一次遭到打压，自己也遭到排挤。苏轼不趋附于任何一方，心中顾念的是天下的百姓，据理力争，甚至回到家里还骂司马光为“司马牛”，批评其不知通变。苏轼“积以论事，为当轴者所恨”①。苏轼在这次变法中体现出来的不合时宜完全是一种“与民体物”“与道一体”的大境界，其中自然没有小我之得失，有的只是“圆融”大境界下立民安邦之精神。

笔者以为，圆融佛境之广大，如与洪州宗的相对应，涵盖了不为外物所动的性命自得的人格自由之智慧，“大忠伟节”“民胞物与”等高尚操守，还有与天地同呼吸、与万物融为一体等内涵。《华严经》等佛教经典所描绘华藏世界的富丽堂皇、广大无边，是令世人难以想象的，其思想的开阔，令苏轼心向往之。苏轼认为，佛教之广大，无往而不乐。苏轼《超然台记》：

> 凡物皆有可观。苟有可观，皆有可乐，非必怪奇伟丽者也。哺糟啜漓皆可以醉，果蔬草木皆可以饱。推此类也，吾安往而不乐。夫所为求福而辞祸者，以福可喜而祸可悲也。人之所欲无穷，而物之可以足吾欲者有尽。美恶之辨战乎中，而去取之择交乎前，则可乐者常少，而可悲者常多。是谓求祸而辞福。夫求祸而辞福，岂人之情也哉？物有以盖之矣。彼游于物之内，而不游于物之外。物非有大小也，自其内而观之，未有不高且大者也。彼挟其高大以临我，则我常眩乱反复，如隙中之观斗，又焉知胜负之所在。是以美恶横生，而忧乐出焉。可不大哀乎！②

佛教圆融佛境对苏轼显然产生了影响，正是这样超然、广博的视域令苏轼的精神世界极为宏大高深。王水照、朱刚所著的《苏轼评传》把苏轼的人格概括为一个“大”字，认为正是因为“大”人格关怀的是整个天下，所以苏轼晚

① 脱脱，等. 宋史·卷三百三十八·苏轼传［M］. 北京：中华书局，1985：10812.

② 苏轼. 苏轼文集·第十一卷·超然台记［M］. 孔凡礼，点校. 北京：中华书局，1986：351.

年才能走出庙堂，迈向黎民百姓，与百姓一起感受生活之乐。而苏轼自己也得以全身心感受天地，游戏人间。

三、“平常心是道”与苏轼的“性情合一”说

苏轼的“蜀学”自成一家，从他对《中庸》和子思的评价中可见一斑。苏轼《中庸论》曰：

> 甚矣，道之难明也。论其著者，鄙滞而不通；论其微者，汗漫而不可考。其弊始于昔之儒者，求为圣人之道而无所得，于是务为不可知之文，庶几乎后世之以我为深知之也，后之儒者，见其难知，而不知其空虚无有，以为将有所深造乎道者，而自耻其不能，则从而和之曰然。相欺以为高，相习以为深，而圣人之道，日以远矣！自子思作《中庸》，儒者皆祖之，以为性命之说。嗟夫，子思者，岂亦斯人之徒欤?①

苏轼认为，孔夫子之道之所以离人们越来越远，根本在于：此前那些探索孔夫子之道的儒生们，对孔夫子之道不懂装懂，故作高深；后来的儒生们被那些不懂的儒生们唬住，随声附和那些“不可知之文”，“相欺以为高，相习以为深”，就连子思也是这样“盗名欺世”的人物。苏轼认为，孔夫子之道，从根本上看，“皆出于人情”。可是从苏轼生活的时代伦理纲常来看，所谓仁义礼智信这五教，“礼”显然是强加于人，而似乎违背人情的。这样的评论一方面反映了苏轼的不合时宜以及批判的尖锐性；另一方面也看到苏轼对当时学术思潮的独特视野。苏轼强调情感的抒发和性格的自由奔放，他反对以二程为代表的理学家们关于性善情恶的说法。苏轼主张的“性情合一”说，与禅宗一派洪州宗的“平常心是道”的思维方式是一样的。

马祖道一（709—788）把慧能的“无念心”进一步发展为“平常心”，提出了“平常心是道”说。马祖道一注重在日常行事中启发人们去发现并认识自身的价值，把人的个体视作无价之宝。这种重视人的人本思想成为南派禅宗的主要特色。石头希迁（700—790）也进一步发展了六祖慧能、青原行思直指人心、当下解脱的顿悟禅法。他更注重从心与物、理与事的关系中强调人的地位和人在当下的解脱。云门文偃（864—949）曰：“青青翠竹，尽是法身；郁郁黄

---

① 苏轼．苏轼文集·卷二·中庸论上［M］．孔凡礼，点校．北京：中华书局，1986：60.

花，无非般若。”① 文偃提倡在平常日用中悟道，在在处处，皆是道场，即“平常心是道”。禅宗的“悟道”不是思辨的推理认识，而是个体的直觉经验。心清净就是佛。禅宗甚至提倡不读经、不礼佛、不坐禅。只要识得本心，见真如佛性，即可顿悟成就佛果。临济宗义玄云：“佛法无用功处，只是平常无事。屙屎送尿，著衣吃饭，困来即卧。……自为解脱大海。”② 禅宗拒斥对经典的盲从，它所召唤的是在流动无常的生命中体悟禅境，以实现生命的超越和精神的自由。禅宗洪州宗人“平常心是道”的观点，认为平常心是众生成佛的根源。马祖道一说：

> 道不用修，但莫污染。何为污染？但有生死心，造作趣向，皆是污染。若欲直会其道，平常心是道。谓平常心，无造作，无是非，无取舍，无断常，无凡无圣。经云，非凡夫行。非圣贤行，是菩萨行。……道即是法界，乃至河沙妙用，不出法界。③

马祖道一的“平常心之道”既包含迷又包含悟，是不偏不倚的整体心，也就是人们的平常日用之心。“平常心是道”是以心是万法之本和心的活动即是佛性的作用为理论依据的。这就使人们无需向外寻求，只需向内不生分别心，见性成佛。“平常心是道”的主张就把禅引向了生活化、行为化，纵任心性，寻求文体，不刻意，不起心，任自然而为，行住坐卧都是佛性的体现，认为日常生活即是禅修，从而达到精神的解脱。

洪州宗的“平常心是道”理论遭到了宗密（780—841）和慧中（弘法年代为722—769）的批评。宗密认为此种禅法只是随缘纵任心性活动，不是心性内在灵知的作用。慧中禅师也认为这种“身无常而心性是常”的观点是外道。后来的洪州宗禅师为了反驳宗密和慧中的“洪州宗性不灭说等于灵魂不灭说”的观点，重新强调说“众生日常行事不但是心的作用，也是性的显现”。宗密把“平常心是道”也称为“触类是道而任心”。“触类”是“佛性”，强调不要专向内心去观察体念，而是从一切可以触及的千差万别的事象中去体察真理、佛道。宗密认为，众生的心即佛性，所以要任心。任心而不起心，不刻意去修善断恶

---

① 道原．景德传灯录·大正新修大藏经·第51册No. 2076，440.

② 赜藏．古尊宿语录·卷四·镇州临济（义玄）慧照禅师语录［M］．萧萐父，等点校．北京：中华书局，1994：59.

③ 道原．景德传灯录·大正新修大藏经·第51册No. 2076，440.

等佛事，纵任心性，让心自然而为，就可以达到精神的解脱。① 宗密此说后来被二程、朱熹发展为“心统性情”说。

苏轼的《大别方丈铭》中阐述了他对外界接触的感觉，苏轼说：

> 闭目而视，目之所见，冥冥蒙蒙。掩耳而听，耳之所闻，隐隐隆隆。耳目虽废，见闻不断，以摇其中。孰能开目，而未尝视，如鉴写容？孰能倾耳，而未尝听，如穴受风？不视而见，不听而闻，根在尘空。湛然虚明，遍照十方，地狱天宫。蹈冒水火，出入金石，无往不通。②

苏轼在这里以反向论证的方式，说明“触类即是道”观点的正确性。他否定感觉与外界的接触，认为眼睛所见、耳朵所能听到的反而妨碍求道。这其实是对世间相、世间法的否定。他称赞大别方丈开目未尝视、倾耳未尝听，而是以“心”去看、去听，而达到湛然虚明、遍照十方、无往不通的境界。这反映出的正是苏轼提倡“触类是道”的心法。

苏轼认为无论是儒家之理，还是佛家之道，都该顺应人们的自然情感，这是本然，如果“勉强力行”不近人情，“虽欲诚之，其道无由”，不近人情就不能体道。这也是苏轼对程颐之人和学问一再抨击的原因。苏轼认为“本然”就是“性”。苏轼十分强调“情”。这显然就是洪州宗“平常心是道”“触类是道”的翻版，只不过苏轼用“情”字来代替其中的“触类”。“触类”是指人们的各种日常行为，包括善恶苦乐，甚至贪、嗔、痴，也就是人类的一切行为动作。③苏轼的“情”的内涵也就是日常生活中人们的行为和表现。

苏轼没有专门的关于心性论的文章，相关的论述散见于他的《论语说》《孟子解》《东坡易传》中。苏轼的性情论又涉及他对之前已经存在的四种心性理论的批判。苏轼之前，关于性的善恶说主要有孟子的性善说、荀子的性恶说、杨雄的善恶混说，还有韩愈的性三品说。苏轼明确地反对孟子的性善说和荀子的性恶说。杨雄的善恶相混说乃是取孟、荀的中间道路，以智慧和愚钝来论性的善恶相混。苏轼对杨雄的以“才”论“性”更是不能赞同。苏轼认为前人论性，都是“未知乎所谓性者，而以夫才者言之”④，都没有抓住实质。苏轼认为

---

① 参阅方立天．中国佛教哲学要义［M］．北京：中国人民大学出版社，2005：477.

② 苏轼．苏轼文集·卷一九·大别方丈铭［M］．孔凡礼，点校．北京：中华书局，1986：579.

③ 参阅方立天．中国佛教哲学要义［M］．北京：中国人民大学出版社，2005：476.

④ 苏轼．苏轼文集·卷四·扬雄论［M］．孔凡礼，点校．北京：中华书局，1986：110.

性与才虽然极其相近，但在论人性方面却有着黑与白一般的差异①。韩愈、李翱的性三品说，是对孟、荀、杨的学说的综合，把人的性品分为善、善混恶、恶三等。苏轼认为韩、李的学说仍然是在以“才”说性，而根本未触及“性”本身。

儒家从不否定“情”，而是肯定人“七情”的真实性。宋儒提倡发而中节之“情”。苏轼心性哲学中的最高范畴是“情”，其中既包括儒家超越功利的愉悦情感，也包括佛老因超脱社会、解脱思虑束缚而获得的愉悦情感。他以反驳理学性善情恶论为线索，探讨了性情和善恶的关系，得出了性情合一的结论。苏轼认为只有完全彻底的对“情”的认识，才能得“性”。苏轼认为“性”皆可以为善，也可以为恶，所以不能以善、恶来论“性”。“性”可以表现出善、恶，但本身并无善、恶之分。

《东坡易传》继《易传·系辞》“一阴一阳之谓道，继之者善也，成之者性也”的说法来探讨，认为孟子的“性善”说仅停留在了“继之者”的层面，而不是“性”的层面，关注到的只是“性”的功效，而不是“性”本身。性善、性恶、性三品等论都不能真正涉及“性”的本质问题，只有把“性”的全部含摄的“情”把握了，才能见“性”，故苏轼主张“性情合一”论。苏轼把“性”视为全部人情的抽象总名，而不是与人情对立的东西。苏轼此“性”实际就是朱熹“心统性情”之中的“心”。朱熹说：“性者，理也。性是体，情是用。性情皆出于心，故心能统之。统，如统兵之‘统’。”② 苏轼说：

> 君子之欲诚，莫若以明。夫圣人之道，自本而观之，则皆出于人情。不循其本，而逆观之于其末，则以为圣人有所勉强力行，而非人情之所乐者。夫如是，则虽欲诚之，其道无由。③

《东坡易传》曰：

> 情者，性之动也，溯而上至于命，沿而下至于情，无非性者。性之于情，非有善恶之别也，方其散而有为，则谓之情耳。④

---

① 苏轼．苏轼文集·卷四·扬雄论［M］．孔凡礼，点校．北京：中华书局，1986：111.
② 黎靖德，编．朱子语类·第九十八·张子之书一［M］．北京：中华书局，1986：2513.
③ 苏轼．苏轼文集·卷二·中庸论中［M］．孔凡礼，点校．北京：中华书局，1986：61.
④ 苏轼．东坡易传·乾卦第一［M］．龙吟，注评．长春：吉林文史出版社，2002：5.

苏轼认为“性”是全部“情”的概括总名，“情”是性的体现。洪州宗则也认为人的一切日常行为都是佛性的体现。苏轼体悟的“性”和“情”的关系与洪州宗的“触类是道”十分相似，离开了“情”是无从见“性”的，而“绝情”也就根本无从“谈性”和见到“性”。“性”和“情”、“触类之情”和“道”之间都是“体用一源”的关系。用“触类是佛性”来比较就更加的直观，“触类”就是“情”。苏轼的“道”是自然全体的总名。人性和天道在北宋士大夫的思想中基本上是等同的，谓“性即道”“性即理”“道在人为性”。苏轼的性与情合一论，不承认有唯一正确的普遍原则，是为实际存在的多元化进行辩护。①

苏轼的“性情合一”论在北宋士大夫中比较有代表性。程颢也有相似的言论：“才说性时，便已不是性也。凡人说性，只是‘继之者善也，孟子言人性善是也’。”② 程颢的《定性书》也以“性”为虚静应物之具，并未论其善恶。③苏轼认为实现“人情之所乐”才是圣人之道。而理学家们患在论性仅以喜、怒、哀、乐出于情，不是出于性的缘由而贬低斥责之，是不对的，如韩愈。苏轼认为喜、怒、哀、乐是情也是性，仁、义、礼、乐是性也是情。苏轼的性情合一说，是北宋论“性的善恶”说，到后来王阳明“无善无恶心之体，有善有恶意之动，知善知恶是良知，为善去恶是格物”④ 思想的一个过渡。

宗密和洪州宗所讨论的众僧日常见闻觉知和佛性有无异同的问题，实际还涉及后来理学中的一个重要问题，即“体和用”的问题，也就是南宋理学家朱熹多次批评洪州宗的这种“作用是性”之说。认为这是一种无视“体”，只看到“用”的观点。朱熹也批评苏轼的“性情合一”说，被朱熹指责为摒弃了形式、质料的谈道论性。看似朱熹批评的是两个方向，但实际是一个问题。这也足以证明了苏轼与洪州禅思想的相似。

苏轼在诗词方面，有明显受到“平常心是道”思想影响的作品。《行香子》曰：

> 清夜无尘。月色如银。酒斟时、须满十分。浮名浮利，虚苦劳神。叹隙中驹，石中火，梦中身。
>
> 虽抱文章，开口谁亲。且陶陶、乐尽天真。几时归去，作个闲人。

---

① 王水照，朱刚．苏轼评传［M］．南京：南京大学出版社，2011：176-180.

② 程颢，程颐．二程集·河南程氏遗书·卷一［M］．北京：中华书局，1981：10.

③ 王水照，朱刚．苏轼评传［M］．南京：南京大学出版社，2011：203.

④ 王阳明．王阳明全集·传习录·卷一［M］．上海：上海古籍出版社，1992：29.

对一张琴，一壶酒，一溪云。①

此词明显蕴含了苏轼对平常日用体道的推崇，俨然与《无门关》诗偈所云的“春有百花秋有月，夏有凉风冬有雪；若无闲事挂心头，便是人间好时节”②的意蕴近似。苏轼在风雨飘摇的人生中深刻地体悟到，有着种种盛誉的物象在本质上是平常的，正如佛也是平常的一样，这平常的物、平常的人、平常的心才是道。以此平常心去面对大喜大悲，才能不沮丧、不癫狂、不颓废。而他的这种感悟在词《定风波》中得到了淋漓尽致的体现。《定风波》词云：

莫听穿林打叶声，何妨吟啸且徐行。竹杖芒鞋轻胜马，谁怕？一蓑烟雨任平生。料峭春风吹酒醒，微冷，山头斜照却相迎。回首向来萧瑟处，归去，也无风雨也无晴。③

这显然是一种以平常心看待世间“情”的超脱之貌。

绍圣元年（1094），苏轼被贬为远宁军节度副使，惠州安置。绍圣四年（1097），已经62岁的苏轼被一叶孤舟送到了更为荒凉之地海南岛儋州。虽然年逾六旬，千里迢迢赴贬所，但苏轼仍然保持着他通达快乐的心境。“面上灭除忧喜色，胸中消尽是非心”，成败皆空，荣辱皆忘。他虽然一路遭贬谪，但心中仍不忘为百姓做好事。“东坡处处筑苏堤”就是最好的例证。他积极为百姓做日常的实事，如出资建新桥，建议引满涧山滴水岩的水入广州，使居民喝上泉水等，这都是他做平常事，在日用中体道的表现。他在儋州办学堂，介学风，一改宋朝儋州百年无人及第的局面，以致许多人不远千里，追至儋州。苏轼还发出了“我本儋耳氏，寄生西蜀州”的适意感叹！同时，苏轼的豁达心境也反映了苏轼对“情性”的深刻体悟。

李泽厚认为，在中国儒家的情本论中，唯一一个回到人生意义中的就是“情”。④ 苏轼把人的共性归纳为追求快乐，将情感的愉悦看作修养的目的。“情”作为苏轼心性学说中的最高范畴，蕴含了儒家与佛老兼容、超越世俗的愉悦情感。苏轼的“情”不同于佛教“一般众生”的指向，不是困扰凡夫的“执着”。而是融会三家思想后，得出的源自本心、自性流露出的自然情感，是凡夫

① 苏轼．苏轼词编年校注·行香子［M］．邹同庆，等校注．上海：上海古籍出版社，2002：725.
② 无门慧开．无门关，大正新修大藏经第48卷，295.
③ 苏轼．苏轼词编年校注·定风波［M］．邹同庆，等校注．上海：上海古籍出版社，2002：356.
④ 李泽厚．实用理性与乐感文化［M］．北京：三联书店，2005：115.

与佛皆有之“情”。凡夫之爱，因情所生，佛之情则是无上慈悲正智的体现。佛教认为“情”始于“空”之主体，而最后回归于“空”，也就是回到“空明”的境界，即“情”无拘无羁的自由与超越。

苏轼汲取了禅家之意蕴，处处体现了他摆脱了日用的束缚，行平常之道，达到了“回首向来萧瑟处，也无风雨也无晴”的禅境。苏轼一生都能保持乐观，无论多么坎坷依然胸襟坦荡，既不完全出世避世，也不执着入世媚世，而是万事皆随缘自适，以致晚年也不见他有老人的衰惫之气，仍然是“无缚无解，无乐无不乐”的状貌。苏轼正是以一颗平常之心来对待外界环境荣与辱、得与失等改变，而始终保持内心之平和，依然快乐随和、洒脱豁达。苏轼还说：“平生寓物不留物，在家学得忘家禅。”① 苏轼的“野狐禅”②“老婆禅”③ 等，无不表现了其生活无事不可入禅，禅无处不在的思想。

四、“精灵妙透”的完美人格

苏轼是北宋士大夫中性格最丰富跃动，也是最多才多艺的一位。他是“曹溪夜岑寂，灯下读传灯。不觉灯花落，荼毗一个僧”的学禅者，他是一个知识分子，是一个对生命本体充满忧思的高深文人。他的喜怒哀乐，他的思想脉搏无不充满着精妙灵动之感。苏轼既不追求儒家气势磅礴的雄伟人格，也不好逍遥九天的庄周之韵。既不崇尚凄楚执着，也不好屈子般地怨愤呼号。他与北宋士大夫一样，崇尚博施济众与孔颜乐处的精神，但这还不足以表述苏轼精神世界的特质和全部。他对日居月诸、时不我待异常敏感，而常常发出“客来空吊古，清泪落悲笳”④“岁月岂肯与汝居，仆夫起餐秣吾驹”⑤ 的感叹。他思想深处对宇宙无穷与人生短暂的深刻矛盾认识都让他对生活、对人生充满了热情与珍视。苏轼疏狂浪漫、多情善思的独特人格气质似乎只能以“精灵妙透”来概括。

首先，苏轼之“精灵”，是因为他明澄绝妙，具有自性清净心之根。以此心

---

① 苏轼．苏轼诗集·卷二十五·寄吴德仁兼简陈季常［M］．孔凡礼，点校．北京：中华书局，1982：1340.

② 苏轼．苏轼诗集·卷二十一·乐全先生生日，以铁拄杖为寿二首［M］．孔凡礼，点校．北京：中华书局，1982：1086.

③ 苏轼．苏轼诗集·卷四十七·参寥惠杨梅［M］．孔凡礼，点校．北京：中华书局，1982：2547.

④ 苏轼．苏轼诗集·卷四·是日至下马碛，憩于北山僧舍。有阁曰怀贤，南直斜谷，西临五丈原，诸葛孔明所从出师也［M］．孔凡礼，点校．北京：中华书局，1982：176.

⑤ 苏轼．苏轼诗集·卷四·往中南和子由见寄［M］．孔凡礼，点校．北京：中华书局，1982：180.

来观物，灵妙自在。《楞严经》卷六：“元依一精明，分成六和合。”① 又《黄檗山断际禅师传心法要》：“所言同是一精明，分为六和合。一精明者，一心也；六和合者，六根也。”②《法华经·譬喻品》曰：“是皆一相一种，能生净妙第一之乐。”③ 以此清净心甚至可以达到妙喜世界。《维摩诘经》曾记载维摩居士之国土是为“妙喜世界”。《维摩诘经·见阿閦佛国品》曰：“佛告舍利弗：有国名妙喜，佛号无动，是维摩诘于彼国没而来生此。”④ 苏轼十分喜欢读《维摩诘经》，对其“妙喜”之清净国土也心向往之。

众所周知，苏轼才气过人、文思泉涌。仁宗初读轼、辙制策，退而喜曰：“朕今日为子孙得两宰相矣。”⑤ 神宗尤爱其文，宫中读之，膳进忘食，称为天下奇才。他的满肚子不合时宜也与他的“精灵”气质相关。苏轼的精神气象里显现出了与众不同一种“精灵”之气，富有清净心的根力。故苏轼习禅，悟诸法之虚妄不实及悟得自己之心性本源。苏轼的精神境界显然受到佛禅“观妙”“无碍”思想的影响。苏轼实修禅法，他在《黄州安国寺记》里说：

> 道不足以御气，性不足以胜习。不锄其本，而耘其末。今虽改之，后必复作。盍归诚佛僧，求一洗之？得城南精舍曰安国寺，有茂竹修林，陂池亭榭。间一二日辄往，焚香默坐，深自省察，则物我两忘，身心皆空，求罪垢所从生而不可得。一念清净，染污自落，表里翛然，无所附丽。私窃乐之。旦往而暮还者，五年与此矣。⑥

佛禅要求人们超越整个存在的本身，超越整个人生、世界、宇宙，寻求达到永恒本体的心灵之路。苏轼的哲学思想始终致力于寻求永恒本体。他的哲理诗词里多体现了这种思考：

> 人生到处知何似，应似飞鸿踏雪泥。泥上偶然留指抓，鸿飞哪复计东西。⑦

① 子睿集．首楞严义疏注经·大正新修大藏经·第 39 册 No. 1799，894.
② 裴休集．黄檗山断际禅师传心法要·大正新修大藏经·第 48 册 No. 2012A，381.
③ 鸠摩罗什译．妙法莲华经·大正新修大藏经·第 9 册 No. 0262，13.
④ 僧肇．注维摩诘经·大正新修大藏经·第 38 册 No. 1775，412.
⑤ 脱脱，等．宋史·卷三百三十八·苏轼传［M］. 北京：中华书局，1985：10819.
⑥ 苏轼．苏轼文集·第十二卷·黄州安国寺记［M］. 孔凡礼，点校．北京：中华书局，1986：391.
⑦ 苏轼．苏轼诗集·卷三·次韵子由渑池怀旧［M］. 孔凡礼，点校．北京：中华书局，1982：96.

多情应笑我，早生华发。人生如梦，一樽还酹江月。①

苏轼想要在有限的时空内，追求超越性的存在，想要通过对形上本体的探究体悟圆融无碍和超然旷达。再如《六月七日泊金陵，阻风，得钟山泉公书，寄诗为谢》：

今日江头天色恶，炮车云起风欲作。独望钟山唤宝公，林间白塔如孤鹤。宝公骨冷唤不闻，却有老泉来唤人。电眸虎齿霹雳舌，为余吹散千峰云。南行万里亦何事，一酌曹溪知水味。②

即使风浪相阻，但只要像禅宗所说的那样以“无念为宗”，风浪就会自然消失，即便屡遭贬谪，“南行万里”也不会感到有艰难险阻。

元丰七年（1084），他由黄州团练副使改知汝州，特意登庐山并拜谒东林寺常聪禅师，作诗曰：“溪声便是广长舌，山色岂非清净身？夜来八万四千偈，他日如何举似人？”③ 诗歌中显然带有“青青翠竹，尽是法身；郁郁黄花，无非般若”的“无情有性”的思想。还有一首诗，是描述他在午间宴坐时，忽而觉身心俱空，唯一息尚存的禅境，颇具玩味。有道是：

蒲团蟠两膝，竹几阁双肘。此间道路熟，径到无何有。身心两不见，息息安且久。睡蛇本亦无，何用钩与手。神凝疑夜禅，体适剧卯酒。我生有定数，禄尽空余寿。枯杨下飞花，膏泽回衰朽。谓我此为觉，物至了不受；谓我今方梦，此心初不垢。非梦亦非觉，请问希夷叟。④

苏轼的诗文中处处彰显了他思想中来自佛禅的“妙趣”。苏轼《观妙堂记》中说：

欢喜子曰：“是室云何而求我？况乎妙事了无可观，既无可观，亦

① 邹同庆，等点校．苏轼词编年校注·念奴娇·赤壁怀古［M］．上海：上海古籍出版社，2002：399.

② 苏轼．苏轼诗集·卷三十七·六月七日泊金陵，阻风，得钟山泉公书，寄诗为谢［M］．孔凡礼，点校．北京：中华书局，1982：2031.

③ 苏轼．苏轼诗集·卷二十三·赠东林总长老［M］．孔凡礼，点校．北京：中华书局，1982：1218.

④ 苏轼．苏轼诗集·卷二十二·谪居三适三首·午窗坐睡［M］．孔凡礼，点校．北京：中华书局，1982：2286.

无可说。欲求少分可以观者，如石女儿，世终无有。欲求多分可以说者，如虚空花，究竟非实。不说不观，了达无碍，超出三界，入智慧门。虽然如是置之，不可执偏，强生分别，以一味语，断之无疑。”①

这段文字展现了苏轼颇为浓厚的佛教观念。他认为世间的万相都是由因缘和合而成，都是虚幻非实的。因此我们无需对这些虚幻的外物执着，而生分别心。这种对世间万相的“妙观”对苏轼的认识论影响很大，正是“不说不观，了达无碍，超出三界，入智慧门”的无碍精神和“不可执偏，强生分别”的去执思想影响了苏轼的超然豁达、物我两忘的境界。苏轼很多诗文都表达了这种思想：

眼前扰扰黑蚍蜉，口角霏霏白唾珠。要识吾师无碍处，试将烧却看嗔无。②

羡师游戏浮沤间，笑我荣枯弹指内。尝茶看画亦不恶，问法求诗了无碍。③

日月转双毂，古今同一丘。惟此鹤骨老，凛然不知秋。去住两无碍，人天争挽留。④

兀尔坐忘，浩然天纵。如如不动而体无碍，了了常知而心不用。⑤

他的才气纵然是因为天资过人，但正是他的先天之才与其后天得益于佛禅之“妙”的结合，才使苏轼赢得了“文章妙于天下”的美名。文章之妙必然来源于苏轼思想深处之妙。秦观评价苏轼的文章“蜀之锦绮、妙绝天下”⑥。秦观分析其中的原因认为，一方面是因为苏轼作为蜀人，受到当地独得之于天的人文气氛的熏染，更重要的一方面原因是苏氏“深于性命自得之际，识足以致远”⑦。秦观认为，苏轼得以昭显于天下的根本原因是他那种“性命自得”的精神境界。这种于逆境中的“性命自得”显然是来源于苏轼关于“妙”的观照。秦观认为苏轼的境界充满了自由精神，对当时社会思潮中有关“道德性命”等

① 苏轼．苏轼文集·第十一卷·观庙堂记［M］．孔凡礼，点校．北京：中华书局，1986：404.
② 苏轼．苏轼诗集·卷二十二·子由作二颂［M］．孔凡礼，点校．北京：中华书局，1982：1175.
③ 苏轼．苏轼诗集·卷二十四·龟山辩才师［M］．孔凡礼，点校．北京：中华书局，1982：1295.
④ 苏轼．苏轼诗集·卷十八·辩才老师退居龙井［M］．孔凡礼，点校．北京：中华书局，1982：3463.
⑤ 苏轼．苏轼文集·第一卷·浊醪有妙理赋［M］．孔凡礼，点校．北京：中华书局，1986：21.
⑥ 秦观．答傅彬老简·淮海集笺注·卷三十［M］．徐陪均，笺注．上海：上海古籍出版社，1994：981.
⑦ 秦观．答傅彬老简·淮海集笺注·卷三十［M］．徐陪均，笺注．上海：上海古籍出版社，1994：981.

重大哲学问题的研究有着重要的贡献。

超然物外、随遇而安的精神状态源于苏轼对清净心性的体悟。苏轼以维摩诘居士的随遇而安、超然自得的风范为榜样，他将维摩诘居士誉为"外生死""浮云随"的至人，苏轼的乐观、洒脱、自在来源于他对《维摩诘经》中的"心净则佛土净""亦入世亦出世""在入世中出世"的思想，以及对"不二法门"的服膺。甚至在被贬谪的岁月里，苏轼还展现出了悟得"精灵"清净心性之后的"妙喜"之感，处处充满了乐。被贬谪的生活中，他仍旧作诗习画，享受异域的物产，并亲自制作美食、美酒，还发出了"我本儋耳人"如归故乡般的快乐感叹。这些无不让人感受到苏轼真如一个快乐的精灵，在现实的生活中体悟人生的真谛。可见，苏轼完全以佛教圆融无碍的心境来"观妙"世事人生的生活态度，而成就了"精灵绝妙"的人格力量。纵然这种"观"也有道家之齐物思想和儒家思想的痕迹，但其中之"妙"却是来源于佛家完全超越了生活细节的真实性，以"心物不二""体用不二"等思维方式直指本体意义上的追寻而得来。

其次，苏轼的人格还给人以美玉般的"通透"之感。而这种"通透"主要是由于苏轼彻见诸法之虚妄不实及悟得自心本原，真正做到了静而"无我""去除我执"。《坛经》云："识自本心，达诸佛理，和光接物，无我无人，直至菩提，真性不易，名解脱知见香。"① 《大智度论》说："无常、无我、无相，故心不著。"② 苏轼曰："学佛老者，本期于静而达，静似懒，达则放。"③ "静"就意味着审物静思，"达则放"的精髓就在于顺应自然，莫强求，莫胶滞，即"圆融无碍"。王国维的《人间词话》曰："有我之境，以我观物，故物皆著我之色彩。无我之境，以物观物，故不知何者为我，何者为物。"④ 又说："无我之境，人惟于静中得之；有我之境，于由动之静时得之。故一优美一宏壮也。"⑤ 苏轼之谏神宗，所谓"镇之以静，待物之来，然后应之"，或穷或达，事无大小。苏轼遇事也是以此"无我之境"而行。

苏轼以"无我"实现了他人格的通透。他能在御史台监狱里鼾声如雷，他能容忍别人对自己的迫害。对曾经迫害他的李定、李清臣、林希，包括以戏谑的姿态把苏轼贬谪到儋州的章惇，他都不记恨，甚至以德报怨。他能安心做一

① 慧能．六祖坛经·大正新修大藏经·第48册 No. 2008：353.
② 鸠摩罗什译．大智度论·大正新修大藏经·第25册 No. 1509，223.
③ 苏轼．苏轼文集·卷五十六·答毕仲举二首［M］．孔凡礼，点校．北京：中华书局，1986：1672.
④ 王国维．人间词话［M］．南京：凤凰出版传媒集团，2007：2.
⑤ 王国维．人间词话［M］．南京：凤凰出版传媒集团，2007：2.

只“拣尽寒枝不肯栖”的孤鸿，明知道不合时宜但仍矢志不渝。他能面对向来的“萧瑟”而“一蓑烟雨任平生”。即便食不果腹、屡遭迫害，他仍能在九死一生中享美食、饮美酒、赏美景……他之所以能如此，就是因为在他的内心中没有一个“我”。他的意识里不只装着天下百姓，连西湖中困于“浅水”之鱼，苏轼都一心把它们迁到“深水”之处。苏轼的“无我”实质是一种与天地同为一体的心灵境界，“不执着实我”，心无旁骛，从而达到至高境界。

苏轼心胸坦荡，性格率直，真情自然流露，可谓有一种极其通透的人格。后人高度赞扬了苏轼的“真”。苏轼心中装的是整个天下，时刻以安邦济民为己任。辅佐君主则尽心竭力，不畏强权，力陈己见。当“为民做官”的政治理想不能付诸实践时，他便请求到地方任职，尽心为百姓做事。他为凤翔的百姓祈雨，亲自捧水祷告。他为杭州的百姓引淡水，疏西湖，筑河堤。当遇到旱灾时，他连上七表，请求朝廷拨款赈灾，甚至把修葺官衙的钱也拿来买米发给灾民。在密州遇蝗灾时，他以自己的薪水喂养弃婴，自己却只吃野菜。除夕夜，他为颍州饥寒交迫的百姓煮粥。他亲自守城四五十天，保卫了徐州受水灾百姓的生命和财产。哪怕是仅在任五天的登州任，苏轼也为百姓解决了长期受官府胁迫，食盐低价入官，百姓民不聊生的局面，而受到百姓的一致称赞。他还为扬州的百姓免去了“万花会”的朝贡负担，遏制官府了对民脂的掠夺。哪怕是刚经历了“乌台诗案”被贬黄州后，他仍然挺身而出，对当地溺死婴儿、控制人口数量的恶俗予以干预。苏轼每年捐十千钱，成立了救儿会，并号召当地的富户捐钱米，委托僧人来管理。而苏轼自己此时却早已没有俸禄，全家人的生活也十分拮据，却只因“闻之辛酸，为食不下”，他不能不管。被贬惠州后，他为惠州的百姓请命，要求废除当地官府搜刮农民的种种做法，而此时他已是一介草民。他还倡议为当地舟行不便者捐资修桥，履行善事而至囊中羞涩的苏夫子就捐了一条犀牛角装饰的腰带。被贬儋州后，他带领民众挖井取水，还教当地的百姓怎样利用草药来除瘴气，开民风办学堂等。苏轼于人于物都通透如美玉一般，尽显其真实清净之性。

苏轼不注重小节，有时甚至“口无遮拦”。他当众人的面戏谑政敌，以致自己早已忘怀之时终遭报复打击。元丰二年（1079）的“乌台诗案”的确给了苏轼较大的打击。死里逃生之后，他在写给苏辙的诗中说，他的生命犹如爬在旋转中的磨盘上的线蚁，又如旋风中的羽毛。他安抚自己，要自己用佛禅使内心平静，慰藉精神的自由。“乌台诗案”之祸本也源于他诗文中的不敬言辞，但逃过一劫的苏轼，在给挚友李常的信中还是袒露心扉，说自己不后悔。“吾齐虽老且穷，而道理贯心肝，忠义填骨髓，直需谈笑死生之际。若见仆困劳便相怜，则与不学道者，大不相远矣……”① 苏轼自言“上可以陪玉皇大帝，下可以陪卑田院乞儿。眼前见天下无一个不好人”，话中充满了孩童般的顽皮与真挚。就是因为他的真实，连他的政敌最后也交口称赞他的大节。苏轼“舌相如是，语必真实”，他以此为官做事，游戏三昧，诗文画作真情流露，一生受人追捧，死后千年，其人格、诗文的影响仍犹余波浩荡。

熙宁七年（1074），苏轼游庐山时写下了他的千古名诗《题西林壁》：“横看成岭侧成峰，远近高低各不同；不识庐山真面目，只缘身在此山中。”② 其中蕴含着佛禅去除我执、法执，用“应无所住而生其心”的心态看待事物，体现了超然无碍的境界。元丰四年（1081），苏轼开始在东坡耕田，自号“东坡居士”。被贬谪的生活令苏轼对佛禅的兴趣更加浓厚，正式习禅。苏轼于黄州安国寺静坐习禅达五年之久，目的就是物我两忘、身心皆空。使自己不为私窃之事而动心，无所依附，事事圆融。苏轼所悟得的佛理复杂、精致、高深，体现了中国佛学既现实又超现实，即不失“体”，又不弃“用”，从而理事圆融，事事无碍，苏轼无疑更具有独特的人格魅力。③

苏轼后来的人生折中了佛门各宗的观点，而强调了“虽居庙堂之上，然其心无异于山林之中”，换个说法就是“身在江海之上，心存魏阙之下”。这正是南北朝以来封建士大夫推崇的政治与宗教的统一。苏轼对人生的热爱，对顺境的淡泊，逆境的从容，对外物变化的通达都是其“精灵妙透”完美人格的体现。

第三节 “悟而未悟”，复归儒学精神

苏轼对佛学“悟而未悟”又复归儒学的心路历程，在北宋士大夫中极具代表性。李泽厚在《美的历程》中曾以苏轼为代表论述道：

> 这种整个人生空漠之感，这种对整个存在、宇宙、人生、社会的怀疑、厌倦、无所希冀、无所寄托的深沉喟叹，尽管不是那么非常自觉，却是苏轼最早在文艺领域中把它透露出来。……只有在佛学禅宗中，勉强寻得一些安慰和解脱吧。正是这种对整体人生的空幻、领悟、淡漠感，求超脱而未能，欲排遣反戏谑，使苏轼奉儒家而出入佛老，

① 林语堂．苏东坡传［M］．张振玉，译．西安：陕西师范大学出版社，2006：181.
② 苏轼．苏轼诗集·卷二十三·题西林壁［M］．孔凡礼，点校．北京：中华书局，1982：1219.
③ 胡遂．中国佛学与文学［M］．长沙：岳麓书社，1998，253.

谈世事而颇作玄思。①

尽管有学者认为苏轼整个心性思想都是佛禅化了的，但笔者通过研究发现，苏轼其实仍然是标准的儒家。他在儒家的底蕴上参禅悟道，尽管为少数儒家理学家所不满，如程颢、程颐。苏轼的道论是儒、释、道三家思想融合在一起的。苏轼的道论提倡以人为中心，注重对百姓的关心。苏轼始终都以“兼济天下”为人生目标，所以其思想不能为封建制度的君主统治服务。程颐的道论和苏轼的道论存在本质的差异。程颐和程颢一直以儒学为外衣发展自己的道论，他们在思想上更加倾向于君主思想。并且在为人、性格、风貌上，苏轼也与程颐的拘谨、刻板，处处讲“存天理，灭人欲”是截然不同的。

有人认为苏轼年轻时是诋毁和力辟禅学的。美国汉学专家包弼德就曾说，苏轼年轻时“指责当时的学生沉浸于佛老，喜谈性命法术”②。有学者称苏轼的修养观、世界观、人生观完全是一派佛教化，实为佛者。也有学者认为苏轼前期仕途得意时批判佛教，后期屡遭贬谪时，尤其是黄州、惠州、儋州时期，多用佛来安慰自己，排遣自己的苦闷。唐文献《跋东坡禅喜后》：“子瞻平生熟于荀、孟、孙、吴，晚遇贬谪，落落穷乡，遂以内典为摈愁捐之物，浸淫久之。”

笔者认为，苏轼信奉佛老是一个由浅入深的过程，这个过程是随着苏轼对佛学的学习和了解，以及他人生境遇的改变而逐渐加深的。由于从小就受到儒家正统思想的教育，像《后汉书》中范滂这样的忠义名士和儒家人格理想早已根植于其内心，无法撼动。所以苏轼没办法做到完全忘却儒家士大夫精神传统，他只是以佛禅之圆融广大的境界来慰藉个人的精神，表现出来就是对一切苦难都无所挂碍、无所顾念。苏轼遭贬谪后自称居士，对外也宣称自己信奉佛教，但他仍是“归诚”的儒者。他一生的各个时期都体现了儒、释、道三家思想共同的作用。

纵观苏轼对佛学思想的变化，是一个由感性到理性的过程，是由最初参禅世风的熏染到亲自实践的过程。但苏轼一生处于“悟而未悟”的状态，时刻没有真正忘记儒家精神。他对佛学之信从，主要学习和利用佛教对人生欢乐、忧愁、荣辱、得失的剖析，进而识得人生、人性之本然。苏轼自己也多次承认佛禅思想对他认识事物和思维方式的影响。治平四年（1067），苏轼与苏辙护父灵柩返川，三十二岁的苏轼作《中和胜相院记》一文，反映了他对佛教实质的理

① 李泽厚．实用理性与乐感文化［M］．北京：三联书店，2005：319.

② 包弼德．斯文——唐宋思想的转型［M］．南京：江苏人民出版社，2001：268.

性剖析和态度，文曰：

佛之道难成，言之使人悲酸愁苦。其始学之，皆入山林，践荆棘蛇虺，袒裸雪霜，或刲割屠脍，燔烧烹煮，以肉饲虎豹乌乌蚊蚋，无所不至，茹苦含辛，更百千万亿年而后成。其不能此者，犹弃绝骨肉，衣麻布，食草木之实，昼日力作，以给薪水粪除，暮夜持膏火熏香，事其师如生。务苦瘠其身，自身口意莫不有禁，其略十，其详无数。终身念之，寝食见之，如是，仅可以称沙门比丘。虽名为不耕而食，然其劳苦卑辱，则过于农工远矣。计其利害，非侥幸小民之所乐，今何其弃家毁服坏毛发者之多也！意亦有所便欤？

寒耕暑耘，官又召而役作之，凡民之所患苦者，我皆免焉。吾师之所谓戒者，为愚夫未达者设也，若我何用是为。剟其患，专取其利，不如是而已，又爱其名。治其荒唐之说，摄衣升坐，问答自若，谓之长老。吾尝究其语矣，大抵务为不可知，设械以应敌，匿形以备败，窘则推堕滉漾中，不可捕捉，如是而已矣。①

苏轼对佛教的仪轨了如指掌，他尖锐地指出佛教成佛果之难。但之所还有这么多人出家，其目的是多样化的。这里他并不是在批判佛教，而是对混迹于佛教之内，徒有虚名、故弄玄虚、逃避社会责任的僧人进行辨伪和讥讽，认为他们投机取巧、欺骗公众之举是不可取的。苏轼对于佛教描绘的彼岸世界，认为“大抵务为不可知”。直到苏轼临终前，他也并不赞同维林大师“端明勿忘西方”的观点，仍说“个里着力不得”②。苏轼也有真正批判佛教义理的言论，他在《盐官大悲阁记》中说：

至于为佛者亦然。斋戒持律，讲诵其书，而崇饰塔庙，此佛之所以日夜教人者也。而其徒或者以为斋戒持律不如无心，讲诵其书不如无言，崇饰塔庙不如无为。其中无心，其口无言，其身无为，则饱食而嬉而已，是为大以欺佛者也。③

苏轼在该文中对禅宗无言、无相之说予以批评，也明确地反映了苏轼内心

① 苏轼．苏轼文集·卷十二·中和胜相院记［M］．孔凡礼，点校．北京：中华书局，1986：384.
② 周辉．清波杂志·卷三，文渊阁四库全书，1039册［M］．上海：上海古籍出版社，1987：326.
③ 苏轼．苏轼文集·第十二卷·盐官大悲阁记［M］．孔凡礼，点校．北京：中华书局，1986：386.

其实对佛教的一套成佛之说的否认，认为是欺骗人的嬉戏之言辞。元祐六年（1091），年逾五旬的苏轼作《〈六一居士集〉叙》：“自汉以来，道术不出于孔氏，而乱天下者多矣。晋以老庄亡，梁以佛亡。”苏轼“批佛”与“用佛”的多寡确实有被贬谪之前与之后的分别。其中一个主要的因素就是他随着佛学修养的加深，对佛学思想有了更为深刻的体悟。所以，只因屡遭贬谪，境遇之改变来评论“苏东坡前期辟佛，后期则融佛”的观点是有失公允的。实则苏东坡一生都偏爱释氏之学，以其修养心性，但其身仍然是在佛家士大夫行列，内心仍然有着不可动摇的儒家正统思想。同二程、欧阳修、王安石等士大夫基本没有太大的区别，苏轼也基本上是“儒家为体，佛家为用”的态度。只是比二程等理学家对佛禅的妙处更为了解罢了。

苏轼学佛充满了实用理性的精神，他认为佛陀就是大觉悟者，他之所崇拜佛祖就是因为他的学说充满了大智慧，也就是欲学佛教的“明心见性”。苏轼还把学佛分为两种境界，一种是看似玄妙的“龙肉”境界，一种则是“实美而真饱”的实用主义境界。苏轼《答毕仲举二首》其一道：

> 佛书旧亦尝看，但暗塞不能通其妙，独时取其粗浅假说以自洗濯，若农夫之去草，旋去旋生，虽若无益，然终愈于不去也。若世之君子所谓超然玄悟者，仆不识也。……仆常语述古：公之所谈，譬之饮食龙肉也，而仆之所学，猪肉也，猪之与龙，则有间矣，然公终日说龙肉，不如仆之食猪肉实美而真饱也。①

苏轼从不反对佛教在“食猪肉”方面的实际功用，上面两例都是说明他对“食龙肉”的虚幻不实理想的抨击。东坡学佛的目的在于让自己的身心在当下真正受益，这一点苏轼自己早就明白地说过。而苏轼晚年再次修改《易传》《论语》，作《书传》的行动，十分清楚地说明了儒学在其精神世界中的重要地位，也表明了他从浸润佛老，最终向儒学复归的心路历程。

苏轼深谙佛学思想之妙，索其精华，但始终“未悟”，他自己也说自己“难化”，这其中根本原因是他内心深处儒家士大夫“修、齐、治、平”的情结不能释然。即使他屡次遭贬谪，“身似已灰之木，心如不系之舟”②，但其儒家的“博施济众”的思想仍然难忘却。佛老思想只是他入世、出世的一种方法，一种

---

① 苏轼．苏轼文集・卷五十六・答毕仲举二首［M］．孔凡礼，点校．北京：中华书局，1986：1671.

② 续传灯录・大正新修大藏经・第 51 册 No. 2077，601.

受道家“道论”影响的为政之方，一种受佛家“圆融”精神影响的境界。苏轼自少就无世俗之好，不爱功名，而“处江湖之远”。难以再致君尧舜之时，佛老思想更多的是他政治逆境中抵御的武器和慰藉心灵的妙方。苏轼的精灵妙透、超然物外，也只是相比其他士大夫更高一层的深刻体悟。正是这样的原因，苏轼始终“悟而未悟”，晚年还是致力于儒学精神的复归。

靖国元年（1101），苏轼遇赦北归，路过虔州时他写信给苏伯固说：“某凡百如昨，但抚视《易》《书》、《论语》三书，即觉此生不虚过。如来书所论，其它何足道。”① 很明显，他非常珍视儒家经典。元丰四年（1081），苏轼被贬黄州期间，躬耕东坡，撰成《东坡易传》《论语说》。之前在黄州时，苏轼给好友滕达道的信中说：“某闲废无所用心，专治经书。一二年间，欲了却《论语》《书》《易》，舍弟了却《春秋》《诗》，虽拙学，然自谓颇正古今之误，粗有益于世，瞑目无憾也。”② 即便是他在晚年最无可期盼、风雨飘摇的日子里，仍然没有放弃对儒家经典的注疏和解读。他对自己的学问很自信，认为自己的著作能正古今之误。苏辙在《亡兄子瞻墓志铭》中也说：

> 先君晚岁读《易》，玩其爻象，得其刚柔，远近喜怒逆顺之情，以观其词，皆迎刃而解。作《易传》，未完，疾革，命公述其志，公泣受命，卒以成书，然后千载之微言，焕然可知也。复作《论语说》，时发孔氏之秘，最后居海南，作书传，推明上古之绝学，多先儒未达。既成三书，抚之曰：“今世要未能信，后人君子，当知我矣。”③

宋神宗元丰三年（1080），苏轼于45岁左右被贬官于黄州时开始撰写《易传》，此后不断修改，直到生命垂危之时才修改完毕。元符二年（1099），苏轼在儋州除了继续修改《易传》《论语》的注疏外，又完成了《书传》十二卷，阐释他对《尚书》的理解。苏轼的《论语说》呈现出了疑经改经、杂采众说、阐发性命之说和发掘政治意蕴的诠释特色，在《论语》诠释史上具有一定的地位和影响。“三苏”两代人解读《易传》，成为后来的《东坡易传》。他的认知方法、执政思想深受《易经》影响，诗词文赋也因此而愈加高深玄妙。

① 苏轼．苏轼诗集·卷五十七·答苏伯固四首其三［M］．孔凡礼，点校．北京：中华书局，1986：1741.

② 苏轼．苏轼文集·卷五十一·与滕达道六十八首之二十一［M］．孔凡礼，点校．北京：中华书局，1986：1482.

③ 苏辙．栾城集·后集·卷二十二·亡兄子瞻端明墓志铭［M］．曾枣庄，马德富，校点．上海：上海古籍出版，1987：1422.

苏轼的一生都在不断地对儒家哲学进行探索、总结。他研究经学，另辟蹊径，尤其是晚年仍然重新发儒家经典之新义，自成一派。朱熹称苏轼之学为苏学，亦称蜀学，南宋时在学界已经获得普遍的肯定。苏轼在对苏辙的祝寿诗中写道："君少与我师皇坟，旁资老聃释迦文。"一语道破苏氏蜀学的学术渊源是以儒为宗、兼融释道。苏轼晚年再次整理自己的儒家著述，鲜明地反映了他向儒家精神的复归。

小　结

苏轼一生历经宦海沉浮，思想变化比较复杂。从根本上说，苏轼首先是个积极入世的儒者，他的胸膛里时刻激荡着"民胞物与""兼济天下"的雄心，尽管他也十分向往禅境，但在他的脑海里还是涌动着世俗五蕴之波澜。尽管学界很多学者都认为苏轼的心性修养方法完全是佛教化的，但是苏轼巨大的人格力量唤起的生生不息的浩然之气和对苦难的超越精神又无一不指向儒家，这正是其思想上儒、佛完美融合的真正体现。苏轼与二程在反对熙丰新法中的政治立场是一致的。但是由于他们气质禀赋、所受教育、生活背景、人生际遇的不同，终于在哲学思想领域中形成对立。苏轼融佛老入自己的思想体系，形成独特的儒、释、道一体的经学一派"蜀学"。正如钱穆先生评价苏子之学："非纵横，非清谈，非禅学；而亦纵横，亦清谈，亦禅学。实在不可以一格绳，而自成为一格。"苏学自成一格，珠玑杂呈般地开辟了性理之学的新面貌。苏轼将思想中超越功利的儒家情感，与释、道之超脱放达的愉悦情感交汇融合，将伦理道德规范内化为个体的自觉要求，引发了愉悦旷达的精神境界，确是中国士大夫人格精神的蔚为大观。

结　语

当今学界，没有人能否定宋代士大夫吸纳佛禅思想以促进儒学更新和发展的论断。学者们对佛学与理学的关系也有比较深入的研究，取得了丰硕的成果。早在二十世纪三十年代，陈寅恪先生就指出佛学、佛教研究的“未发之覆”，即新儒学发生阶段，佛学对儒学的影响以及两者的关系问题。近年来，学者们对儒佛关系的探索，逐渐突破了早期对理学发生阶段线条化、单一化的研究模式，不再仅仅关注北宋五子于理学的构建、奠基作用。学者们更加理性地对待个案人物、时代思潮等因素的作用性，进而从更加广泛的视角，以不同的研究方法来解释北宋理学发生的过程和内涵。虽然这方面取得的成果已经不少，但以“北宋士大夫的精神世界”作为考察对象的论述还不多见，而“北宋士大夫的精神世界”正是研究佛学与理学关系问题不可回避的关键内容。

北宋佛学与理学，两者之间具有紧密关联是不置可否的。但佛学为什么会被儒学吸纳？理学是如何汲取极盛一时的佛学思想后取而代之的？外来的佛教中国化之后完全被宋明理学所消解的文化意义有哪些？这些都是本书思考和试图解决的问题。北宋士大夫受到佛禅本体论思辨模式的外在刺激，于内在思想上，积极吸纳了佛学尤以见长的身心安顿、哲学思辨、修养工夫三方面内容，弥补了儒学的不足。笔者以为，任何思潮的演进，都是在一定社会历史条件下的内在需要之涌动，是具有历史进向的必然性的。理学对佛学的借鉴也是如此。

本书以北宋士大夫儒佛交融的精神世界为研究对象，具体考察了北宋士大夫的本体论、人性论、修养工夫论、人生境界论等学术思想理论。在深入研究北宋时期儒家精神与佛教精神异同的基础上，探讨了范仲淹、周敦颐、二程、苏轼等的圆融精神、超越境界等人格表现。梳理了北宋真宗后尚志节、重操守、倡孔颜乐处精神的佛禅因素。研究理学发生阶段士风的转变与思想学术转型之关系，理学发生过程中对佛学思想和思维方式的援引，以及佛学思想本身在宋代的发展、演变等问题，得出了以下结论：

第一，唐宋之际，中国文化思潮的演进过程，既全面展现了儒家士大夫吸纳佛家思想充实儒学，回击佛家挑战的文化自觉，也印证了儒家哲学与禅宗哲学都具备“内在超越”的特征。北宋士大夫重新高举儒家内圣外王、忧乐圆融的道德价值圭臬、开启了修儒家之本、以儒释佛的文化自觉，彰显了北宋士大夫传承儒家精神传统的文化担当。北宋士大夫坚守儒家核心价值观念回应佛教对儒家伦理本位的挑战，吸纳佛教心性本体论弥补儒家本体论缺失的思辨模式，借鉴佛家“自悟本来清净之心”的身心修养方法，从生活层面的身心修养、知识层面的哲学思辨、价值层面的个体安顿三个层面展现了其文化自信的状貌和内在逻辑。

第二，北宋士大夫受佛学影响的学术创新和精神表现，反映的正是中国哲学和文化发展的现实需要。宋明新儒学正是为适应时人需要，在佛学思潮（包括道家）的刺激和熏染下，重新发掘先秦儒学精髓创立起来的。这不仅仅是一种“外缘论”的影响作用，更多的是一种内在需求。春秋战国之后，先秦儒学的刚健进取精神在专制势力和佛教出世思想双重压迫下日渐消失，训诂章句成为治学者的主业，道德意识日趋淡薄和堕落。在这样的空白与需求下，以范仲淹、周敦颐、二程、苏轼等为代表的一大批文人士大夫，受佛学思潮影响，取之于佛又超胜于佛，通过重建孔、孟道统，恢复中国人固有的人文精神和道德意识，体现出了宋代理学的价值。北宋士大夫的佛学思想，多是在佛学思潮影响下自觉的活动和思考。他们关注和探讨的心性义理等问题，多是延承佛僧们研习的问题而来。如僧智圆重解《中庸》就在司马光作《中庸广义》之前，实启北宋士人之未发。而就理学的实际发生过程来看，理学确实大量吸纳了佛教的思辨模式、理论形态等成果，如“涵养静坐，以观喜怒哀乐未发”之修养工夫等。

第三，在士人的人格精神与士风方面，北宋士大夫“圣贤气象”的两方面内涵都与佛禅思想有一定关联。北宋时期，佛教“出世不离入世”的思想已经与中国传统儒家的入世品格融为一体。大乘菩萨道“普度众生”“慈悲济世”的度他精神与士大夫“敢于担当”“兼济天下”的精神是一致的。此外，北宋士人更为重视“圣贤气象”之超然洒脱、适意自得的内在追求一面。这种对个体人格及其精神超越的追求与佛禅无所执着、圆融无碍的精神境界以及佛性的内在超越也有一定的关联。大乘佛教的般若思想深深地影响了士大夫的境界与生活态度。诸多士大夫显现出了豁达乐观、悲智双运的人格力量。受儒家传统思想的影响，中国古代士大夫都希望能建功立业、有所作为。当这种理想无法实现或遭遇挫折时，就会表现为殉道或抱怨，如以身殉志的屈原、忧愤而死的贾谊等。这无疑给中国士人的身心造成了极大的痛苦。北宋士大夫受佛禅境界影响，呈现出乐从忧中来、忧乐圆融的精神意识，佛禅给士人、学子们以希望和宽慰。禅宗把向上、向下的佛教精神再次有机地结合起来，对北宋士人处理个人解脱与现实社会的关系起到了积极的作用。北宋士大夫不再刻意标榜心性道德修持的榜样作用，而是注重向内在寻求，也更加尊重生生不息的生命精神。这种精神意识对后世士人圆融而独立人格的形成起到了不可磨灭的作用，是中国人文精神的重要组成部分。

第四，北宋士大夫精神世界中儒佛关系实为“儒学为体，佛学为用”。北宋士大夫一直在坚持儒学为本的道路上摸索前行，开放式地容纳其他文化的有利因素，来完善儒家思想。佛禅思想是理学本体论、心性论、工夫论的重要源头之一。范仲淹的“先忧后乐”与“忧乐圆融”，周敦颐的实理之“诚”与华严的“理事交彻”，二程对佛学心、性、情论的批判与吸收，苏轼的“性情合一”等哲学思想，无一不是受佛教思维模式和思考方式影响的结果。北宋士大夫中绝大多数都有排佛、辟佛的言论，但这并不影响他们“入室操戈”式地运用佛教思想和模式作为理学的部件来组装和翻新儒学。无一例外，北宋士大夫的学术思想中都有着浓厚的佛禅意蕴。甚至有学者认为，整个宋明理学都带有佛禅消极孤境之感，但本书通过研究与梳理发现，北宋士大夫们思想的归宿终究还是正统之儒学。

第五，在佛教、佛学自身发展方面，并不是如钱穆先生所说，“北宋开始，门第已不存在，和尚寺也衰落了，搜罗不到人才。禅宗的新宗教，不啻叫人回头，由真返俗”①。本书认为，北宋佛教的门第虽较隋唐时期有所衰落，但北宋的佛学思想并没有衰落，而是以融入士大夫精神世界，影响其思想学说、人格境界等为新的表现形式。宋代佛教，虽比不上隋唐时期大量译经和阐释精微的理论，但其影响已逐渐深入士大夫们的精神生活和社会思潮等各个方面。正如日本学者竺沙雅章所说：“宋代并非佛教衰退的时代，伴随着唐宋之际发生政治、社会的变革，宋代佛教焕发出了与唐代佛教不同的异彩。”② 这一说法，在士大夫精神世界的接受方面尤为突出和明显。佛教在北宋士风的转变和恢复儒学的过程中起到了“儒体佛用”之辅助作用。于这些意义上讲，都不能说佛学在宋代衰落，而是随着佛教与儒、道两家的融合，已经完全融入中华文化，以新的形式灌溉、哺育着中国士人。宋代以后，佛学向儒学的最终复归，标志着儒家吸收佛教、消化佛教过程的基本完结。

---

① 钱穆．国史新论［M］．北京：生活·读书·新知三联书店，2001：162.

② 竺沙雅章．中国佛教社会史研究［M］．京都：同朋社，1982：2.

第六，在佛教、佛学思想价值的评述方面，佛教在人类认识世界和改造世界方面不是以往一些人所认为的充满片面性、表面性的谬误行程，而是真实地向着世界本原前进。唐宋之际，思想大碰撞、大融合的特殊时期，中国化的佛教发挥的重要作用已经足以说明，佛僧并不是万念俱灰、空谈性理。他们之所以赢得了士大夫的尊重，正是由于其深悟佛理、至诚精敏、才华横溢。而不全如一些学者的评断："佛教所指出的解脱道路是假的，……几千年来的广大佛教信奉者是受害者。"① 作为一种精神信仰，在剥掉封建迷信外衣之后，佛教给我们展现和留下更多的是人类对生命意义的追寻和探究。客观地看待佛教精神，对我们正确评价现世人间佛教的人生态度、人生境界和人生信仰，继续发扬佛教的优良传统都有一定积极意义。佛教面向终极关怀的内在超越性精神，对当今一些人道德沦丧、人格萎缩的精神迷失仍然具有一定的形上价值作用。

唐君毅在《中国文化之精神价值》一书中曾说："中国文化，实在本源上最为清净，而以一极高明之对于性与天道合一之智慧，极敦厚笃实之'立地上以承天，承天道以隆人'之德性为基础之文化。"② 佛学同一切哲学一样，都是为了求本见体，寻求终极关怀，为实现人生终极价值而探索，这是生命升华的动力，是人的最可贵之处。佛教在本体论、修为方法等方面都为后人提供了知其理、行其法，以追求人类最终自由的圭臬。佛僧们主动探讨、调和两家心性说的矛盾，在一定程度上提示了北宋士大夫排佛不利，这也证明了不同文化思想在交互过程中的互利作用。在保持文化个性的基础上，追求不同文化之共性实乃当今不同文化、不同民族共存之良方。梳理文化交融的思想脉络，反思传统文化精神，是我们坚定中华优秀传统文化自信的前提条件。时至今日，面对中华民族伟大复兴的战略全局和世界百年未有之大变局的情况，不同文化之间的交互作用与价值十分值得我们深入研究。实现民族精神文化和国民思想的现代化，构建中国特色的新型文化价值体系仍然任重道远。我们应当继续发挥知识分子的批判精神和建设精神，立足"两个大局"的实际，振奋民族精神，发扬民族精神，为中华民族精神的发展贡献自己微薄的力量。

---

① 任继愈．中国佛教史［M］．北京：中国社会科学出版社，1993：16.

② 唐君毅．中国文化之精神价值［M］．桂林：广西师范大学出版社，2005：348.

后　记

这本著作是在我的博士论文《佛学与北宋士大夫的精神世界》基础上修改而成的。自 2015 年博士毕业以来，我离开巍巍麓山下的母校——湖南大学已有七年光阴。我对佛学与理学发生过程关系问题的研究，前后已经持续了十几年。现在这一课题的初步研究成果即将出版，回首向来萧瑟处，我的内心充满了无限的感激之情。

书籍的出版，首先我要感谢我的母校和我的导师，使我有机缘得以徜徉于中华优秀传统文化之中，体悟先贤们的智慧和结晶。感念恩师胡遂先生与我之师生缘分，冥冥中似乎早有因缘安排。本科时，我已十分仰慕先生，其才学与德行对我影响颇深。攻读博士阶段，我有幸投到先生门下。承蒙先生不弃我资质愚钝，繁杂事务缠身，以博大仁爱之心收我为弟子，令我感激不尽。先生为我传道、授业、解惑，尽其所能从各方面给予我帮助和指导，先生之恩无以为报。在我最艰难的时刻，先生之谆谆教导和鼓励成了我的精神养料，使我能够继续前行。我十分感激恩师多年来的教导，一生都不会忘记恩师对我如涓涓泉水般的滋养与爱护。

我还要十分感谢我的硕士阶段导师张松辉老师。书籍得以出版，离不开张老师鼎力帮助和指导。本书的写作还得到了岳麓书院朱汉民老师的关怀与指导，我由衷地感激先生的教导之恩。章启辉老师、姜广辉老师、肖永明老师、吴仰湘老师、李兵老师、李清良老师、徐孙铭老师、徐仪明老师、刘立夫老师等都为我的写作提出了很多宝贵建议，我十分感激他们。我还有幸聆听陈松长老师、陈先初老师、钱永生老师、龚抗云老师、胡彬彬老师、杨代春老师、吴龙辉老师的教诲，我在此对诸位先生一并表示感谢！岳麓书院的谢丰老师、孙建平老师、王本玉老师、张晓玲老师，也给了我很多热情的鼓励和帮助。此外，我要特别感谢一直以来十分关心我学业和生活的彭萍老师。我还要感谢关心、鼓励我的师兄师姐、同学和亲友们，没有大家的鼓励和帮助我会更加步履艰难。

我想对我的家人们表示诚挚的感谢，感谢他们一如既往地支持我的学习和工作！书籍的出版，还要感谢长沙学院的领导和同事们对我的理解与支持，使我有时间和精力能够完成这项工作！

尽管本人已经倾尽全力钻研此课题，但终因学养欠足而感到驾驭之不易，恐错漏疏误难以避免，不当之处，还请各位专家学者批评指正！

邢爽

2022 年 11 月